东龙村志

LOCAL RECORDS OF DONGLONG

江西省宁都县田埠乡东龙村志编纂委员会　编

图书在版编目（CIP）数据

东龙村志 / 江西省宁都县田埠乡东龙村志编纂委员会编 . -- 北京：方志出版社，2018.11
（中国名村志丛书）
ISBN 978-7-5144-3242-8

Ⅰ. ①东… Ⅱ. ①江… Ⅲ. ①村史—宁都县 Ⅳ. ① K295.65

中国版本图书馆 CIP 数据核字（2018）第 210038 号

· 中国名村志丛书 ·

东龙村志

编　　者： 江西省宁都县田埠乡东龙村志编纂委员会
责任编辑： 罗　滔

出 版 人： 冀祥德
出 版 者： 方志出版社
地址　北京市朝阳区潘家园东里 9 号（国家方志馆 4 层）
邮编　100021
网址　http://www.fzph.org
发　　行： 方志出版社图书经销中心
电话　（010）67110500
经　　销： 各地新华书店
排　　版： 北京纺印图文设计制作有限公司
印　　刷： 北京中科印刷有限公司

开　　本： 787×1092　1/16
印　　张： 18.75
字　　数： 353 千字
版　　次： 2018 年 11 月第 1 版　2018 年 11 月第 1 次印刷

ISBN 978-7-5144-3242-8　　**定价：** 150.00 元

◉ 序一

中共十九大报告明确提出："坚定文化自信，推动社会主义文化繁荣兴盛。""没有高度的文化自信，没有文化的繁荣兴盛，就没有中华民族伟大复兴。要坚持中国特色社会主义文化发展道路，激发全民族文化创新创造活力，建设社会主义文化强国。"编修地方志是中华民族千百年来的固有传统，留下了浩如烟海的历史文献，承担着传承中华文明、发掘历史智慧的重任，发挥着存史、育人、资政的作用。

在习近平新时代中国特色社会主义思想指引下，在增强文化自信、推动传统文化创造性转化、创新性发展背景下，全国地方志事业迎来了开拓创新与转型升级的重要机遇期。中国地方志指导小组及其办公室组织实施的中国名村志文化工程，用中国独有的文化载体——地方志，来记录乡村的"名"和"特"，记录乡村全面建成小康社会的进程和取得的成就，是地方志围绕以人民为中心开拓创新的具体举措，是传承乡土文化、坚定文化自信、加快建设社会主义文化强国的内在要求，是服务乡村振兴战略、加快全面建成小康社会、推进社会主义现代化建设、实现中华民族伟大复兴中国梦的应有之义。

实施中国名村志文化工程，是方志人贯彻落实习近平总书记"农村要留得住绿水青山，系得住乡愁"重要讲话精神的重要举措。"望得见山、看得见水、记得住乡愁……"习近平总书记用诗意的语言为中国的新农村建设指明了方向。开展新农村建设、美丽乡村建设，一定要把绿水青山保留下来，尽可能在原有村庄形态上改善农民生活条件，不盲目拆旧，也不盲目造新，让家乡的每一条河、每一棵树、每一口井，都能永远成为我们的乡愁。这是我们弘扬传统、面向未来的底气所在。那么，如何留住乡音、乡风、乡思，继承传统文化菁华，挖掘历史智慧，成为极其重要的工作。实施中国名村志文化工程，保护抢救、传承保存、开发利用宝贵的村落文化，重新唤起人们记忆中古老村落的青山绿水、小河大树、轶事掌故，打造完整记录乡村发展嬗变和现代化农村经济社会运行模式的系列中国名村志丛书，让乡土文化回归并为困惑的当代人提供精神家园，让农耕文化的优秀菁华成为建构农村文明的底色，无疑具有重要的现实意义和深远的历史意义。

实施中国名村志文化工程，是方志人贯彻落实党中央乡村振兴战略的鲜活实践。中共十八大以来，以习近平同志为核心的党中央高度重视农业、农村、农民工作，提出了许多新理念、新思想、新战略，特别是中共十九大报告作出实施乡村振兴战略的重大部署。2018 年 9 月 26 日，中共中央、国务院印发《乡村振兴战略规划（2018—2022 年）》，明确提出“鼓励乡村史志修编”。深入推进中国名村志文化工程，有利于全面翔实记录乡村振兴进程，客观记载地理环境、历史沿革、姓氏源流、人口、民族、方言、民居、宗祠、风俗习惯、家谱族谱、家规族规、宗教信仰、文物遗址、掌故传说、历史事件、人物等，完整保留乡土文化的原貌。所有这些工作，可以为延伸地方志工作触角，充分发挥志书存史、育人、资政功能提供借鉴；可以为社会各界和华人华侨、港澳台同胞寻根问祖、反哺桑梓、泽被乡里提供帮助。依托中国名村志文化工程的重要平台与载体，乡村振兴战略下的现代乡村将进一步挖掘自身独特内涵，彰显其新时代的作用及意义。

中国名村志文化工程从新时代中国特色社会主义的新需求出发，创新体例，立足实际，内容既严谨又通俗，展示了不同地区自然和社会风貌，在坚持志体基础上运用专题报告、回忆录、人物访谈、新闻资料等多种手法，重点介绍农村地区在转型发展方面的探索、示范、引领意义，对于不断提高地方志事业围绕中心服务大局的能力，为乡村改革发展贡献历史智慧，讲好中国故事，彰显中国软实力，增强“四个自信”等方面具有积极意义。

两年来，在借鉴中国名镇志丛书及各地乡镇（村）志宝贵编纂经验的基础上，中国名村志丛书编修不断取得丰硕成果，产生了良好的社会效益，新一批中国名村志的申报数量、覆盖范围延续强劲增长态势，充分体现出强大的内生动力。下一步，要总结经验、把握规律，为服务国家城镇化建设和乡村振兴战略打造更多优秀文明成果，推动中华优秀传统文化创造性转化和创新性发展，从中提炼出适合新时代、新形势、新变化、新要求的文化精髓，展现中国方志的当代价值和世界意义。

是为序。

中国社会科学院院长
中国地方志指导小组组长　谢伏瞻

◉ 序二

连绵不断地编修地方志是中国独有的优秀文化传统，承担着赓续文明、传承文化的重任。保存至今的 8000 余种、10 万余卷历代方志，蕴含着传统文化基因和海量文化信息，既是中华优秀传统文化的重要组成部分，又是传承、彰显中华优秀传统文化的重要载体。

在各种类型的地方志编纂中，村志编纂古已有之，但从未进入国家层面的地方志编纂序列。新中国成立以来，党中央、国务院高度重视包括村志编纂在内的地方志工作，出台了重要文件。中央领导发表了重要讲话、作出了重要批示。习近平总书记高度重视包括村志编纂在内的地方志工作。2004 年 10 月，他在担任浙江省委书记时到江山市凤林镇白沙村考察，看到村民编纂的《白沙村志》，鼓励村民把村志继续编纂下去。2014 年 4 月，刘延东副总理在与第五次全国地方志工作会议部分会议代表座谈时指出："要结合发展的新形势，加强对地方志包括部门志、行业志、专题志、乡镇村志编纂的业务指导和服务。"2015 年 8 月，国务院办公厅印发的《全国地方志事业发展规划纲要（2015—2020 年）》，正式将中国名村志文化工程列为主要任务之一。2017 年 5 月，中共中央办公厅、国务院办公厅印发的《国家"十三五"时期文化发展改革规划纲要》指出："完成省、市、县三级地方志书出版工作。开展旧志整理和部分有条件的镇志、村志编纂。"可以说，村志编纂迎来了历史上的最好时期。

农业、农村、农民"三农"问题，是数千年来影响中国社会发展最核心的问题。中共中央高度重视"三农"工作，从 2004 年起，连续 13 年，每年的中央 1 号文件都聚焦"三农"。中共十九大报告更是提出"农业农村农民问题是关系国计民生的根本性问题，必须始终把解决好'三农'问题作为全党工作重中之重"，特别是提出了"乡村振兴战略"，这是中国共产党在中国特色社会主义进入新时代后，对农村发展问题所做出的准确把握和与时俱进的战略应对，是建设中国特色社会主义强国战略的重要组成部分。改革开放近40年来，在党中央、国务院高度重视社会主义新农村建设的新形势下，各地涌现出一大批历史文化名村、经济强村、新农村建设示范（试点）村、美丽乡村和特色村，成为先进生产力和先进文化的代表。客观记录中国农村全面建成小康社会的进程，向后人展示在中国共产党领导下农村千年未有的巨变，是地方志工作者肩负的光荣而重大的历史使命。编纂中国名村志丛书，是记载当代中国农村发展变革的重要途径。

文化寻根，寻的是其发展的源头和根基。村落是中国传统文化的根基所在。农村的生产生活方式、社会规范、宗族文化、宗教文化、民风习俗、传统节日、民间艺术等，无不镌刻着中国人独特的民族性格，这就是家国情怀、文脉绵延、精神归属。在快速城镇化进程的冲击和开发性破坏下，大量传统村落面临消亡的危机，村落蕴含的历史文化信息也流失殆尽，抢救性保护刻不容缓。编纂中国名村志丛书，是保存村落历史文化信息，抢救、保护村落文化最好的方式。

一方水土养一方人。家乡的山水草木、村间小巷、乡俗民情会在每个人心头留下深刻的烙印，这就是故土情结。而村落的形成与发展离不开人的活动。编纂中国名村志丛书，通过记述村落建筑、名门望族来追溯村落的历史；通过记述村落规模、布局、人口、物产等反映人口来源、宗族兴衰、生活习惯、文化背景、宗教信仰、经济发展等，体现环境与人相互影响、相互作用、相互发展的既矛盾又统一的关系；通过记述戏剧、音乐、舞蹈、美术、文学、手工技艺等文化形式，展示百姓在长期的生产生活实践中摸索和总结出的智慧结晶，强化人们沟通感情的纽带。编纂中国名村志丛书，是传承乡俗、诉说乡音、记住乡愁、纾解乡思，激活历史传统、唤起共同文化记忆、塑造共同心灵认同的重要文化工程。

中国名村志文化工程以践行文化自信、传承中华文脉、彰显时代发展为己任，以打造全国地方志系统的重要品牌为目标，在体裁运用、篇目设置、资料选择等方面进行大量的创新，突出“名”和“特”，拣选各个名村中最值得记述、最具有代表性的人、事、物，予以浓墨重彩的描画，从而形成系列的、高质量的、可读性强、雅俗共赏的地方志读本，让地方志紧接地气、贴近百姓，让地方志成果进入寻常百姓家，让人民群众共享地方志成果，让越来越多的人从地方志中感知传统、历史和记忆，成为传统村落和传统文化的守护者，成为中华优秀文化的传承者。

是为序。

中国社会科学院原院长
中国地方志指导小组原组长 王伟光

◉ 序三

习近平总书记指出：“让居民望得见山，看得见水，记得住乡愁。”这句富有诗意的重要论述不仅唤醒了中国人城镇化建设过程中对于人和自然关系、人和历史关系的思考，同时也引发了学界对“乡愁”进一步进行文化意义解读的兴趣。从本质上看，乡愁是一种源自主体体验的情感，隐含了一种人们带着乡愁追寻自我生存与生命意义、追寻诗意栖居的精神家园的美学思辨。同时，这种追寻自我生存的主体逐渐转向大众群体，乡愁也由传统单一的“文化乡愁”“爱国情怀”演变为对于“理想家园”的精神追求。

中国有近 60 万个村庄，约有 5000 个古村落，被住房城乡建设部和国家文物局界定的传统村落就有 1561 个。随着中国城镇化步伐的加快，乡村的版图日渐凋敝，大批农村青壮年劳动力走进城镇，融入了新的生活。然而，每逢传统佳节，那种挥之不去的离愁别绪挟裹着亿万农民工，又融入了返乡的滚滚洪流。这是乡愁的情愫牵动着他们，是故乡的山、故乡的水、故乡的老屋、故乡的小吃在牵动着他们，是故乡家家户户的楹联和口口相传的故事，以及只有在隆重的传统佳节才有的古老的民风习俗在牵动着他们。

文化可以体现一个民族、一个国家、一个社会的重量与体温，这是文化的力量之所在，而村落是传统中国的根脉所系，乡土社会是最能够体现中国传统文化特征的地方。梁漱溟曾指出：“中国文化是以乡村为本，以乡村为重，所以中国文化的根就是乡村。”我曾在《建设社会主义新农村的理论与实践》一书中指出，在新农村建设的过程中，必须“保护和发展有地方和民族特色的优秀传统文化，创新农村文化生活的载体和手段，满足农民群众多层次、多方面的精神文化需求”，而编纂村志尤其是实施中国名村志文化工程就是一个重要举措。实施中国名村志文化工程，编纂中国名村志丛书，以最基层的村落为研究对象，寻根传统村落的历史，梳理村落的发展脉络，以唤起人们的归属感和认同感，探索新型城镇化和社会主义新农村建设过程中，如何留住乡音、乡风、乡思，继承传统文化精华，挖掘丰富历史智慧，是贯彻落实中央城镇化工作会议精神和中共十九大提出的“乡村振兴战略”的重要举措，是当前和今后一个时期全国地方志工作者的重要工作。

虽然村落文化正在日益远离当下生活，但我们可以抓住诸如基本村情、文物胜迹、古村保护、特色文化、旅游名胜、村域经济、风土民情、村民生活、新农村建设、艺文杂记、名人与名村等关键内容，通过志书的手法来诠释乡村文化的精华。我们如实记录着村落里的人和事，以及青山绿水、小河大树、袅袅炊烟，力争以最完整、最原真的方式呈现村落的前世今生。我们要为“迷失”的人留住乡村文化的根脉，让人们难以割舍的乡愁得以慰藉和释放。

中国名村志文化工程将触角伸向那些极具代表性的村落，它们有的历史悠久、名人辈出，有的经济腾飞、重获新生，有的风景秀丽、景观独特，有的地处边陲、神秘莫测……我们挖掘中国不同类型村落的发展之路，为探索新型城镇化和社会主义新农村建设的发展经验、发展模式、前进道路提供历史智慧和现实借鉴。因此，打造以重在表现乡村嬗变为主旨的中国名村志丛书十分必要和迫切，这是一项功在当代、利在千秋的文化工程。

近年来，随着中国经济社会的发展和国际地位的提高，越来越多的人想要认识中国、了解中国、研究中国。在这样的形势下，乡村是不可或缺的一环，我们要集中讲好发生在乡村的故事，向世界呈现一个多元的、立体的中国。乡村历经岁月变迁的风雨，见证着改革开放的步伐，寄托着数代中国人的情感。发生在乡村的故事无疑是血肉丰满的、震撼人心的、引起共鸣的。我们应该有这个自信能够讲好乡村故事，讲好中国故事，描绘出中国的底色，“让每一个中国人都能在地方志中找到自己的位置”。

可喜的是，越来越多的有识之士认识到了这一点，加入到保护、传承、发展村落文化的队伍中来。仅就编纂中国名村志丛书来看，第一批的申报范围就涵盖包括香港特别行政区在内的 32 个地区，申报数量高达 70 余部。“直笔著信史，彰善引风气，为当代提供资政辅治之参考，为后世留下堪存堪鉴之记述”，这是我们的初心和使命。希望中国名村志文化工程的实施，能够带动更多的人关注中国乡村文化，为社会主义文化强国建设作出更大的贡献。也希望越来越多的名村都来融入继承中华文化传统、颂扬中华传统文化的活动中，让正能量更多地润泽温暖人们的心灵，让更多的人“记得住乡愁”！

是为序。

中国社会科学院副院长
中国地方志指导小组常务副组长

◉中国名村志文化工程专家委员会

◉中国名村志文化工程学术委员会

◉ 中国名村志丛书编纂委员会

◉ 中国名村志丛书编纂委员会办公室

◉ 中国名村志丛书编纂工作江西协作组

组　长 梅　宏

成　员 周　慧　杨志华　陈昌保　张棉标
熊　军　廖伟东　徐井生

联络员 陈　乐

◉ 江西省宁都县田埠乡东龙村志编纂委员会

主　任 刘定辉

副主任 李少刚　张爱荣　黄继苹　谢帆云

委　员 杨卫民　郭显芳　邱新民　黄明生

◉ 江西省宁都县田埠乡东龙村志编纂委员会办公室

主　　任　杨卫民

副 主 任　郭显芳　邱新民

成　　员　黄明生　何冬生　曾春生　刘红彦

卢慧芳　李经明　李赣南　李良锦

李文兴

◉ 江西省宁都县田埠乡东龙村志编纂人员

主　　编　邱新民

总　　撰　邱新民

纂　　稿　邱新民　李辉荣

编　　务　何冬生　曾春生　刘红彦　卢慧芳

曾爱明　赖微琴　李良锦

图片提供　宁都县史志办　田埠乡人民政府

廖玮　邱新民　戴新华　连新民

◉ 中国名村志丛书凡例

一、以马克思列宁主义、毛泽东思想、邓小平理论、“三个代表”重要思想、科学发展观、习近平新时代中国特色社会主义思想为指导，坚持辩证唯物主义和历史唯物主义的立场、观点和方法，存真求实，全面、客观、系统记述中国名村村落发展变化进程和改革开放成果，传承和抢救乡土历史文化，激发爱国爱乡情怀，留住乡愁，为探索中国特色新型城镇化建设、服务乡村振兴战略提供历史智慧和现实借鉴。

二、为全面反映入志事物发展脉络，各志上限尽量追溯至事物发端，下限一般断至各村志启动编修年份，个别重大事项可延至搁笔。详今明古，着重反映时代特色和地方特点，重点体现各村的“名”与“特”。

三、记述地域范围以下限年份的行政辖区为主。为体现名村在更大区域内的意义，可以从更开阔的区域视野记述与该村相关的内容。

四、统一采用纲目体，设类目、分目、条目三个层次。横排门类，纵述史实，述而不论。

五、综合运用述、记、志、传、图、表、录等各种体裁，以志体为主。体裁运用适当创新，篇目设置不求面面俱到，一般意义上的村级内容略去不载。

六、除引用文字和附录文献资料外，统一使用规范的现代语体文记述，行文力求朴实、严谨、简洁、流畅、优美，具有较强可读性。

七、人物部类遵循“生不立传”原则，人物传主按生年排序，只选录对本村发展有重大影响的人物，不面面俱到。

八、各项数据一般采用国家统计部门数据。数据缺乏的，采用主管部门或主办单位正式提供的数据。

九、数字用法、标点符号、计量单位分别执行国家标准《出版物上数字用法》

（GB/T 15835—2011）、《标点符号用法》（GB/T 15834—2011）、《国际单位制及其应用》（GB 3100—1993）和《有关量、单位、符号的一般原则》（GB 3101—1993）。历史上使用的计量单位，如斗、石、里、尺、磅、华氏度等，在引文时可照录。考虑到社会使用习惯，全书中亩不统一换算。

十、中华民国成立前的纪年，使用朝代年号纪年，括注公元年份；中华民国成立后的纪年，均使用公元纪年。志中所称“解放前（后）”，以该村解放日为界；“新中国成立前（后）”，以中华人民共和国成立日 1949 年 10 月 1 日为界；“改革开放前（后）”，以 1978 年 12 月中共十一届三中全会召开为界。本志“××年代”，凡未加世纪者，均指 20 世纪。

十一、为节省篇幅，避免重复，本志采用条目互见法。参见条目的表示形式为：参见本志“××类目·××分目·××条目”。

十二、对旧志、古籍中的繁体字、冷僻字一般用简化字或通用字替换，易引起误解的则保留。

十三、记述各个历史时期的党派、机构、职务、地名等，均以当时的名称为准。对频繁使用的名称，首次用全称并括注简称，其后用简称。

十四、各村志需要单独说明的事项，均在各自编纂始末中记述。

东龙村在中国的位置

黑龙江省
哈尔滨
吉林省
长春
沈阳
辽宁省
内蒙古自治区
呼和浩特
北京市
北京
天津市
天津
河北省
石家庄
山西省
太原
渤海
黄海
新疆维吾尔自治区
乌鲁木齐
甘肃省
银川
宁夏回族自治区
西宁
青海省
兰州
陕西省
西安
济南
山东省
郑州
河南省
江苏省
安徽省
合肥
南京
上海
上海市
西藏自治区
拉萨
四川省
成都
重庆市
重庆
湖北省
武汉
杭州
浙江省
东海
黄河
长江
南昌
江西省
宁都
东龙村
长沙
湖南省
福建省
福州
钓鱼岛
赤尾屿
台北
台湾省
台湾岛
贵阳
贵州省
昆明
云南省
广西壮族自治区
南宁
广东省
广州
香港
香港
澳门
澳门
东沙群岛
海口
海南省
海南岛
西沙群岛
永兴岛
中沙群岛
黄岩岛
南海
南沙群岛
曾母暗沙
图例
北京 首都
天津 省级行政中心
未定 国界
省、自治区、直辖市界
特别行政区界
名村所在县级区域
名村
1：32 000 000
审图号：GS（2018）2667 号

东龙村在江西省的位置

南昌
九江
景德镇
上饶
鹰潭
抚州
宜春
新余
萍乡
吉安
赣州
宁都
田埠乡
东龙村
石城
图 例
南昌 省级行政中心
抚州 地级市行政中心
崇仁 县级行政中心
省界
地级市界
名村所在县级区域
名村所在乡镇
名村
1:3 060 000
审图号：GS（2018）2667号

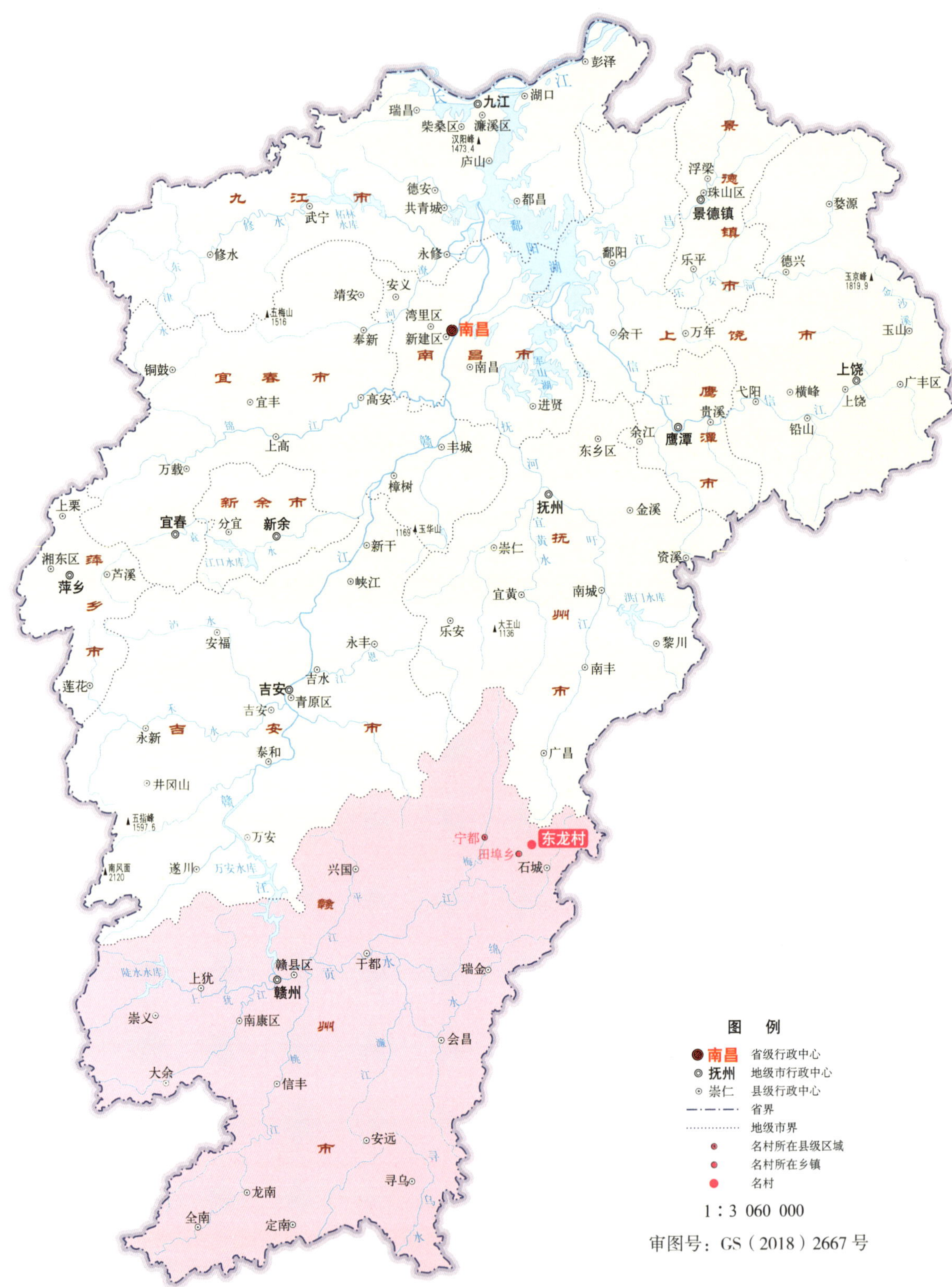

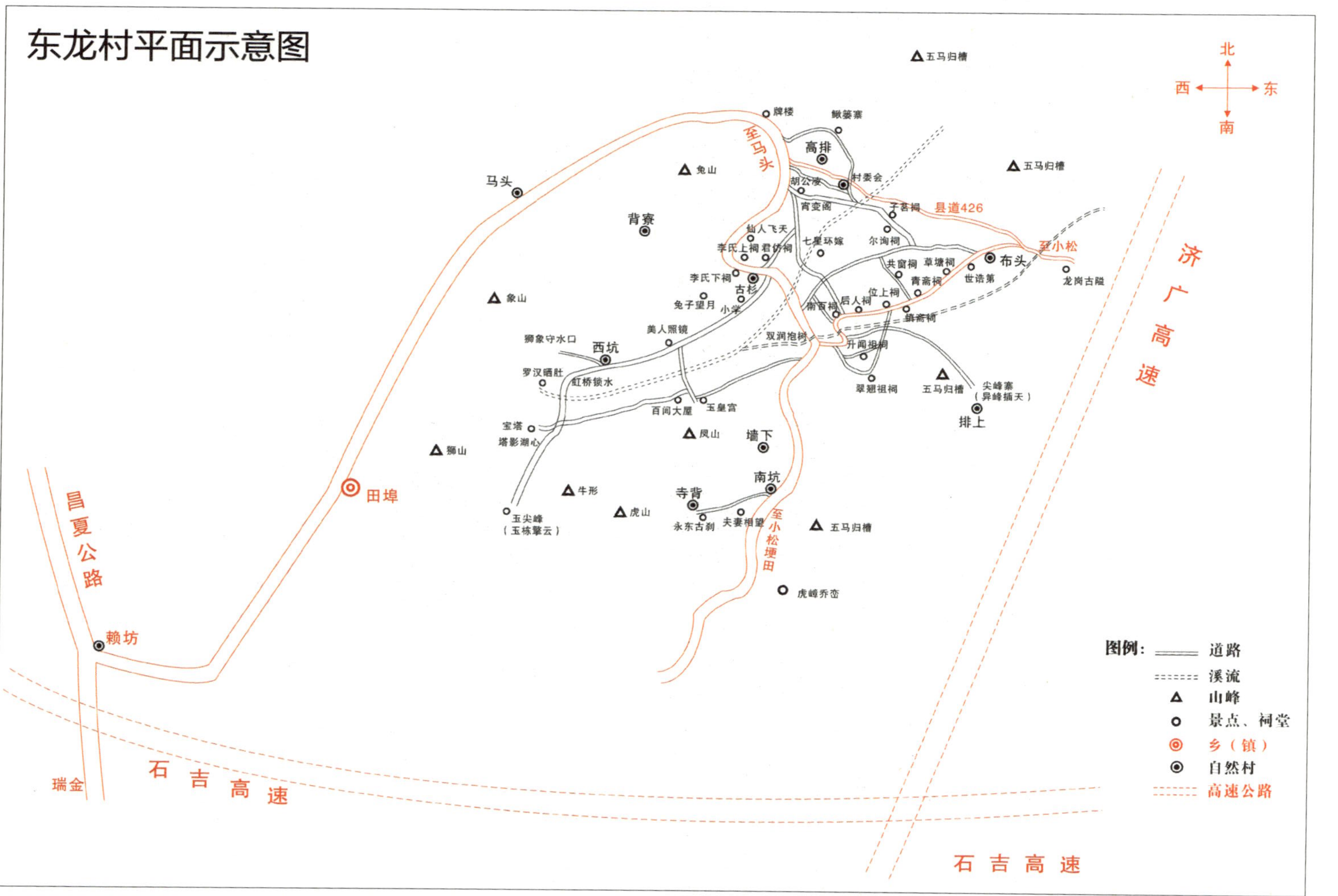
东龙村平面示意图
北
西
东
南
五马归槽
牌楼
鳅篓寨
高排
至马头
兔山
马头
五马归槽
村委会
胡公凌
县道426
背寨
宵变阁
子喜祠
仙人飞天
七星环嫁
尔洵祠
李氏上祠
君佐祠
布头
至小松
龙岗古隘
共窗祠
章塘祠
世语第
李氏下祠
古杉
青斋祠
象山
兔子望月
小学
位上祠
后人祠
南百祠
镇斋祠
美人照镜
双润炮树
狮象守水口
西坑
升闻祖祠
罗汉晒肚
虹桥锁水
翠翘祖祠
五马归槽
尖峰寨
（异峰插天）
百间大屋
玉皇宫
排上
宝塔
塔影湖心
凤山
墙下
狮山
南坑
田埠
牛形
寺背
昌
夏
公
路
玉尖峰
（玉栋擎云）
虎山
永东古刹
夫妻相望
至小松埂田
五马归槽
虎峰乔峦
赖坊
图例：
道路
溪流
山峰
景点、祠堂
乡（镇）
自然村
高速公路
济广高速
瑞金
石吉高速
石吉高速

画中东龙（2014 年）

古罗汉松（2007 年）

茶篮灯表演（2012 年）

景入画中（2014 年）

古村俯瞰（2009 年）

“百间大屋”一角（2015 年）

风火墙（2015 年）

塔影湖心（2014 年）

李氏下祠照壁（2014 年）

“百间大屋”远眺（2014 年）

游步道（2015 年）

古村一角（2015年）

文峰塔（2007 年）

国外游客游览“百间大屋”（2011 年）

稻田（2017年）

军旅歌手果子在东龙拍摄 MV（2012 年）

◉ 目录

客家古村　桃源洞欤

东龙村门（2014 年）

“野兴随樵牧，行歌归渐昏。疏林争宿鸟，落日失孤村。客子犹闲立，农家早闭门。忽然山月吐，疑是在东屯。”这是明末清初文学家、“易堂九子”① 之一的李腾蛟怀念家乡的诗句。诗中的东屯指的就是千年客家古村东龙村。

东龙，原名东屯，后因其“东南有一脉群山，蜿蜒起伏，形如卧龙”，改名东龙。东龙位于北纬 26° 23′、东经 116° 11′，地处武夷山余脉，为江西省赣州市宁都县田埠乡属地，东距石城县城20千米，西距田埠乡驻地15千米、宁都县城50千米。地形以丘陵、山地为主，海拔 500 ~ 900 米，四面群山环抱，中间为平坦小盆地，有“架上金盆”之称。它建村于唐代，古时是“海上丝绸之路”陆上赣西通赣东接闽西至泉州段的重要节点，今为长江经济带和珠三角、闽三角经济圈腹地，东距济（南）广（州）高速公路石城北出口 5 千米，南距济广高速公路宁都东出口（固村）20 余千米。

① “易堂九子”指明末清初宁都的魏禧、魏际瑞、魏礼、邱维屏、李腾蛟、林时益、彭士望、曾灿、彭任九位文学家，以魏禧为首。明亡后，他们不愿屈从清廷，隐居于宁都县城西北的翠微峰，结庐讲学，提倡经世济用之学，世称“易堂”。九人之名后均入《清史稿》，魏禧被后人誉为清初三大散文家之一。

东龙村远眺（2017 年）

2016 年，村域面积 15 平方千米，有耕地 2750 亩、林地 1.1 万亩、水面 200 亩。辖 7 个自然村、18 个村民小组，有人口 480 户 2180 人。是江西省历史文化名村、江西省乡村旅游示范点、中国传统村落、中国景观村落、中国优秀古建筑历史文化古村镇示范项目点、国家“美丽乡村”建设试点村、中国历史文化名村，被专家誉为“中国江南第一宗祠村”。

◉ 东龙建筑——多彩多姿

东龙建村开埠于唐代，原为曾、刘两姓住地，北宋乾德五年（967）李翊俊迁入后，村中居民增至 3 姓。因李姓不断壮大，曾、刘两姓日渐势弱，至明代，东龙便成为李氏一家天下。经代代东龙李氏先民的不懈奋斗，这时的东龙已成为闻名遐迩的富庶之地，村民开始大兴土木，建造祠宇、寺庙、民居、塔亭等建筑。鼎盛时期，村中有千户居民聚居，人口超过 5000 人。据谱牒记载，明清时期，村中先后建造宗祠、房祠、支祠 100 多座，民居 120 处近千间，寺庙 12 座，开挖池塘 100 多口，明代临川名士陈际泰称其

“万瓦参差，如一大都会”，明末清初文学家、邑人李腾蛟在《里居志》中称其“田塘绣错，户口云连”。至2016年年底，东龙村还留存祠堂遗址79处（其中保存完好28处）、民宅120多处、寺庙7座、书院2处、义仓2座、古塔1座、石亭5座、石桥4座、寨堡4处、隘口8处、池塘93口，以“百座祠堂、百口池塘、百间大屋”名扬江西。在这些星罗棋布、蔚为壮观的古代建筑中，李氏下祠和“百间大屋”尤具特色。建于明洪武年间（1368—1398）的李氏下祠占地面积达1000多平方米，为府第式砖木框架结构，采用“梁挑介柱”技术，由75根巨大的杉圆木及纵横交叉的横梁方木条穿缝斗榫支撑，具有“墙倒屋不倒”的效果，雕梁画栋，气势宏伟，宛如明代宫廷建筑。“百间大屋”是客家方形围屋的代表作，其间通风、排水、通道、防火、洗涤、饮水、栏厩、防御、储粮、金库、书房、练武、聚会、待客、祭祖、娱乐、休憩等设施一应齐全，不但布局科学合理，而且到处都有精美雕饰，如一座艺术大观园，表现出高超的建筑艺术水平。

纵观东龙古代建筑，具有六大特色：一是依山傍水，讲究“风水”，追求人与自然的和谐融合、天人合一。二是崇尚自然，建筑朴素无华，坚固耐用。三是建筑类型多种多样。既有砖木结构，也有土木结构；既有牌楼式，也有府第式、围屋式等。四是功能

“中国景观村落”铭牌

“中国民族优秀建筑”铭牌

“江西省历史文化名村”铭牌

齐全，充分考虑到舒适实用、防腐防火等，有的还建有防卫设施。五是体现出高超的建筑技术，布局科学，结构合理，装饰讲究，雕刻巧夺天工，“百间大屋”、仁方祠、育斋祠中的雕刻具有很高的学术研究价值。六是规模雄壮，气势宏伟，如“百间大屋”占地面积达 4300 余平方米，位上祠、俊人祠、思忠祠、序伦祠占地面积达 2000 平方米，李氏下祠、慎斋祠、玉皇宫占地面积达 1000 多平方米。这些建筑成为东龙村标志性的建筑。清乾隆四十年（1775）李师迁所撰《祠宇记》中记：“覆瓦十万，负栋之柱，架梁之椽，皆大木，朴素无雕刻，丹漆一准旧制。”

东龙的古代建筑得到国内外建筑专家的一致赞誉。著名人类学家、世界客家学研究专家、美国哈佛大学博士、法国远东学院教授劳格文认为，这里是“古代窗户博物馆”，“在我所走过的世界各地，像这么完整保留下来的古建筑十分罕见。在这里拍一部清代历史剧，可以不用布景”。香港中文大学教授、博士生导师谭伟伦感叹道：“难忘宁都东龙文化古村落！”并祈盼“传统文化结晶，遗迹愿永存”。

◉ 东龙经济——农耕典范

东龙地处宁都、石城两县交界处，古时是“海上丝绸之路”陆上赣西通往赣东连接闽西至泉州通道的重要节点，村东的龙岗古隘是这条驿道的咽喉之一。交通的便利为东龙带来了大量的人流、物流，开拓了东龙李氏的视野，他们虽然推崇“唯有读书高”，但却并没有鄙视商贸活动为“下品”，在族规中还规定官、农、商、学“四民”平等，鼓励族人经商发家。受这种观念影响，明清时期，有许多东龙人借助驿道，“过汀州”“赶宁化”“走建宁”，从事行商（长途贩运）活动。他们从宁都本地和周边的吉安、永丰、石城、广昌、瑞金等地收购白莲、烟叶、蔗糖、大米等农副产品贩卖到闽西等地，回来时则贩回食盐、布匹、海产品等到宁都一带销售。从事这种行商活动的东龙人通常有两三百人，有的以此为业，常年经营，而且规模很大，一趟雇请上百人。到民国时期，从事行商活动的仍有 100 多人。另有许多人成为坐商。他们中的一部分人远赴省内宁都、石城、瑞金、上饶，福建宁化、建宁、长汀、河田，以及广东、浙江、湖南等地开设商号；另一部分人在村中开店，经营旅馆、饭店、农副产品、药材、日杂用品等，使村中在清乾隆年间（1736—1795）便形成了集市。当时，集市主街长达 200 多米、宽达四五米，两旁店铺林立，商品种类繁多，琳琅满目，每天清早开市，早餐后散市，名为“早早市”。经济的发展，给东龙带来了巨大的财富，成就了一批腰缠万贯的大富豪。他们所购置的田产达 10 万余亩，不但遍布宁都各地，还远及石城、瑞金、广昌和福建宁化、长汀等县，田产多的人家，不但家中请了专管田产的管家，而且在有田产的地方聘请了“代管”。每年秋季收租时间一到，交租纳粮的人从四面八方汇集东龙，盛况空前。

春暖东龙（2013 年）

20 世纪 80 年代改革开放后，东龙人擅于经商的传统得到发扬光大。许多人在县内从事种养加工业，或远赴广东、福建、浙江、上海等沿海经济发达地区经商、办厂、开公司、搞研发，他们发挥自己的聪明才智，创出了一片新天地，有的成为创业有成的企业家，有的成为企业高级管理人才，还有的走出国门在海外发展。2016 年，全村从事商贸的村民达 600 余人。

◉ 东龙教育——人才辈出

东龙人历来十分重视教育，明弘治三年（1490）即设立学馆。许多人发达后都“倡义学”“设学馆”“置学产”，村中规模较大的祠堂几乎都办过学堂，甚至把试院办到宁都县城，以方便赶考的学子。明成化年间（1465—1487），为奖学奖优，村中开始设立义学田租，清末全村义学田租达 1500 多石。为加强义学资产管理，宗族和各房、各支都制定了严格的管理制度。这些举措，使东龙的教育得以蓬勃发展，“江山代有才人出”。早在元末明初便有人中榜致仕。明清两朝，东龙的人才培养进入鼎盛时期。据清道光《宁都直隶州志》记载，几乎每岁科考，都有东龙李氏子弟中榜或选为岁贡、恩贡、优贡，仅李氏下祠28世前就出过文、武举人5名，庠、廪、增生300名，贡生40名，其中被授予各种官职者80余人。明末清初文学家李腾蛟在《邑庠生震瑞先生七十寿序》中赞曰："其时，吾家文学士凡四五十人，每宴会班一堂，衣冠甚伟，诸少壮高谈雄辩，往往以意气自豪。"此外，许多人还通过纳捐获取功名，仅清嘉庆末年至光绪年间（1875—1908），村中李氏27世至30世中纳捐而获国学生、例贡生者就达238人，获九品至四品及候补知府、知县等各种品秩和登仕郎、从事郎、文林郎、修职郎等虚衔者共197人。理学家李大集著作等身，名播州县。文学家李腾蛟与魏禧等9人结庐翠微峰，创设易堂，世称"易堂九子"，名载清史。

民国时期，东龙重教之风依然，村中私学与时俱进，创导新学，讲授新文化、新知识、新科学。李儒彬不置田产、不做房屋，鼓励其子李友植吸取西方先进知识和教育思想，远赴日本求学。1942年，村人李大昌创办东龙国民完小，招收本村和邻村儿童入学，培养了一批人才，涌现出了革命先烈李先保，出现了国民党少将李调元、九江地方法院推事李嗣藻等。

中华人民共和国成立后，东龙的教育更是发展迅速，人才辈出。1950—2016年，东龙小学（中小学）共培养小学毕业生3300多名、初中毕业生600多名。1977年恢复高考以来，全村共考取大中专毕业生300多名。近些年每年考取第二批本科以上高校10余人。2013年，村民李罗敏还成为赣州市高考文科状元。中华人民共和国成立后，全村共培养出各类人才100多名，其中，军政界有人民解放军南海舰队政治部副主任李学

东龙小学（2010年）

南、江西省地方志办主任梅宏等；教育界有全国优秀教师李上海、李贤敏等；科技界有中国科协会员、园艺学会会员、“科技兴赣”先进个人李传生，中国土壤学会会员李宗盛；医学界有中医名师梅头明等；博士有李平、李琳、李正友、李正兴、李学荣、李东北、李旭生、李虹等。

东龙风光——如诗如画

东龙山清水秀、风光如画，令人陶醉，有“架上金盆”之誉。盆地上，溪水环流，田畴阡陌纵横，民居错落有致，庙宇祠堂鳞次栉比，百口池塘宛如明镜，倒映着青山白云，山风轻拂，碧波荡漾，恍如人间仙境。四周山峰连绵起伏，好似一条条奔腾的巨龙，气势磅礴，东有“龙山”横卧，峰峦突兀，如屏似嶂；南有“凤山”婷立，如凤凰展翅，欲飞远方；西有“狮山”雄峙，状如雄狮，势不可挡；北有“象山”环立，似威武哨兵，守护东龙。山峦间，松杉连绵，翠竹青青；山溪飞瀑，潜流涧谷；小路蜿蜒，掩于莽林；梯田片片，直接云天；一座座古朴精巧的石亭石桥遍布山间路旁，一座座布满沧桑的古隘伫立要道，一座座巍峨的寨堡耸立险峰；龙岗古隘、巽峰插天、虎嶂乔峦、七星环冢、双涧抱村、凌霄胜阁、虹桥锁水、永东古寺、玉栋擎云、塔映湖心的“东龙十景”气象万千，峻美神奇，令人目不暇接……道道瑰丽的风景，点缀在这片神奇的土地上。丽山秀水，引无数名人纷至沓来。

早在清代初年，就有江右才子王子毅等人到此踏青寻芳。清康熙十二年（1673），

雾中东龙（2017 年）

翰林院学士加一级孔毓英为东龙李氏上祠二修族谱所撰《序》中赞道："其形胜则四面皆山，高峰顶上中开大塅，豁然平旷，良田美池，阡陌交通，步履所至，湛然如大明镜。肖之曰：架上金盆，诚似也。两涧清流，一隘疆分，文峰东秀，御屏西峙，金星仙桥，玉堑天马。龙峡高耸，崔巍嵯峨，阁建凌霄，桥筑文昌，屋舍俨然参差者，万瓦康庄。衢辟曲径者，四路贞松挺翠，绵亘数里。桃、梅、梧、柳、绿竹间成一荫，如虬如龙，似画似图。鸡犬桑麻，都非恒境，宏信者屡矣。每当旋归，流连不忍去之。予听之，不禁击节曰：桃源洞欤，仁厚里也。人生诸务可已，惟山水朋友，不可当面错过。何日得至东龙而坐李君春风中也。"2007 年 9 月，著名人类学家、世界客家学研究专家、美国哈佛大学博士、法国远东学院教授劳格文被东龙美丽的山水田园风光所陶醉，称："东龙，一个有着清新空气、古隘、宗祠和美丽小山的村庄"。

◉ 东龙文化——魅力四射

东龙历史悠久，人杰地灵。悠悠岁月，赋予其深厚的文化底蕴；漫漫长河，摄下一幅幅壮丽的画卷。翻开历史，风烟滚滚而来，巍峨的武华山，见证着东龙的千年沧桑；璀璨的桥梆灯、精美的茶篮灯，传承着东龙客家人生生不息的追求与憧憬；气势恢宏的"百间大屋"等古建筑，彰显出客家人无穷的智慧与能量；巍峨的文峰塔，阅尽世间变幻风云。

东龙深厚的文化底蕴，尤其表现在其传统民俗文化活动中。东龙的主要民俗活动有闹花灯、舞龙灯、演蚌壳灯、搬桥梆灯、唱采茶戏、演傀儡戏、庙会、游神、拔河等，每逢年节，热闹非凡。其中，最热闹的要数每年闹元宵时的搬桥梆灯，其活动从正月十四持续到正月十六，村民们抬着一块块长约两三米、安放着三五盏大灯笼的木板（桥梆灯），鸣铳开道，头两天晚上游各家各户，正月十六晚则进行全村性的大规模游灯。届时，全村男女老少齐上阵，以龙灯队、花篮队为先导，以布头自然村的桥梆队、锣鼓队为龙头，每到一村，该村的桥梆灯便在锣鼓迎送下加入游灯队伍，最后形成一支长达千余米的浩浩荡荡的灯队。所到之处，鞭炮震天，鼓乐动地，人头攒动，千灯闪烁，灯队到哪里，欢乐和热闹就到哪里。天上是一朵朵的烟花，地上是连绵不断的灯火，桥梆灯穿行在村前屋后、田间地头、池边溪旁、大街小巷，远远看去就像一条蜿蜒巨龙游走在天地间，蔚为壮观。最后，这条"火龙"在喧天鼓乐、动地鞭炮声中，滚滚奔向李氏宗祠，拜祖庆新。

游神

每年四月初八的胡太公庙游神，是一种规模宏大的民俗活动。传说四月初八日是东龙村守护神胡雄（胡太公）的生日，是神明显灵、救助百姓的日子。是日早饭过后，由“当值甲”选派懂礼仪者数人前往庙中进香上供，然后把胡太公及其左右两将从神龛中请下来，用新毛巾、新脚盆、新鲜水分别为其洗澡，换上新衣，放入事先准备好的神轿中，三声铳响后，在彩旗、鼓乐和由业余剧团演员装扮的“八仙”簇拥下开始游神，全村巡游一周后回庙，请神归座。游神时，全村人人参与，一路上鼓乐、鞭炮、火铳轰鸣，声势浩大。

玉皇宫醮会是东龙民俗文化中的一朵奇葩。醮会分儒、佛、道三坛同时进行。儒坛设玉皇殿前，全村读书人要在这里念七天六夜的《玉皇经》。佛坛设观音殿前，村里的僧尼要在此念七天六夜的《观音经》《三宝经》。道坛设楼下的下厅，由一群道士在这里念七天六夜的《玉皇经》《三官经》《文殊经》《罗祖经》《关圣经》。这种三教合流的奇俗世间罕见，成为东龙传统文化的一道独特人文景观。

◉ 东龙特产——香飘四季

东龙是鱼米之乡，物产丰富，自古以来盛产水稻。苏区时期，传统稻种“百风粘香稻”被红军誉为“米中上品”，“刁被红”被人们称为“红军米”。历史上还盛产茶油、白莲、蜜枣、大蒜、席草、烟叶、牛心柿、泽泻、白花茵陈等经济作物，20 世纪 70 年代至 90 年代曾出产苹果。茶油具有色清味香、久储不败、不含芥酸等特点，被人们誉为“保健油”“高级营养油”。白莲色白、粒大、质好，久煮不裂不烂，香味浓郁，口

莲田碧海（2017 年）

感好，营养高，曾上贡朝廷，有“贡莲”之称。蜜枣果大、色红、肉厚、味甜，多时种满全村，每年枣熟季节，金果累累，枣香四溢，求购者络绎不绝。大蒜个大、青嫩、味香，一度畅销宁都县城和石城、瑞金、广昌等地。席草加工成的草席，粗细均匀，席面平整，颜色青黄，凉爽舒适，曾远销广东、福建、江苏等省。东龙出产的苹果被专家认为具有“国光”和“青香蕉”品种杂性，“在江西是北果南栽的一个突破”“江南引种苹果的奇迹”“是个了不起的树质资源”。明清时期，东龙利用百口池塘繁殖鲩鱼苗，其技术成为一绝，在闽、粤、湘、赣 4 省独树一帜，每到鲩鱼苗成熟时节，各地商贩云集东龙，争相抢购，人数多时竟达一二百人，后传入县内钓峰曾村，使曾村如今成为远近闻名的鲩鱼苗繁殖基地。2016 年，全村粮食播种面积 3179 亩，总产 1078 吨；种植白莲 300 多亩，产量 18 吨；有蜜枣 2000 余株。

东龙美食众多，独具风味，有麻糍、黄糍、芋（薯）包子等小吃，豆腐、蒟子豆腐、猪案、肉撮、骰子块、擦菜猪肉、大块鱼、滑鱼、拌蕻菜、霉豆腐、腊肉等特色菜肴，酒酿、水酒、谷烧等饮品，还有用擂茶招待女客等习俗。麻糍以当地糯米为原料制成，软而不黏，色好味香，煎、炸、烤、煮皆宜，饱食不腻。黄糍以当地特产大禾米为原料制成，色泽鹅黄，晶莹剔透，耐煮不糊，口感柔中带韧、香甜滑润，食法多样。芋（薯）包子由磨烂成浆的芋子或板薯炸成，是东龙人喜爱的传统小吃。豆腐色白光洁，细腻柔滑，鲜嫩脆爽，豆香浓郁。蒟子豆腐以魔芋根为原料制成，颜色淡褐，状如豆腐，松爽可口，有降血压和降血脂功效。猪案以五花肉为原料，煮后温火蒸熟而成，味香爽口，油而不腻，为东龙特有。肉撮以猪后臀瘦肉为原料，粉成肉茸后撮成丸状煮成，为宴席必不可少的传统名菜。拌蕻菜色泽油亮，红绿白相间，入口轻柔滑爽、嫩辣开胃，是夏秋两季家家每天的必备菜。霉豆腐用发酵后的豆腐外蘸辣椒粉制成，色泽红艳，入口绵滑，味道香辣，为家家必备的开胃小菜。酒酿、水酒以当地大冬糯等糯米为原料制成，口味香甜，前者味浓劲大，后者温绵舒爽，为招待贵宾的佳品。擂茶是招待女客的必备食品，有“招待女客茶当酒”之说，婚嫁、小孩满月和学走路、花朝节还有煮擂茶招待亲友四邻的习惯。擂茶分水擂茶和米擂茶，水擂茶以茶叶、油炸花生米、芝麻、橘皮、肉桂、甘草、生姜等为原料擂成泥状冲水制成，米擂茶以粳米为原料磨烂成浆加水煮熟制成。

◉ 东龙保护——方兴未艾

东龙人对家乡特别热爱，视故土为风水宝地，对村中环境、建筑尤为珍惜，十分重视村庄规划和建筑，保护古村的生态、安全、古迹等。

在生态建设上，东龙历史上进行过 4 次大规模建设：一是自宋代起便修筑池塘，明清时期全村拥有池塘百口，对防火抗旱、调节小气候、美化环境起到了重要作用。二是明代在村西三溪汇聚处修筑拦水坝，并于坝上修建玉虹桥，旁植树木，这一建筑兼具水利、“风水”工程、景观三大功能。三是明代在村西水口旁修建文峰塔，在玉虹桥旁兴建文昌阁，既满足村民祈盼镇“妖孽”、昌文运的心理需求，又为东龙打造了新的景观。四是明代在村前屋后种植大量樟树，清代在村东北通往石城小松、马头的古道两旁种植松、杉林带，既保护水土、装点古村，又为行人遮阳挡日。清康熙年间（1662—1722），东龙又订立《东龙岭荫路松合乡禁议》，禁止私占山林，擅伐林木，保护水口龙山。1995 年,《宁都东龙李氏十修族谱》制定《族规》，订有“蓄林木”一条，提出“林木可防水旱灾害和水土流失，浓荫绿意，美化环境，望气兴焉。适时砍伐，林木不可胜用。任意滥伐，新法加严”。经过一代代人的努力，东龙已建设成为一个山清水秀、古树掩映、环境优雅的大村落。

在安全建设上，早在明末清初，为防范匪患战乱，东龙便举全村之力，在 8 条进村道路上兴建隘口 8 处，在四周险峰上兴建寨堡 4 个，并兴建七仙庙、将军庙、凌霄阁等，为村民提供精神上的安全寄托。

绿色东龙（2017 年）

在古迹保护上，东龙人历来不遗余力，村中建筑几乎座座都进行过修缮，多的整修过四五次，为维护村内外桥梁还专门成立了桥会。据不完全统计，仅清雍正五年（1727）至2016年，全村便进行过较大规模的古迹修缮（重建）48次（处）。修缮（重建）资金，2005年前多由民间自筹解决，2006年后多由各级政府投入。至2016年，国家和各级政府累计投入修缮（重建）资金1200余万元。

在规划保护上，2007年，县人民政府制定《宁都县旅游发展总体规划（2007—2020年）》，将东龙列为重点旅游、重点工程建设示范点和新农村建设点，田埠乡人民代表大会作出“巧打东龙牌”战略部署；2010年9月，制定《宁都县田埠乡东龙村历史文化保护规划》；2013年9月，制定《宁都县田埠乡东龙历史文化名村修建性详细规划》；2014年6月，县委、县政府发出《关于切实抓好田埠乡东龙古村保护与建设工作的通知》，成立宁都县东龙古村保护与建设工作领导小组；2016年12月，制定《东龙历史文化名村保护利用设施建设项目》。这些规划对东龙古村旅游发展战略、景区定性定位、总体布局、旅游区和重点项目、旅游产品和线路、旅游基础设施、旅游服务、古建筑群保护范围和古迹分级保护等作出了详细安排，并提出禁止开矿采伐、造林绿化、保护水土、限制新建、明确保护责任、“修旧如旧”改造古村等举措，使古村保护走上法治化轨道。

◉ 东龙建设——如火如荼

中华人民共和国成立前，东龙虽然农耕经济发达，但基础设施建设十分落后，仅有一些村民集资修建的水圳、水塘、桥梁隘道和文化活动设施。中华人民共和国成立后，国家不断加大投入，东龙的基础设施逐步得到完善。1969年，村内开通电话、有线广播，用上电。20世纪70年代，修通东龙至田埠公路，结束外出安步当车历史。1998年，修通东龙至石城小松断头路，开始有第二条通往外界的公路。1999年，开通程控电话。

进入21世纪后，国家先后投入资金1.03亿元，统筹推进水、电、路、房、通信五项基础设施建设：2004年，启动新农村建设。2005年，开动移动通信。2007年，新建东龙村委会办公大楼。2008年，硬化东龙至小松公路。2008—2009年，改造东龙小学。2009年，兴建东龙自来水厂。2009—2016年，兴建游步道5000米。2012年，建立卫星地面接收基站，兴建东龙村牌坊，开通互联网，实现移动、联动、电信信号全覆盖，电视网络覆盖率达 80%。2012—2013 年，新建下祠旁、牌坊前 2 个停车场。2015 年，实施脱贫攻坚战略，新建东龙村文化活动中心，完成饮用水管道改造，安装电子监控系统。2016 年，启动田埠至东龙公路改造、小型地面并网光伏发电站建设等，全村砖木砖混结构住房率、道路硬化率、农户通电率、安全饮水普及率、信息化程度均达 90%。

在新农村建设中，2004—2016 年，先后开展环境综合整治行动，实施环境卫生、绿化、亮化、街道硬化“四大工程”，拆除猪牛栏、坑式老厕所 500 多间计面积 1.2 万余平方米，空心房 80 间计面积 0.2 万平方米；硬化东龙至马头公路 9.5 千米，村内公共场所 500 平方米；安装太阳能节能路灯 129 盏；“四旁”植树 0.26 万株，新增绿化面积 0.11 万平方米，种植松、杉、毛竹 0.1 万亩；改造土坯房 210 户计占地面积 1.65 万平方米、建筑面积 4.2 万平方米；兴建标准化公厕 4 座；新建垃圾中转站 1 个、垃圾池 10 个，发放垃圾桶 280 个，购置垃圾转运车 1 辆；新建排污沟网 700 米。

在脱贫攻坚中，2015—2016 年，省文化厅、市扶贫办、县公安局交通管理大队和乡人民政府派出帮扶工作队（组）进驻东龙，对全村贫困户 145 户 471 人实施精准扶贫，按照“一户一策”原则，结合东龙实际情况，先后采取产业扶贫、文化扶贫、旅游扶贫、就业扶贫、资源整合扶贫等举措，共帮助 75 户 321 人脱贫。

◉ 东龙未来——前程似锦

岁月悠悠，风雨沧桑，东龙的处处遗迹见证了古村的发展历程，仿佛在静静地向人们诉说当年村中的繁华和宁静，展示着东龙残存的风韵。自 20 世纪 90 年代起，东龙如画的风景、精美的建筑、独特的人文景观、丰富的民俗文化，吸引了千千万万的游人和专家学者前来游历考察。从小生活在东龙的江西省地方志办公室党组书记、主任梅宏，总结自己的经历和所见所闻，撰写出《试论东龙古村的文化价值》，发表于省内有关报刊，对东龙进行了全方位的介绍和宣传。著名人类学家、世界客家学研究专家、美国哈佛大学博士、法国远东学院教授劳格文 3 次来到东龙考察，对东龙古老的历史、灿烂的文化发出由衷的赞叹，并形成《村落的空间建构：江西宁都东龙村个案研究》等论文。赣州市博物馆研究员刘劲峰对东龙情有独钟，自 20 世纪 90 年代起研究东龙，先后形成《一个充满和谐的客家村落——来自东龙的报告》《传统视野下的乡村聚落空间》等专著，其成果入选 2006 年台湾“中央大学”族群、历史与文化亚洲联合论坛研讨会。香

东龙晨曦

港中文大学教授、博士生导师谭伟伦多次来到东龙考察，对东龙风光和建筑赞叹不已。2003 年 6 月，清华大学建筑学院乡土工作室、法国远东学院将东龙列为江南村落专题研究与规划试点，清华大学建筑系研究员步睿飞、香港中文大学博士何培斌等 10 多位国际知名专家学者先后多次来到东龙调研，何培斌还带领香港中文大学 20 多名师生，在东龙居住 20 余天，对村落布局和所有古建筑进行全面测量、记录、拍摄，并制成东龙村落分布图、每座古建结构图，对部分有文字记载和能回忆清楚的塌废或半塌废古建进行结构还原绘图，后与劳格文一起在香港中文大学组织举办了“中国客家传统村落——东龙”专题展，宁都县社会科学联合会以此为基础完成江西省社会科学联合会课题“客家传统村落的保护和改造更新”。此外，中央电视台、凤凰卫视、台湾东森电视台、江西电视台、赣州电视台等媒体都对东龙人文历史景观等作过专题介绍，香港大学、厦门大学、同济大学、江西财经大学等学校的专家学者正在对东龙古村进行深入调研，一股研究东龙的热潮已经悄然兴起。

古代东龙是中国封建宗族社会的标本，其明清时期的繁荣，依靠东龙人的与时俱进、奋斗不息，依赖严密的宗法制度，借助和谐的宗族人际关系，得益于便捷的交通，获益于开明的教育。这种以宗法制度为基础，以农耕为主、商贸为辅的自然经济，到民国初年，随着封建制度的消亡，受商品经济的冲击，加之交通优势的丧失、社会动荡不安、不肖子弟增多、族内矛盾激化、阶级矛盾加剧，最终走上了衰败。

历史启迪未来。进入中国特色社会主义新时代的东龙，迎来了千载难逢的发展机遇，东龙人民在中国共产党的领导下，继承和发扬先辈的优良传统，不断开拓奋进，前程必定更加美好！

基本村情

东龙，位于江西省宁都县东南部的田埠乡境内，地处武夷山余脉，地貌以丘陵、山地为主，气候温暖湿润，四季分明，物产富饶。早在唐代便已建村，明代起成为李姓的一统天下。明清时期，这里是“海上丝绸之路”陆上赣西通赣东接闽西至泉州的重要节点，“田塘秀错，户口云连”“万瓦参差，如一大都会”，以经济繁荣、人才辈出、富甲一方闻名遐迩，成为封建宗族社会的典范。

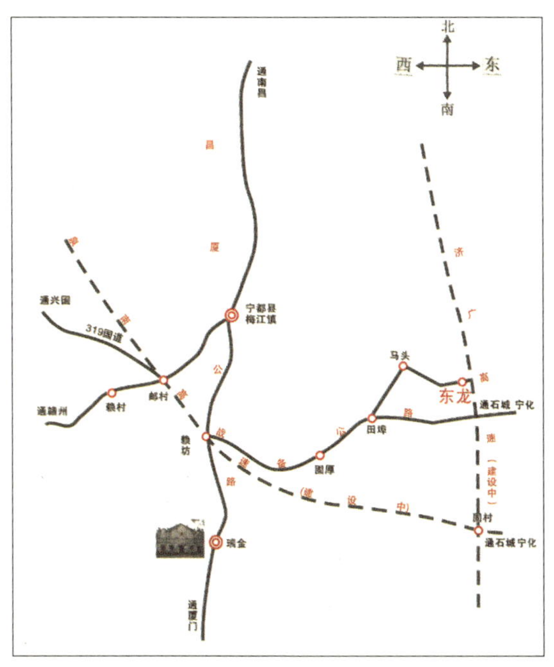

东龙村交通示意图

◉ 区位

位置面积 东龙村位于江西省赣州市宁都县田埠乡东北部，地处北纬 26° 23′、东经 116° 11′。东、北面毗邻石城县小松镇，西邻田埠乡马头、杉间、王沙村，南靠田埠乡金钱坝、王沙排村。2016 年，村域面积 15 平方千米，有耕地 2750 亩、林地 1.1 万亩、水面 200 亩。

交通区位 东龙地处宁都、石城边界，东距石城县城 20 千米，西距田埠乡驻地约 15 千米、宁都县城 50 千米。

古时，东龙是“海上丝绸之路”陆上赣西通赣东接闽西至泉州段的重要节点，向西经马头、会同可达宁都县城至吉安、永丰等地，向东经石城县小松可达石城县城至福建宁化、泉州等地，或经石城县小松镇、瑞金县城至福建汀州。

2016 年，有泉（州）南（宁）、济（南）广（州）高速公路在东龙南边的宁都县固村镇交会，济广高速公路石城北出口距东龙仅 5 千米。另有通村公路 2 条，一条东经石城县小松镇接 206 国道，一条西经田埠乡、固厚乡接 319 国道。处于长江经济带和珠三角、闽三角经济圈腹地的东龙，受三者辐射，具有良好的地理和经济区位优势。

◉ 建置沿革

村名由来 东龙建村于唐代，最早在这里定居的是曾、刘两姓。当时，因为东龙四周有高山环抱，人口聚居在中间盆地，所以取名东屯。后来，东龙李氏因为东龙“东南有一脉群山，蜿蜒起伏，形如卧龙”，改名东龙。

村落历史 唐代，东龙属虔化（今宁都）县。宋绍兴二十三年（1153），虔化县改名宁都县，东龙属宁都县。元代，宁都县升为州，东龙属宁都州。明清时期，东龙属宁都县（州）仁义乡长松上团里四十都。1929 年 6 月，东龙属宁都县第二区。苏区时期，1931 年 7 月，东龙划属石城县；1931 年 9 月，东龙设乡，属澎湃县马头区；1932 年 2 月，东龙改属宁都县马头区；1933 年 1 月，宁都县改称博生县，东龙属博生县；1933 年 7 月，成立赤水县，东龙改属赤水县马头区；1934 年 6 月，广昌、赤水县合并为广赤县，东龙改属广赤县。1934 年 11 月，国民政府推行保甲制，东龙复属宁都县。1944 年 7 月，东龙属宁都县马头乡。1949 年 8 月 27 日，宁都解放，东龙属宁都县第四区（驻会同）。1950 年 7 月，东龙设乡，仍属宁都县第四区（会同区）。1951 年 10 月，东龙乡改属宁都县第八区（固厚区）。1956 年 6 月，东龙乡并入固厚区马头乡。1958 年 10 月，东龙属马头公社。1967 年，成立田埠公社，东龙设大队，属田埠公社。1984 年 7 月，撤社建乡，东龙大队改为东龙村民委员会，属田埠乡。2016 年，东龙村民委员会仍属田埠乡。

据说，因东龙地处宁都、石城两县交界处，是富庶之地，历史上为其归属问题，宁都、石城两县曾发生过争执。朝廷为息事宁人，最后折中将东龙划属宁都县，而将与东龙相邻的罗溪划属石城县。故当地至今仍有宁都“争到了东龙，丢掉了罗溪”之说。

辖区变迁

唐宋时期，东龙主要包括店下、屋场窝、寺背、龙脑上（今布头）4 个自然村。元代，新增苏家塅自然村。明代，新增墙下、高排、背寮、南坑、樟木上、小斜垄、东学背、横斜背、荷桥等自然村和永东古寺。清初至清中叶，新增罗家磜、甑饦岭、窝尾里、竹山窝子、竹麻斜、苗树背、麦斜排、杉涧岭、江夏湾、更鼓塅、排上等自然村。清末至民国期间，因逃避战乱等原因，屋场窝、窝尾里、竹山窝子、苗树背、东学背、横斜背、荷桥、甑笓岭等地被废弃。20 世纪 50 年代至 60 年代，因耕作、出行不便等原因，罗家礤、竹麻斜、麦斜排、杉涧岭、江夏湾、更鼓塅等地被废弃。20 世纪 90 年代，樟木上、小斜垄、苏家塅等地被废弃。

2016 年，东龙村辖布头、墙下、高排、背寮、排上、南坑、寺背 7 个自然村和永东古寺，下设村民小组 18 个。

布头自然村 位于村东端文峰溪源头平地上。始建于宋代。原名龙脑上。1957 年改名布头。是东龙李氏肇基地。2016 年，分设布头、店下、上村 3 个村民小组。共有耕地 559 亩，人口 100 户 465 人。

墙下自然村 位于村南侧。始建于明代。2016 年，分设墙下、上大屋、下大屋一组、下大屋二组、塅上、中村 6 个村民小组。共有耕地 831 亩，人口 140 户 706 人。

高排自然村 位于村北面山排上。始建于明代。2016 年，分设上高排、下高排 2 个村民小组，上高排为村委会驻地。共有耕地 284 亩，人口 54 户 257 人。

背寮自然村 位于村西北边山坳背上寮棚旁。始建于明代。2016 年，分设背寮、西坑 2 个村民小组。共有耕地 397 亩，人口 63 户 245 人。

排上自然村 位于尖峰寨山脚下、村南面山排上。始建于清乾隆年间（1736—1795）。2016 年，分设排上、里屋、上屋 3 个村民小组。共有耕地 396 亩，人口 64 户 355 人。

南坑自然村 位于村南山坑中。始建于明代。2016 年，分设南坑、新屋 2 个村民小组。共有耕地 267 亩，人口 55 户 152 人。

寺背自然村 位于村西南永东寺外。刘姓始建于唐朝。原范围约 5000 平方米。清道光年间（1821—1850）刘姓迁出后逐渐衰落。2016 年，属南坑村民小组。共有耕地 16 亩，人口 10 余户 30 余人。其周边尚存许多刘姓坟墓。

永东古寺 位于村西南糖罂寨。明万历年间（1573—1620）始建为书院，有房屋 3 栋，李腾蛟曾就读于此。清代改为永东寺。

附：废弃自然村情况

罗家礤　位于村东龙岗古隘处。始建于清末。多时有房 3 栋，人口 10 余人。20 世纪 50 年代，因耕作、出行不便废弃。

甑笓岭　位于村东南文峰山脚下，传为“机为仙婆”住处。始建于清初。范围 5000 多平方米，多时住有两三百人。民国末年，因饮用水不便废弃。

窝尾里　位于村东南甑笓岭南。始建于清代。有上、下 2 栋房屋，范围 2000 多平方米。清末，因居民迷信其“风水”不好废弃。

竹山窝子　位于村南。始建于清代。因由李逸轩所建，又名逸轩祠。范围 1000 余平方米。清末废弃。

屋场窝　位于村南。曾姓始建于唐代。范围约 2 万余平方米。清道光年间（1821—1850）废弃。今其周边尚存曾姓荒坟百余座。

竹麻斜　位于村西南。始建于清中叶。仅有两三户人家。20 世纪 50 年代废弃。

樟木上　位于村西南高山东南长有樟树的坑垄边。始建于明代。范围约 3 万平方米，有房屋 8 栋。20 世纪 90 年代废弃。

小斜垄　位于村西南狭长坑垄小坪地上。始建于明代。范围约 1 万平方米，有房屋五六栋。20 世纪 90 年代末废弃。

麦斜排　位于村西边。始建于清代。范围约 5000 平方米，有房屋 2 栋。1952 年春夏久雨，引发泥石流被掩埋。

苗树背　位于村西。始建于清代。范围约 8000 平方米，有房房 3 栋。民国年间废弃。

杉涧岭　位于村西。始建于清代。范围约 2 万平方米，有房屋 7 栋。20 世纪 60 年代废弃。

苏家墩　位于村西。始建于元代。范围约 4000 平方米，有房屋 2 栋。20 世纪 90 年代废弃。

东学背　位于村西。始建于清代。范围约 1000 平方米，有房屋 1 栋。民国年间废弃。

横斜背　位于村西北。始建于清代。范围约 1000 平方米，有房屋 1 栋。民国年间废弃。

荷桥　位于村西北。始建于明初。范围约 3000 平方米，有房屋 4 栋。民国年间废弃。

江夏湾　位于村西南。始建于清代。范围约 600 平方米，有房屋 1 栋。20 世纪 50 年代末废弃。

更鼓塅　位于村西。始建于清代。范围约 2000 平方米，有房屋 3 栋。20 世纪 60 年代废弃。

自然环境

地质　东龙地质构造为新华夏系第二隆起带上的一个次级构造，主要表现为断裂带和断层。地质基础系古生代震旦纪浅变质岩，已出露的地层主要为前震旦系，岩石主要为变质岩。

地貌　东龙地处武夷山余脉，属赣南中低山丘陵区，地貌以丘陵、山地为主，海拔 500 ~ 900 米。四面群山环绕，中间为平坦小盆地，有“架上金盆”之称。地势东、北部高，西、南部低，水往西流，东南有一脉群山蜿蜒起伏，形如卧龙。

山峰

村中主要山峰有 8 座。

上高山　东临樟木上，南接小斜垄，西临田埠河，北抵小溪，分属杉涧、东龙村。东北—西南走向，面积约 3 平方千米，海拔 644 米。山顶古时筑有石寨，今残存寨墙。

龙山　俗称虎嶂、东龙岭，系东龙“后龙山”。位于村东边。长约 400 米，宽约 200 米，海拔约 800 米。因形似传说中的蛟龙而得名。

文峰山　俗称“巽峰插天”。位于村东南。海拔约 800 米，范围约 50 亩。因山形如古代文官官帽而得名。山上古时建有石寨。

凤山　位于村南。海拔约 600 米。因山形如腾飞凤凰而得名。

狮山　位于村西。海拔约 600 米。因远望状如伏地雄狮而得名。

凤山（2017 年）

象山　位于村西北。海拔约 600 米。因形如一站立大象而得名。

仙人飞天　位于村北。海拔约 700 米。因婀娜多姿，形如一飞天仙女而得名。

鳅篓寨　位于村北。海拔约 700 米。因状如装泥鳅的竹篓而得名。

河溪

村中主要河溪有 3 条。

田埠河　为固厚河上游，旧称白沙江。发源于石城县小松镇塘胜岭东北面，流经村境，再经固厚乡、长胜镇汇入梅江河。全长 51 千米，控制流域面积 353.4 平方千米，平均河宽 60 米，河口高程 160 米，多年平均径流量 37.4 立方米 / 秒。村内河床为卵石堆积物。

文峰溪　发源于布头，流经店下、上大屋、下大屋、中村、墙下，在文昌阁与龙溪汇合，再经西坑、玉虹桥、寨下塅、下拱桥、里大嵊、外大嵊等地汇入田埠河。全长 6 千米。

三溪合流形成的跌水礤（2017 年）

龙溪 发源于龙山，流经上高排、下高排、背寮、西排、莲塘、楼子下，在文昌阁与文峰溪汇合，再经塅上、跌水礤、阳家山、观音石、下中排和王沙村杉涧、合溪坝汇入田埠河。全长 6 千米。

气候 东龙属中亚热带季风湿润区，气候温暖湿润，阳光充足，雨量充沛，无霜期长，冬无严寒，夏无酷暑。多年平均气温 17.83℃，极端最高气温 38.4℃，极端最低气温 −6.2℃。多年平均日照时数 1596 小时。多年平均降水量 1520 毫米。多年平均无霜期约 290 天。受季风影响明显，多年平均风速 1.1 米 / 秒。

入春时间在 3 月中下旬，春天多吹东南风，雨日多，有“春雨连绵”“春无三日晴”的说法，常有暴雨。入夏时间在 5 月下旬，夏天多吹南风或西南风，傍晚或午后时有区域性雷雨，有“小暑南风十八天”“夏雨隔堵墙，淋女不淋娘”的说法，常有台风侵入，易出现洪涝灾害。入秋时间在 9 月下旬，秋天天气晴朗，昼热夜凉，有“白露秋分节，夜寒白天热”的说法，初秋常出现“秋老虎”天气，晚秋常出现“小阳春”现象，此季节易发生干旱。入冬在 11 月下旬至 12 月上旬，冬天多刮北风或西北风，常有寒潮伴霜雪侵入，前冬冷晴干燥多严霜，后冬多雨雪阴冷天气。

◉ 自然资源

动物资源

东龙境内野生动物主要有鸟、兽、鱼、蛇、虫等类，以及蟾蜍、青蛙、田鸡、石鸡等爬行动物。

鸟类 主要有鸦鹊、乌春、鹧鸪、斑鸠、八哥（乌翼子）、布谷鸟、画眉、鹰、鹞、麻雀、云雀、野鸡、竹鸡、禾鸡、乌鸦、野鸭、猫头鹰、夜哀子、啄木鸟、寿带鸟、翠鸟、白头翁、蜡嘴、喜鹊等。

兽类 主要有狐狸、山羊、野猪、黄鼠狼、野兔、野猫、狼、水獭、豪猪、穿山甲等。

鱼类 主要有鳝、泥鳅、鲫鱼、河鲤、石鲩、蚌、鲶、鳗、鳜等。

蛇类 主要有金环蛇、银环蛇、眼镜蛇、蕲蛇（瓦子角）、竹叶青（青竹蛇）、水蛇（泥蛇）、乌梢蛇、蝮蛇等。

虫类 主要有蜘蛛、蚂蚁、蜻蜓、椿象、螳螂、蟋蟀、蚂蚱、松毛虫、蜜蜂、马蜂、胡蜂、蚜虫、斑蝥、蜈蚣、蚕、蝉、蝴蝶等。

动物中猫头鹰、穿山甲等属珍稀动物。

植物资源

东龙境内主要有木本、野生木本油料、野生木果、食用、药用、饲料、芳香、纤维、花卉、藻、菌等类，以及地衣、苔藓等植物。

木本植物 主要有松、杉、竹等90余种。

野生木本油料植物 主要有木梓、山苍子、黄樟、红脉钩樟、大叶钩樟、乌桕、山桐子等。

野生木果植物 主要有毛栗、酸枣、花红、野荔枝、杨梅、君迁子、棠梨、板栗、野柿子、猕猴桃等。

食用类 主要有香菇、平菇、长根菇、山药、茅芋、黑木耳、银耳、松乳菇、羊肚菌、鸡丝菌、蜜环菌等。

药用类 主要有何首乌、野木瓜、石菖蒲、芦根、钩藤、茵陈、金银花、黄枝子、得附子、车前子、金樱子、芙蓉、辛夷、芍药、五加皮、野山楂、乌药、海桐、麦冬、厚朴、大蓟、夏枯草、凤尾草、马齿苋、半边莲、牛膝、金钱草、益母草、算盘子、野菊花、鸭舌草、鱼腥草、白花蛇舌草、八角莲、七叶一枝花、天南星、青木香、

跌水礤植被（2017年）

野党参、蛤蟆藤、苍耳子、蒲公英、半夏、天门冬、百合、黄精、仙茅、山姜、黄连、三七、茯苓、积五草、了哥王、千层塔、石松、贯众、石蓿、骨碎补、土人参、赤芍、臭牡丹、葛根、野花生、铁扫帚、青皮仁、瓜子金、蓖麻子、白茅根、扁藤、桔梗、白芨、石仙桃、土天麻、观尾草、土风、海金沙、抱石莲、鸡血藤、千斤拔、竹叶、前胡、龙胆草、马鞭草、丹参、野甘草、地胆草、石吊兰、野燕麦等。

饲料类 主要有野苋、一年莲、独行草、糯米团、野苎麻、野大豆、假地兰、鸡眼草、葛藤、草木樨、车轴草、山绿豆、马兰、羊蹄等。

芳香类 主要有春兰、寒兰、夜来香、建兰、惠兰、满山香等。

纤维类 主要有芒、五节芒、舍茅、牛筋草、灯芯草、龙须草等。

花卉类 主要有金鸡菊、秋牡丹、杜鹃、野玫瑰等。

植物中有国家一级保护植物红豆杉，国家二级保护植物银杏、罗汉松。

◉ 人口　姓氏

人口变化 据东龙李氏族谱记载，明末东龙有人口800余户5000余人，为历史上人口最多的时期。后因战乱频发，匪患不断，人口锐减。中华人民共和国成立后，社会秩序稳定，经济发展，村民生活水平提高、安居乐业，人口逐年增加。1950年，全村有人口1000余人。1959—1962年，因自然灾害，人口增长缓慢,1962年有人口1100余人。1970年，有人口1200余人。1980年，有人口1500余人。1990年，有人口1700余人。2000年，有人口1900余人。2016年，全村有人口480户2180人。

从20世纪80年代末起，村中出现外出务工潮，而且人数越来越多。2016年，外出务工者达600多人，约占全村人口的1/4。外出务工者多为青壮年，许多人已在外地安家立业，但户籍仍留于村中，一般春节、清明和村中有重大活动时才回村小住数天。

姓氏结构 唐时，东龙居民主要为曾、刘两姓。北宋乾德五年（967）李翊俊迁入后，增至3姓。明末，村中人口中李姓已占90%以上，仅村中水口边住有数户曾姓、刘姓人家。清乾隆年间（1736—1795），李勖承卸任东乡县儒学训导，回乡时为方便村中祭祖、庙会和村人举办红白喜事，从该地带回一班擅长表演木偶戏和吹唢呐的陈姓人。因东龙李氏祖上与陈姓有许多联姻，视他们为姻亲，故得以留下。民国年间，迁入温姓人家。20纪世60年代，又有梅姓入赘东龙李姓。

除陈、梅姓人外，东龙只有通婚才有外姓妇女迁入。20世纪80年代前，因通婚迁入的外姓妇女主要有温、曾、吴、郑、何、蔡、黄、邱、杨、许、张、田、钟、陈、邓、余、郭、林、刘、肖、谢、白、朱、古、袁、罗、丁、管、曹、徐、赵、向、伍、周、工、童、赖、廖、苏、姜、江、黎、柯、房、饶、过、雷、巫48姓。改革开放后，外出人口多，因通婚又增加10多姓外姓妇女。

2016年，全村2180人中，有李姓1523人、陈姓30人、梅姓12人，嫁入村中的妇女共43姓615人。

李姓源流 据东龙李氏下祠十修、上祠九修族谱记载，北宋乾德五年（967），石城县观下半迳李翊俊因打猎常来到东龙，见此地山清水秀、土地肥沃，是繁衍生息的佳地，遂举家迁入此地。

李翊俊迁入东龙后，曾经历4代单传。至第5代层五郎才育有2子，长名大郎，次名念四郎，开始分成2个支派各自繁衍。后来，大郎后裔为其建祠于村西北龙山下方，俗称李氏下祠；念四郎后裔为其建祠于村西北龙山上方，俗称李氏上祠。大郎、念四郎虽为同胞兄弟，同居东龙，但其后人却各树一帜，各建各的祖祠，各修各的家谱，各祭各的祖宗，而且从明初首修族谱时就对李翊俊以上的远祖认定不一，存在争论。下祠族谱载其始祖为唐宗室、御史中丞李汉。据《新唐书》宗室世系表载："李汉为唐景帝李虎五子雍王绘嗣裔。绘子赟为隋夏州总管，晋爵河南王。赟生道玄，曾任山东行军总管，年十九战殁，以弟道明嗣爵。汉公为道明六世孙，擢进士第，进御史中丞、吏部侍郎，终绛州长史。"上祠族谱则载其始祖为唐中叶名相李晟。据《新唐书》宰相世系表载：李晟为唐中叶名相，因有功皇室，"贞元四年（788）诏为晟王立五庙，追贲高祖芝以下附其主"。为此，史书有"芝生嵩，嵩生思恭，思恭生钦，钦生晟"记载。清康熙三十七年（1698）上祠李世勋所撰《源流记》称："晟公生有十二子，七子宪公为江南观察使，吾李氏江南始祖。"下祠祭祖设有李翊俊及其祖李德荣（石城县半迳李氏开基祖）以下13代祖先祭坛，而上祠仅祭祀本支开基祖念四郎以下祖先，对念四郎以上的祖先概不涉及。

对上、下祠关于先祖的争论，明左都御史、东龙李氏外甥陈勉和东龙人、明末清初文学家李腾蛟都赞同下祠的说法。陈勉在明正统九年（1444）所撰《陇西李氏世居东龙族谱序》云："吾邑东龙之有李氏，其先有唐进士擢知制诰补御史中丞曰汉公，家世陇右，迁居东京左殿背，徙洪都西山，其子孙复迁抚州赤栏门，历四世曰大四郎，徙居吾邑清泰乡之琳池。其次子孟雄生贤，任翰林侍郎，因家建昌。四子孟威居建昌府广昌直寨坝。威生三居士，由制科任黄州刺史。居士生信，举孝廉，任湖南刺史。信三世生翊俊，为宋韶州司户参军，始由石城半迳徙吾邑东龙焉，至今为巨族。”李腾蛟在《原派总考》亦云：“汉公为御史中丞，由东京隐于洪都之西山，复徙抚州之赤栏门。四传而生太四郎，由抚州迁宁都清泰乡之琳池。太四郎有子四”，其中“威徙广昌直寨坝。四传而至德荣，由直寨坝徙居石城半迳，再传翊俊公徙吾东龙，此则汉公而下十世也”。并考证云：“大江而西之李，多宗西平王晟，间有宗滕王元婴、曹成王皋，而吾族独宗汉公。”“其祖晟公者，以晟为高祖十二世从孙；祖滕王者，则以滕为高祖六世孙。以唐世系考之，六世犹为近，十二世则失之远矣。……要之，祖晟王者，不得宗唐祖；祖滕王者，不得牵合晟公。是晟、滕二王非汉公子孙所得而宗祖也。近世之谱多援引特远，遂有承谬之弊。而吾家旧谱则始于汉公，汉先世不无可考而不敢列之系传者，亦惟守先人之旧已耳。”下祠裔孙李之芳也于清道光二十九年（1849）作《先世源流辩》，驳斥上祠说法，认为：“观旧谱所载汉公乃景帝之二十世孙，三修谱‘世纪’谓晟公为景帝十四世孙，是均出自景皇帝也。依彼‘世纪’推之，景皇帝至我存字派四十有五世，依史书推之，景皇帝距元至正七百七十余年耳，而所传已四十五世，则每世俱必十七岁焉。有四十五世皆十七岁生子？以理揆之，信然，否耶？且景皇帝虎，仕北周为柱国将军，封唐公，载之二十二史，见之唐史，驳驳可考。‘世纪’乃以虎为武州刺使，其子为西凉太守，孙为后魏刺使，四世孙乃后周刺使，封永康公，朝分已错数代。现在史书可据，竟至数典而忘。予窃异之，诚不知其何所见而云然也……。嗟呼，以一人之误至吾煌煌巨族不得所宗，徒作骑墙之见，以贻大雅之笑，亦异矣”。

上、下祠族谱虽然对远祖认定不一，但对李翊俊以后的记载却完全一致，都认同李翊俊为自己的东龙始祖，他迁入东龙后历经4代单传，至第5代层五郎才育有大郎、念四郎2子，开始分上、下祠2房繁衍，其后情况才各自分记。19世以前，上、下祠均未设世系，20世英字辈起才设世系，且上、下祠一致。

下祠族谱记载，自大郎以下的繁衍情况为：大郎生2子，长名四二郎，次名三九郎。三九郎缺嗣，四二郎生四郎。四郎生2子，长名七三郎，次名七四郎。七四郎缺嗣，七三郎生子卅九郎。从李翊俊算起（下同），6世至9世代代单传，直到10

世卅九郎才生有 3 子，长名十三郎（生 2 子，长名卅七郎，次名卅八郎，后分为东西 2 房），次名十四郎，三名十五郎。自十三郎、十四郎、十五郎起，人丁进入稳步发展。到 13 世登字派上下 2 代统得丁 27 名（其中十三郎位下 13 名），14 世仲字派上下 2 代统得丁 57 名（其中十三郎位下 24 名），15 世季字派上下 2 代统得丁 100 名（其中十三郎位下 67 名），十六世存字派上下 2 代统得丁 146 名，17 世思字派上下 2 代统得丁 235 名（其中十三郎位下 152 名）。随着人口迅速发展，下祠从 17 世思字派起，几乎代代分房，房名既多且乱。到明弘治三年（1490）二修族谱时，族中便统一规定，以 20 世英字派房为基本房，英字派以上为大房，英字派以下为小房；认定 1 世至 19 世为共同祖先，采用合传形式记载；20 世以后以房为单位，分别立传记载。据统计，明末时下祠已有小房 60 多个。后因东龙接连多次遭受匪乱，尤其是清初受张自盛部和三藩乱兵的劫掠，造成“死亡者七百有余，绝烟者六十余家”“田舍坟庐几成旷地”，导致有的房绝嗣，有的房人口大量逃离。2016 年，留居村内的只有介夫（英越）、守政（英翰）、坦夫（英澈）、静轩（英沂）、朴斋（英本）、石桥（英达）、双峰（英毅）、友松（显朋）8 个基本房，分属于以 19 世春字派为标志的本琳、春熏（南窗）、春芳（草堂）、春蔓（芸窗）、春菈（育斋）、春萼（蕴轩）6 个大房。各大房以自然村为单位聚居：蕴轩（含 18 世慎斋）房居于店下、布头；育斋房居于中村、高排、上大屋、下大屋；芸窗房居于排上、墩上、店下、上大屋；草堂房大部分迁居石城县，仅有少数居于布头；南窗房居于中村；本琳房居于西排；育斋、芸窗、草堂 3 房居南坑。其中，育斋房人口最多，约占全村人口的 50%；其次为芸窗房，约占全村人口的 30%；其余 4 房约占全村人口的 18%。留居东龙的下祠人口约占下祠总人口的 40%，其余约 60% 分居于乡内杉涧、下浆溪、南木桥、鹅公墩，县内梅江、长胜、固厚，省内南昌、吉安、上饶、石城，以及福建长汀、河田和台湾等地，以石城最多。

上祠族谱记载，自念四郎以下的繁衍情况为：念四郎后，6 世至 11 世为单传，到 12 世泰郎才生有清甫、任甫、庚甫、彩甫 4 子。任甫、庚甫、彩甫繁衍情况现已失考，清甫则生有2子，长名原赋，次名原贵。原贵后迁石城县坳下另行开基，原赋则留居东龙，生有经禄、经达 2 子，派分 2 房，各自繁衍。自古流传，上祠无论人口繁殖，还是财富积累都胜过下祠，明中叶便已人才济济，学子成群（因族谱残缺，详情缺考）。明末清初，“当甲申之变，本支散处四方”。现留居村中的只有 7 户 50 余人，约占全村总人口的 2%、上祠总人口的 1%，其余约 99% 的上祠人口分居于乡内洋溪、文明、杉涧，省内吉安沙溪、石城坳下，以及福建宁化等地。

对上、下祠留居东龙人口数量悬殊产生的原因，有这样两种传说。一说，建上、下祠时，双方原约定于同一时辰动工，但下祠有人懂“风水”，预先得知那天将下雨，事先通知大家准备了蓑衣、斗笠等，而上祠无人懂“风水”，没能未雨绸缪。开工时，突然下起倾盆大雨，下祠族人因为备有雨具，照样施工不误，而上祠族人则只好四散躲雨。于是，这一兆头后来就应在了下祠人爱“留”、上祠人爱“走”上。另一种传说是，建上祠时，族人因为希望后代有出息，所以将祠堂建成老鹰形。远走高飞是老鹰的本性，因此后人多离开了东龙。而建下祠时，其族人考虑的是人丁兴旺，便将祠堂建成“鸡婆形”，“鸡婆”抱崽不肯动窝，因此其后人多留于东龙成家立业。

村级组织

村党支部 东龙村党支部始建于苏区时期的 1930 年 3 月，曾先后隶属于宁都县、彭湃县、博生县、赤水县、长胜县马头区委。1934 年 10 月，中央红军主力长征后，东龙党组织停止活动。1953 年复成立中共东龙乡党支部，1967 年成立东龙大队党支部，1984 年改为东龙村党支部，先后隶属于宁都县固厚区委、马头公社党委、田埠公社党委、田埠乡党委。2016 年，村党支部仍隶属于田埠乡党委，下设党小组 6 个，有党员 38 名。

村委会 苏区时期，东龙于 1930 年 7 月 7 日建立乡苏维埃政权。1931 年 2 月中旬、1931 年 9 月因遭劣绅和国民党军破坏，分别重建乡苏维埃政府。1934 年 10 月，中央红军主力长征后，东龙乡苏维埃政府停止活动。

村委会办公楼（2018 年）

1950 年 7 月，成立东龙乡人民政权。1956 年 6 月，东龙乡并入马头乡。1967 年，成立东龙大队。1984 年 7 月，东龙大队改为东龙村委会。2016 年，仍设东龙村委会，隶属于田埠乡。

群团组织 村级群团组织主要有团支部、少先队和妇代会。

村团支部始建于苏区时期的 1931 年 7 月，时称少共东龙乡支部，先后隶属于宁都县、彭湃县、博生县、赤水县、长胜县马头区少共组织。1934 年 10 月，中央红军主力长征后，东龙少共组织停止活动。1953 年成立东龙乡团支部，1967 年成立东龙大队团支部，1984 年改为东龙村团支部，先后隶属于宁都县固厚团区委、马头公社团委、田埠公社团委、田埠乡团委。2016 年，村团支部仍隶属于田埠乡团委，有团员 13 名。

村少先队始建于苏区时期的 1931 年 7 月，时东龙乡所属村均建有儿童团和少先队。1934 年 10 月，中央红军主力长征后，东龙少先队组织停止活动。1949 年 11 月成立东龙村少先队大队部，1951 年东龙小学各教学班设少先队中队或小队，1959 年成立东龙少年先锋队大队，“文化大革命”期间改称“红小兵”或“红卫兵”，1978 年复名少年先锋队。2016 年，东龙小学设少年先锋队大队，各教学班设中队，有中队 5 个。

村妇代会始建于 1930 年 7 月，时东龙乡苏维埃政府内设劳动妇女委员会。1931 年 3 月，妇女委员会被撤销，妇女按职业性质分别加入雇农工会、贫农会，或参加群团组织中的女工部、妇女部。1931 年秋，村设妇女代表 1 ~ 3 名。1934 年 10 月，中央红军主力长征后，东龙妇女组织停止活动。1950 年设立东龙乡妇代会，1967 年改设大队妇代会，1984 年改为东龙村妇代会。2016 年，仍设村妇代会，隶属于田埠乡妇联。

◉ 村务管理

村民自治 1991 年以前，村（大队）干部采取任命制，由上一级机关考察任用。1992 年，《中华人民共和国村民委员会组织法》颁布，开始建立健全村民自治制度，通过民主直选方式，选举产生村民小组长和村民代表，再由村民代表大会选举产生村民委员会正、副主任。村民开始直接行使民主权利，依法办理自己的事情，创造自己的幸福生活，实行自我管理、自我教育、自我服务。

民主选举　1999 年，根据《中华人民共和国村民委员会组织法》和《江西省实施〈中华人民共和国村民委员会组织法〉办法》，村内首次开展村民直选村委会干部工作，依照法定程序、民主精神，选出群众较满意的村主任、副主任。2002 年年底，开展第五届村民委员会换届选举。2005 年、2008 年、2011 年、2014 年，分别开展第六届、第七届、第八届、第九届村民委员会换届选举。

民主管理　20 世纪 90 年代末，依据国家法律法规和党的方针政策，村委会建立健全村民会议、村民代表会议、村务公开、民主决策、民主管理、民主监督等制度，并结合本村实际，先后制定《村民自治章程》《村民自治公约》《村民计划生育自治章程》《实行村务公开民主管理实施意见》及治安、护林、防火等村规民约。这些章程和村规民约既全面又具权威，成为村干部和村民自我管理、自我教育、自我服务的依据。村民形象地称其为"小宪法"。

民主决策　20 世纪 90 年代末，村委会对涉及村民利益的重要事项，如乡统筹的收缴方法、村提留的收缴和使用、享受误工补贴的人数及补贴标准、村集体经济收入的使用、村民宅基地的使用方案，以及村办学校、村建道路等公益事业的经费筹集方案，村集体经济项目的立项、承包方案及村公益事业的建设承包方案，低保户、贫困户的评定等，均提请村民会议或村民代表会议讨论，按多数人的意见作出决定，不搞"一言堂"。

民主监督　2002 年第五届村民委员会换届选举后，村委会全面把对村干部的评议权和村务的知情权交给村民，通过村务公开、民主评议村干部和村委会定期报告工作等形式，由村民监督村中重大事务、村委会工作和村干部行为，并按规章将村里重大事项和村民普遍关心的问题及时向村民公开。

◉ 村域经济

东龙经济经历过发展、强盛、衰落过程。唐宋时期，基本以农耕经济为主，处于发展阶段。明清时期，东龙经济发展为以商贸、经营田产为主，达到鼎盛，成为一个有人口 800 余户、5000 多人的大村庄，规模超过现在一倍，以人才辈出、商贾云集、经济繁荣、富甲一方而闻名遐迩，成为封建宗族社会的典范。明崇祯八年（1635），临川陈际泰赞其"万瓦参差，如一大都会"。清李腾蛟称其"田塘绣错，户口云连"。

1914 年，廖鼎芬云 :“生其地者，名臣巨富，代不乏人，为一邑冠”。但到晚清时期，东龙先后遭到 3 次兵祸匪患的浩劫，加上长期靠剥削为生的地主子弟不求上进，许多人还沾染上吸食鸦片的恶习，宗族内部矛盾又逐渐激化，经济开始不断衰落。民国年间，因为社会动荡、苏区革命对封建宗族势力的冲击，东龙经济雪上加霜。中华人民共和国成立后，农业合作化和人民公社时期，东龙经济转为以农业为主，实行集体化经营。20 世纪 80 年代改革开放后，实行“分田到户”的农业生产责任制，农业经济获得快速发展。同时，大批富余劳动力离家外出务工或创业，其收入已成为东龙经济新的主要增长点。

种植业 农耕经济是东龙传统产业之一。中华人民共和国成立前，以种植水稻为主，种植红薯、大豆、玉米、蚕豆等为辅，由于生产条件落后、生产力低下，抗灾能力极弱，加之地处山区，自然条件差，只种单季，粮食产量一直在低水平上徘徊。清光绪八年（1882），粮食平均亩产 90 千克。清宣统三年（1911），粮食平均亩产 80 千克。民国末年，粮食平均亩产在 70 千克左右。

中华人民共和国成立后，特别是 20 世纪 80 年代以来，全村通过开展农田基本建设、改革耕作制度、推广科学种田和农业机械化、实行多种经营、推行农业生产责任制、推广种植杂优水稻等良种、改单季稻为双季稻、大力发展果业等举措，农业生产不断发展。1959 年，粮食播种面积 2320 亩，总产 273 吨，平均亩产 118 千克。1978 年，粮食播种面积 2390 亩，总产 339 吨，平均亩产 142 千克。1984 年，粮食播种面积 2890 亩，总产 471 吨，平均亩产 163 千克。

2016 年，全村有耕地 2750 亩，粮食作物与经济作物种植比为 6∶4。粮食播种面积 3179 亩，总产 1078 吨，平均亩产 339 千克。经济作物主要有蔬菜、白莲、烟叶、西瓜、花生、席草、大蒜、泽泻等。实现种植收入 400 余万元。

梯田（2008 年）

烟叶（2016 年）

宁都黄鸡（2017 年）

养殖业 东龙传统养殖以猪、鸡、鸭和“四大家鱼”（草、鳙、鲢、鲤）、鲩鱼（扁吻鲴）苗等为主。鲩鱼苗是其特产，自明代中期至20世纪70年代经久不衰，在闽、粤、湘、赣4省独树一帜，20世纪80年代才停养。养鸡多为“三黄”鸡（胫黄、羽黄、喙黄）。20世纪80年代前，养猪采用传统熟食法，普通人家多只养1头，为“养猪过年”；鸡、鸭则散养，一户只养十来只，多数自用，极少上市；“四大家鱼”则以青草等为鱼饵，多上市出售。20世纪90年代起，因为市场放开，加上政府鼓励，村内养殖业逐步得到发展，生猪、“三黄”鸡养殖专业户、重点户和稻、莲田“四大家鱼”养殖户不断涌现，产量大增。同时，普遍改用混合饲料饲养，生猪出栏时间由1年以上缩短至8个月左右，“三黄”鸡出笼日龄缩短至110 ~ 120天，“四大家鱼”养殖效益大为提高。2008年，村内生猪、“三黄”鸡养殖大户开始加入乡养殖专业合作社，通过“公司+养殖户”模式，实行“四统一”（统一配发饲料、统一防治疫病、统一收购销售、统一上市价格）经营。

2016年，全村有生猪、“三黄”鸡养殖专业户5户，池塘和稻、莲田“四大家鱼”养殖户136户；出栏生猪832头；出笼“三黄”鸡3万多只；“四大家鱼”产量60多吨。实现养殖收入400余万元。

商业 东龙地处宁都、石城两县交界处，古时有8条通往外界的古道，是“海上丝绸之路”陆上赣西通赣东接闽西至泉州段的必经之地。便利的交通为东龙带来大量的人流、物流，不但让东龙繁华起来，而且拓宽了东龙人的视野，促使许多东龙人走出山区，从事商业活动。这一活动主要兴盛于明清时期，大致分为行商和坐商两类。

行商以长途贩运为主，有“过汀州”“赶宁化”“走建宁”之说。他们从本地收购白莲、烟叶、蔗糖、大米、糯米等农副产品贩卖到汀州、宁化、建宁等地，回来时则贩回食盐、布匹、海产品等到本地销售。从事这种行商活动的东龙人通常有两三百人，有的规模较小，一年仅贩运数趟；有的则以此为业，长年不断，规模很大，一趟雇请上百人。这种行商活动一直延续到民国末年。

早早市（2007 年）

坐商则分两种。一种是在村中开店，经营旅馆、饭店，经销农副产品、药材、日杂用品等，甚至还有人开设当铺、妓寮、烟馆、赌场，使村中在清乾隆年间（1736—1795）便形成了集市。当时，集市主街长达 200 多米，宽四五米，两旁店铺林立，商品种类繁多，琳琅满目，每天清早开市，早餐后散市，名为“早早市”。这个集市历经数百年至今仍保留着，尽管规模已不如从前，但每天清晨仍然有猪肉、豆腐、蔬菜等农副产品买卖，并有数家整天营业的百货、副食品、农资店。另一种是到外地设铺。这种人多头脑灵活、资本大，他们不满足于在当地小打小闹，便远赴省内宁都、石城、瑞金、上饶，福建宁化、建宁、长汀、河田，以及广东、浙江、湖南等地开设商号，赚“大地方”的钱。东龙李氏族谱记载：16 世成郎为商福建，18 世巢郎贸于福建河田，18 世庆郎商于吉安，19 世春回服贸他乡，19 世春畴明于成化二十一年（1485）因商徙宁都县城，25 世开癸于清康熙年间（1662—1722）外出贸易，清道光年间（1821—1850）李鹤年 16 岁弃举子业赴广东潮州、福建汀州经商……类似的记载比比皆是，多时村中在外经商者达数十人，而且大都在当地负有盛名。

田产经营　明清时期，商业的发展，给东龙人带来了巨大的财富，不但成就了李思常（李东山）、李英越（李介夫）、李泰恕（李仁方）、李令涟（李襄玉）等一批富豪，而且通过办学促科举、捐官等培育出一批士绅。这些富豪、士绅用积赚的财富，不但大兴土木建宅、造祠、修祖坟，还大量购置田产。他们除遵守祖训不购置县内东山坝以北的田产外（因东山坝以北有大量李姓，祖训“不与本家争食”），其他地方由近及远，几乎见良田就买。至清中叶时，东龙李姓的田产不但遍布县内东山坝以南各地，而且还远及省内石城、瑞金、广昌和福建宁化、建宁、长汀等地，共达 10 余万亩。田产多的人家，不但家中请了专管田产的管家，还在有田产的地方聘请了“代管”，付给 5% 左右的租粮作为代管费，委托他们代为收租、运租。每年秋季收租时间一到，各路“代管”带着成群结队的交租纳粮者，从四面八方汇集东龙，盛况空前。这种状况持续到 1931 年年底。

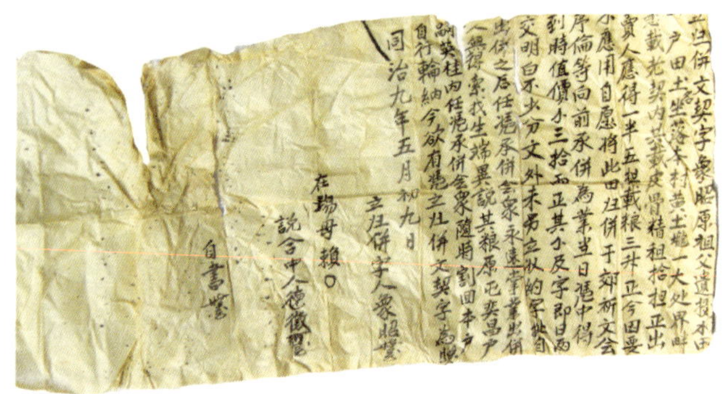

清同治年间东龙田契

劳务输出 20 世纪 80 年代中期起，随着农业生产责任制的推行和改革开放的深入，村中的富余劳动力开始自发外出务工。有的农忙在家耕种，农闲外出；有的则一年四季在外，多前往珠三角、长三角和闽南等经济发达地区，主要从事轻工产品加工和建筑行业等。2016 年，全村外出务工人员达 600 余人，收入达 1800 余万元。务工收入已成为多数家庭的主要生活来源。

自主创业 自 20 世纪 80 年代起，村中先后有许多思想解放、富有开拓精神的人走上自主创业之路。有的在家开店设铺经商，或从事规模种植、养殖，或开办各种加工企业；有的在外务工学到技术、积累资本后，开公司、办企业，或做物流、搞建筑……一大批人创出了一片新天地。

至 2016 年，村中自主创业的佼佼者有在加拿大办公司的李友欢，在上海办公司的李霖成，在浙江办公司的李方建，在深圳办皮带厂的李担生，在东莞办针织制衣厂的李建生，在广州办印刷厂的李庚秀，在福建龙岩办饲料厂的李兴荣，在南昌办公司的李秋满，在宜春办水泥厂的李方东，在县内办鞋厂的李方辉、办白莲专业合作社的李良麟，等等。

古村风貌

东龙，山清水秀，风光绮丽，素有“架上金盆”“世外桃源”之誉。四周群山连绵起伏，气势磅礴，宛如条条奔腾的绿色巨龙，峰峦间依稀可见寨堡隘口、亭台楼阁、小桥流水、层层梯田；盆地上，阡陌纵横，清溪环流，祠宇鳞次栉比，民居错落有致，“东龙十景”点缀，近百口清池远看似一面巨大的明镜，倒影如画……充分体现出东龙人追求天人合一、人与自然和谐相融的情怀。其情其景，恍如仙景，令人陶醉。

古村格局

东龙的村落空间主要由三部分组成，即围绕祠堂而建的人居空间（民居），以宗祠、房祠、支祠为阵地的祭祖空间，以玉皇宫、胡公庙等寺庙为中心的祭神空间。三个空间互为毗邻，道路相连，既融为一体，又各有各的格局，相对独立。

人居空间 东龙的人居空间以追求“天人合一”，人与人、人与自然、人与社会的高度协调为目标。村落选址讲究依山傍水、视野辽阔、环境优雅、气候适宜、避害趋利、宜耕宜居、便于防御，山上有丰富的木竹等资源，平地有大量可供耕作的肥沃土地。村落空间布局讲究傍山建村、错落有致、疏密相间、排列有序、互相照应、便于消防，房屋之间有巷道相通，自然村与自然村之间有道路相连，远眺为一整体，近看各个自然村又别具一格。单体建筑讲究背风朝阳，结构简洁，装饰有度，舒适实用。为防止匪乱，村民在村东北角通往石城小松、田埠马头，西面通往田埠杉涧，西南通往田埠的 4 条古道险峻之处各建隘亭 1 个，既可供行人歇息，又可用于设守示警或防御小股入侵者。为应付大规模骚乱，采取“照丁派工”的办法，环村四面分别兴建尖峰、玉尖、龙公、鳅篓 4 个石寨，寨寨地势险要，常年备有水、粮、柴等日常生活用品以及枪、炮、碾石等防御武器，大的石寨可容纳数百人。此外，还在村中及其周围兴建守护神庙 5 座，以满足村民祈望安居乐业的心理需要。

自古以来，人们对东龙人居空间赞赏有加。清康熙十二年（1673）翰林院学士孔敏英在《上祠李氏二修族谱・序》中赞其为“架上金盆”“桃源洞软”，清嘉庆二十二年

古民居一角

（1817）东龙李氏后裔李宽曾撰文赞自己家乡“风土清佳，山有巽峰、辛峰之秀丽，水有东涧、西涧之潆洄”。

祭祖空间 东龙李氏系客家人，对祖先有强烈的崇敬感，以祠堂作为祭祖的地方，视其为圣地，对祠堂及其周围环境有很高的要求。东龙的祠堂有宗祠、房祠、支祠之分。

东龙李氏宗祠有上祠、下祠2座，出于“风水”考虑，其地位相同，建在同一条中轴线上。李氏先人之所以选择此地建宗祠，除认为“后龙山”好、远有朝山近有案、左右“砂手”远近高低适宜之外，还在于前面有一片开阔的稻田，田中间有水塘，“明堂开阔，座位端正，水主财气”，认为水聚于塘即财聚于家，视野宽阔则可造就有胸襟、有胆识、有作为的后人。以现代环境学角度来审视，由于这两座宗祠建在宁都至东龙的村口，建筑物体量较大，四周有绿地与之匹配，不仅能使建筑物与周边景物相融、比例协调，而且还能扩大视野，使宗祠愈加醒目，也是上乘选择。为确保宗祠周围环境不遭破坏，从宗祠建成之日起，族中就规定，“后龙山”及宗祠四周任何人不得随意兴建其他建筑。故2座宗祠周围不仅“后龙山”一直保持完好，而且只有与之相融的祖坟、龙城会馆（现已倒塌）、忠义祠3座建筑。

除宗祠外，东龙李氏各房、各支均各建有祠堂，历史上多时共有100余座。这些祠堂多建于各房、各支后人聚居的民居之中，如慎斋祠、育斋祠、朴斋祠、雪堂祠、

李氏下祠祭祖厅（2014年）

芸窗祠建于中村，用我祠建于布头，坦夫祠、守政祠、位上祠、俊人祠、南窗祠建于上、下大屋，升闻祠建于排上，仁方祠建于塅上，子若祠建于高排，等等。房祠、支祠虽建于民居之中，但对其周边环境也有要求，如“白虎不能高于青龙”（右边建筑不能高于左边建筑），祠前建筑不能离祠堂过近、不能高于祠堂、挡住祠门，祠后建筑不能损坏“后龙”，等等。房祠、支祠是宗族内的基层组织，建于后人聚居地，既方便后人日常祭祖，也拉近了后人与族群的心理距离，增强了宗族凝聚力。

祭神空间 神庙是人们祭祀其所崇拜的神灵的地方。东龙的神庙主要有玉皇宫、胡公庙等。

玉皇宫建于“凤山”脚下塅上，斜对宗祠。它名虽为宫，但实际是一处亦佛亦道亦儒的民间宗教活动场所。整座建筑分上、下2栋3厅，廊厅供奉王灵官；前厅神龛空着，留作建醮时挂“功德”使用；上厅楼下为观音殿，供奉观音、金童、玉女；上厅楼上为玉皇殿，供奉玉皇、太上老君、托塔天王李靖。因为庙里供奉的神明大多姓李，东龙村民对此庙特别虔诚，每年均隆重举行庙会，这里也就成为全村崇信神明的中心。与宗祠一样，玉皇宫也建在一片开阔的田野上，周围民居很少，建筑十分醒目。这样安排周边环境，其目的与宗祠要求相同。

胡公庙又叫太公庙、凌霄阁。位于村北东龙至马头道路边，距村中心约500米。庙中供奉的是宁都地方神胡雄。据清道光《宁都直隶州志》记载：“南唐胡雄，有神术，

玉皇宫念儒经场所（2006年）

流贼入寇，雄坐城上，自称胡太公，跨一巨足，下掩城门，贼吓走。雄殁，士人祀为神，即今太公庙。”东龙民间认为农历四月初八是胡雄生日，每年此日均要到庙中祭祀胡雄，并举办庙会和游神活动予以纪念。

除玉皇宫、胡公庙外，村中还建有其他大小守护神庙10座，今尚存5座，即村东北角的将军庙、七仙庙，村南糖罂寨上的永东寺，村西边的宝塔寺（又名妙觉庵），村西北的三仙庙，村西水口旁供奉土地神的杨公庙、社公庙。

◉ 古村建筑

祠堂

东龙有“中国宗祠文化第一村”之称，历史上曾建过众多祠堂。最早的祠堂建筑为李氏上祠和下祠，分别建成于明洪武年间（1368—1398）和明弘治年间（1488—1505）。此后，随着村中富人增多，他们受客家人“建祠敬祖、祖佑后人”观念的影响，有钱后往往想到的第一件大事就是为先人修建祠堂，故先后兴建了大量的房祠、支祠。到清中叶，村中李氏祠堂已多达100余座，除上、下祠2座宗祠外，各房各支几乎都有祠堂。历经岁月沧桑，许多祠堂或因自然灾害、匪患战乱被毁，或因后人外迁、丁财不旺荒废，或因“文化大革命”破“四旧”被拆。2016年，全村仅留下祠堂遗址79处，其中保存较完好的有28座。

李氏上祠　位于村西北“兔形”山脚下，南桥岭余脉赤牯岭上方。明洪武年间（1368—1398），由念四郎后裔李经禄、李经达兴建，主要祭祀念四郎。清乾隆二十三年（1758）、道光九年（1829）、光绪十九年（1893）重修。现保存完好。

该祠坐西北向东南，长30米，宽25米，占地面积750平方米。祠前原有照壁、池坪，照壁砖砌，高大宏阔；池坪碎石铺地，占地面积约300平方米。门面为“凹”字斗形，门外朝门有巨大木柱6根，中设大门，两边设侧门。为府第式砖木框架结构，内分上、下厅，雕梁画栋，工艺精湛，共用42根木柱支撑，柱与柱之间由方木连接，榫头多雕有莲花、象鼻等纹饰，墙木分离。中间隔一面积10余平方米的天井。左右为厢房、厨房、膳厅，门窗遍雕各种花纹。整座建筑气势轩昂，形似欲展翅高飞的雄鹰，后人称之为“老鹰形”，意寓子孙后代飞得高、行得远、有出息。

李氏下祠　位于上祠下方50米处，与上祠处于同一中轴线上，同靠南桥岭余脉赤牯岭。为避免阻挡上祠视线（民间“风水”称为“朝向”），其造型略显宽敞低矮，形似俯卧于地产蛋之母鸡，后人称之为“鸡婆形”。动工兴建于明正统九年（1444），竣工于明弘治四年（1491），历时 47 年建成。由大郎后裔李思常及其子孙出资建造，主祭李大郎。现保存完好。

李氏上祠（2012 年）

李氏下祠（2017 年）

祠长30米，宽约35米，高约12米，占地面积1000余平方米。为府第式砖木框架结构，室内无墙，采用“梁挑介柱”技术，由75根大杉圆木及纵横交叉的横梁方木条穿缝斗榫支撑。斗拱及榫部饰有鲤鱼、莲花、龙凤、麒麟、象鼻等图案。外墙体以“喜”字头形木料结构作框架，既减轻墙体负荷，节省木料，又可起到装饰作用，达到“墙倒屋不倒”的效果。祠堂左右建有高出屋面约1米的风火墙，飞檐翘角，气势轩昂。祠门设一大两小共3扇，大门高五六米，正门首悬“李氏家庙”匾额。平常只开侧门一扇，举行春秋大祭等庆典时则3门齐开，以示隆重。

祠内分为上、下2厅。上厅神龛供奉祖宗牌位，上方悬挂“孝思堂”匾，两边墙上书有“忠、孝、廉、节”4个大字。左右有厢房。上厅正中靠墙建石坛。上、下厅之间有天井连接，天井长6米、宽5米，以大理石筑沟圳，美观耐用。祠堂大门左右安放石狮1对。祠前有宽广甃墀，为追求“风水”要求的“藏风纳气”，墀前建有一巨大照壁，壁内植古杉2株。左右两边各有池塘1口，谓之“龙眼”。祠左前方建有房屋2栋，上栋为祭祀时斯文、族长宿处，下栋为厨房、义仓。祠右前原建有“龙城会馆”，专供外地族人回乡时居住，清康熙年间（1662—1722）被废。族人为彰显李思常建祠之功，200多年后特许其后人于祠左连墙兴建“东山祠”。

仁方祠 属“百间大屋”的一部分。位于村西南塅上。由李仁方（派名泰恕，贡生、赠儒林郎、布政司经历）建造。始建于清雍正十二年（1734），竣工于清乾隆二年（1737）。

该祠占地面积200余平方米，分上、下2栋，面阔3间，深3进，高8米，为砖木框架结构。其梁柱以梨木作贴砖，夏布包裹，外涂油漆，刀斧砍之不损；墙壁以“八仙”、龙凤、麒麟等图画装饰；门窗由各种画板拼就，画板上刻有琴棋书画“八宝”纹饰，或雕有花、鸟、草、虫、瑞兽和戏曲人物，纯金粘贴，今仍金光闪烁。天井滴檐镶锡槽，地面铺方砖，以花岗石嵌边。上栋天花板浮雕精美绝伦，下栋正前方有一屏幕式照壁，上雕“双凤朝阳”“百鸟朝凤”等图案。祠内原建有2层高的东、西厢房，西厢房今保存完好，东厢房早年间失火被毁，后在原地建起1层高的土木结构房屋。

南窗祠 位于村中心下背街。李南窗（派名春薰）一生清廉正直，创业有成。清初，其后人为纪其功，兴建该祠。

祠堂占地面积约200平方米。属牌楼式砖木结构，由前、中、上3厅组成。前厅为花圃，植四季花卉。中厅为客厅，专门接待客人，右侧有厢房2间作为客房。上厅为祭祀厅，正中供祖宗牌位，两侧各有住房1间。祠前25米处建有门楼，门楼前原有面积约5亩的池塘。据传，祠内原有6根巨大杉梁。太平天国首都天京陷落后，幼天王洪天贵福率残部南逃至石城，曾在该祠居住过一段时间。那时正值寒冬腊月，士兵为御寒，便砍祠内巨梁烧火取暖，但又恐祠宇倒塌，故每梁只砍一半。苏区时期，东龙村苏维埃政府设于该祠。1984年失火，此祠被毁。1993年，李南窗后裔集资重建上栋祭堂。

东山祠 位于背寮（李氏下祠左侧）。李东山（又名思常）生于明洪武二十五年（1392），殁于明成化元年（1465），一生救贫济困，热心族务，以一家3代之力，历经47年建起李氏下祠。清乾隆三十一年（1766），下祠族人念其功德，特

仁方祠祖堂（2017年）

东山祠（左侧）

许其后人在下祠左侧共墙兴建该祠。

初建上栋1厅1廊及左右厢房，后建下栋1厅1廊及厨房。上、下厅以2口天井相连，下厅设有戏台。祠右辟巷，巷右原为“龙城会馆”。祠为砖木结构，抬头有望板，榫斗饰瑞兽祥禽图，穹顶有吉祥如意图案，线条细腻隽秀，形态活泼生动，寓意吉祥，文雅庄重。

升闻祠 位于排上。李升闻（又名宏德、元誉）为附贡生出身，曾任州同知、浙江处州府知府，诰赠奉政大夫、刑部奉天司员外郎，晋赠朝议大夫。有翘翠（又名自凝）、自凛（又名泰伟）、自洁（又名泰俊)3子，皆为清官员。相传，其三子自洁曾救助太子，因功敕封为父建祠，并许置开口石狮，以示尊荣。

该祠始建于清康熙末年，竣工于清雍正年间（1723—1735）。占地面积2000余平方米。为砖木结构，由上、下厅组成，中建平台作通道。大门以整块麻石构筑，高约5米，木渡门宽逾5米。下厅前建有一天井，中间平台前筑照壁。上厅前方左右各建一天井，两边建厢房。门窗以雕花镂空装饰，梁柱以夏布缠绕，外刷土漆，刀砍不入，且可防虫蛀蚁损，十分罕见。地面以四方形红油石铺就。整座建筑布局合理，虽深邃悠远，但明亮透气。祠门两边安放开口石狮1对。祠前有坪地200余平方米，以大理石铺就，坪上今仍存拴马石2块，其上分别刻有“州同知李自凛立，清乾隆丁丑岁谷旦”和“布政司司理李自洁立，清乾隆乙丑岁谷旦”字样。

升闻祠（2017 年）

尔绚祠（2017 年）

慎斋翁祠（2017 年）

芸窗祠　位于村中心上大屋后。主要祭祀李芸窗（派名春蔓）。该祠建于明末。坐东北朝西南，占地面积近 500 平方米。属牌楼式砖木结构，分上、下 2 栋，中间以天井相连。正门挂有“世诰第”牌匾。正门前 30 米处建有牌楼。门楼外建有墀坪，放置石狮 1 对。墀坪左侧有石牌坊 1 座，为旌表其后裔李泰鸿原配许氏而立。

尔绚祠　位于高排。主要祭祀李尔绚。建于清初。坐东北朝西南，外大门则朝东。主要由围墙、厅堂、厢房、廊房、庭院组成，占地总面积约 2000 平方米。祠内梁柱、门窗均以精美雕刻图案装饰，漆红贴金，富丽堂皇。

慎斋翁祠　位于村中心。主要祭祀李慎斋（又名彦诚）。建于明末。占地面积约 1000 平方米。祠外有围墙照壁。内、外大门以麻石构筑，以坪相连。内大门高 7 米，宽 1 米。祠内设上、下厅，以屏风相隔。上厅前建有半“回”字天井。下厅宽敞，前有天井，廊下左右设厢房。整座建筑外观庄重，内部精巧。

位上祠　又名上大屋。位于村中心。主要祭祀李位上（又名宏国，派名元举，别号云峰。敕赠儒林郎、州同知）。该祠始建于清康熙末年，竣工于清雍正年间（1723—1735）。为砖木风火墙结构，呈围屋状，整体坐东北朝西南，大门则朝东南。由厅堂、厢房、廊房、院落、护墙等组成，占地面积 2000 余平方米。大门前建有宽约 5 米、高 6 米的木栅，大门为耸肩式半拱牌坊，门首上挂“云步天衢”牌匾。祠内上、下厅建有“回”字形天井，门窗皆饰以雕刻，梁、榫造型各异，多为吉祥图案。下厅较宽，两边设厢房。上厅开右门，隔一天井与廊房相通，神龛两旁于飞龙盘旋石鼓上置红油石狮1对，双口张开，意示迎客。

经达祠 位于西排东龙小学后。主要祭祀李经达。李经达（派名季穡）生于元至正三年（1343），殁于明洪武二十六年（1393），一生好学笃行，文采横溢，隐居教授，与其兄李经禄首倡建造上祠。明代状元罗伦赞其为“隐者也。心事荦荦，与俗不同”。

该祠坐西北，朝东南，1层。主要由上、下2栋房屋和2条走廊、1墀坪组成。祠前墀坪大门为牌坊式，朝东。内大门为府第式，庄严大气。上、下2栋房屋两边各有房间2间，中间以天井相隔，天井两边设走廊相连。整座建筑虽显低矮，但庄重温馨。

草塘翁祠 位于布头。主要祭祀李春芳。李春芳号草塘，一生勤俭，学识渊博，热心公益，尤重教育，首倡义学，深得族人敬仰。

该祠占地200余平方米。内大厅供奉祖宗牌位。厅两边各有正房，正厅前有院墙，门左建有膳厅。

君绪祠 又名“新桂围”“燕翼堂”。位于背寮。清同治十二年（1873），由李君绪之子李宗茂及其兄弟建造。主要祭祀李君绪。李君绪又名绍贤，国学生，一生急公好义，慷慨大度，族谥“朴直勤能”。

草塘翁祠（2007年）

该祠占地2000余平方米，前有墀坪约300平方米，牌坊式门楼，青砖烽火马头墙，4根砖砌红色柱鲜亮耀眼，远看气势恢宏。祠内分上、下栋，设2廊2厅2天井，2厅两边各有正房2间，另有横屋和走衕。门窗精致，窗饰尤为讲究，有“喜”字、回形“喜”字、“囍”字和扇形、花形、四方铜钱形窗等，图形精美，各具特色，被建筑专家称为“窗户博物馆”。

君佑祠 位于布头脑。清康熙五十六年（1717），由李君佑后人建造。主要祭祀李君佑。李君佑派名懋辟，一生俭朴，敬慎宽厚，乐于济困扶危。

该祠分上、下2栋2廊，造型别致，牌楼为“八”字形，门首冠上加冠，门前置1雄1雌红釉石貔貅，这种设计为客家建筑罕见。进门有廊，廊与厅以屏风相隔，形成不同的房屋坐向、朝向、门向。祠内分上、下厅，各设天井，且造型不同。下厅天井前有影壁，既避免风气直冲，又保持气流顺畅。上厅天井宽阔通敞，采光、通风、排水便利。整座建筑协调和谐，光线充足，空气清新，体现了以人为本、天人合一的理念，江南“风水”流派特点明显，是古代“风水”学与建筑学的完美结合。

俊人祠 又称下大屋。位于下村中心的下大门市。主要祭祀李俊人。李俊人派名元俠，族旌“学能博古，行可型方”。

该祠建于清康熙年间（1662—1722）。占地面积近2000平方米。外大门为木栅栏府第式门楼，内大门为“八”字形牌楼，两门之间有墀坪近200平方米，坪右有2衕。内大门有廊，穿廊则入大厅。大厅分上、下厅，各有天井，天井左右有廊，左右各有房屋2间。每扇门都有腰板木刻，上部为镂空雕花。整栋建筑通体遍漆，由上、下2栋数十间住房簇拥，气派辉煌。

隆任祠 位于布头。主要祭祀李隆任。李隆任派名希概，靠勤奋起家，乐善好施，曾捐建石亭数座，捐众田100余亩，获授“礼部宾饮”“蠲己济人”匾。清乾隆年间（1736—1795），自建房屋1栋，后称隆任祠。

该祠占地1000余平方米，为砖木结构，具有明代建筑特色。分厅堂、过衕、住房。大门属牌楼式，朝东南方。门内有廊，与厅堂屏风门相通。厅堂前有天井，天井前有影壁，以便“藏风聚气”。天井旁设廊房会客。上厅宽敞，置祖宗牌位。厅两旁各有房间，以木栅软墙与厅相隔，厅内木料遍漆。整座建筑由上、下2栋数十间房屋簇拥，规模宏大。

胜瑞祠 原名下曾屋。 位于下大屋。主要祭祀李胜瑞。李胜瑞一生律己严、待人宽，人称“忠厚长者”，诰赠奉政大夫、刑部奉天司员外郎。

该祠建于清中期，上海同济大学专家考证具有明显宋代特色。建筑低矮简陋，仅1层，最高处3米多。分为上、下2栋，以走衕相隔。下栋大门宽仅约1米，中间设一小天井，左右廊各建房屋一排。上厅上设神龛，左右各有厢房2间。祠旁有凉亭1座，面积七八亩的池塘1口。晴天丽日，房舍、绿柳、凉亭、人影与蓝天白云倒映水中，景色如画。

守政祠 位于东龙“早早市”（古时又称“卖柴坪”）旁。主要祭祀李守政。李守政派名英瀚，生于明成化年间（1465—1487），卒于明嘉靖年间（1522—1566）。该祠始建于清初，占地面积约300平方米，当时分上、下2厅。后几经修缮，现下厅已倒塌，成为空坪，尚存门面、上厅和左右厢房。属土木结构，外观简朴，祠内舒适。民间相传，该祠址属“风水”宝地，人丁兴旺，今东龙人口中此祠后人约占1/5。

思忠祠 位于西排。因此祠后人为官者多，民间又称“官厅下”。主要祭祀李思忠。始建于明代，当时占地面积约2000平方米，设3进，墀坪、照壁、门楼、围墙一应俱全。清乾隆二十一年（1756），增建友松祠1栋1廊及厨房。清光绪八年（1882），又建造房屋一排5大间，成为东龙有名的“五进祠”。今大部分倒塌，仅改建1厅1廊1天井及土坯房。

公贤祠 位于排下。主要祭祀李公贤（派名元觉）。建于清康熙年间（1662—1722）。坐东南朝西北，分上、下2厅，面积约200平方米。2005年，内部因破败改建为民居。2016年仅存祠堂门面。

公贤祠（2014年）

序伦祠 位于排上。因大门上有“凤鸣高岗”匾额，民间惯称“凤鸣高岗”。主要祭祀李序伦。李序伦派名嗣菌，又号会桃、乐州，由恩贡候选直隶州，钦授军功修职郎、儒学教谕，能文能武，族谥“刚正明洁”“义重宗邦”。

该祠原为明早期建筑，购自刘姓，清晚期改建为序伦祠，但仍带有明代建筑痕迹。整座建筑占地面积约 2000 平方米，外立面为青砖清水墙，厅堂右墙头为马头墙，左边墙头与横屋为硬山顶，内、外大门间有墀坪 100 余平方米。内大门有廊，廊左有衕。祠内分上、下 2 厅，皆设天井、走衕。上厅左右各有正房 4 间，下厅左右各有正房 2 间，房间与厅以梁柱搭架，软墙相隔。正房两边各有横屋直下，中间以走衕相隔。祠堂被数十间房屋簇拥，气势雄伟。

用我祠 位于布头。主要祭祀李用我。李用我派名大选。生于明万历年间（1573—1620），卒于明天启年间（1621—1627）。该祠建于明末。分上、下 2 栋，占地总面积 1000 余平方米。远看马头墙高耸，清水墙呈本色，气势雄伟，与周边田园景色协调统一，如一幅美丽画卷。祠内分上、下 2 厅，有住房数十间。大厅高大宽阔，层高达五六米，通过 2 口天井采光，光线明亮。门窗饰以木刻树木花草、飞禽走兽、人物器皿，图案栩栩如生，古色古香。

子若祠 位于高排。主要祭祀李子若。李子若派名希逊，一生勤俭。此祠由其建于明末清初，后人称为子若祠。该祠占地面积 200 余平方米，主要由 1 厅 4 房组成，左右两边建有横屋，厅前有墀坪。外墙为青砖，内墙为土坯砖。建筑仅 1 层，较低矮，宋代建筑风格较明显，简陋不失大方，朴素中蕴含优雅。

镶玉祠 又名世诰第。位于布头。昭武都尉李镶玉建于清嘉庆年间（1796—1820），李镶玉死后改称镶玉祠。该祠占地 5000 多平方米，簇拥于百余间大屋之中，以巨木构筑，雕梁画栋，远望风火墙高耸，房屋鳞次栉比，错落有致，万瓦覆顶，蔚为壮观，规模超过“百间大屋”，是东龙历史上最大的建筑群。苏区时期，红军某部一连长带兵前来打土豪，向居于该地的一地主征粮款。因地主顽固拒绝，该连长本想点火烧房吓其就范，没承想竟引发大火，将整座建筑焚毁。后该连长被红军执行纪律，枪毙于龙岗古隘亭外。今该祠仅剩 1 门面和 1 对开口石狮。

育斋祠 位于上村店下花门廊。主要祭祀李育斋（派名春莅）。清乾隆三十二年（1767），由李育斋后人李运漪（又名咸若，号成文）建造。该祠占地 300 余平方米，原来只有 1 厅 1 廊。2004 年修缮，并于祠旁新建厨房 1 间。祠堂大门为牌楼式，门上悬有

“育斋翁祠”牌匾。祠左前约30米处建有石门廊，正对龙岗古隘之笔架山，视野开阔。祠内上厅设有神龛，置祖宗牌位，神龛正墙画有“麒麟望日”，神坛、梁柱以桐油石灰作底，夏布包裹，外刷土漆，显得庄重大方。左右砖墙上彩绘柱梁结构图，建筑专家认为稀世少见。廊中设天井，虽不大，但光线、空气充足。天井前、后上方各有长2米、宽1米的藻井2块，前块刻有太极、八卦图，后块刻有蟾宫折桂、四季福禄图。整座建筑遍布花、鸟、鱼、草、虫、瑞兽和福寿图案等雕刻，廊柱、榫子遍刷红漆，色泽鲜艳，华丽夺目。

令德祠　位于排上壁背。主要祭祀李继武。李继武派名令德，系恩进士，自幼聪颖，一生好学。该祠始建于清乾隆年间（1736—1795），1958年被毁，1978年重建。2016年占地面积300余平方米。祠外有上、下墀坪，皆用细石铺就，上墀坪边筑有围墙，左右两侧有功名柱8根。大门为牌楼式，外墙为青砖清水墙，前面和左右两侧筑有马头墙，气势非凡。祠内分上、下2厅2廊2天井，有房间10余间。梁、柱木料讲究，以夏布包裹，外刷丹漆，遍雕花草、瑞兽、吉祥图案，构图简洁凝练，明丽中蕴含庄重。

元履祠　又名二交祠。位于店下库头甲毓秀馆。李元履自建于清雍正年间（1723—1735）。分为上、下2栋，上栋为公享堂。门首左边有墀坪，右边有一空坪。整座建筑仅部分保存尚好。

国俸祠　位于排上。清嘉庆元年（1796）李经禄建造。主要祭祀李国俸（派名运禄）。占地面积300余平方米，左右有正房5间、从屋6间，外有花台、空坪。大部分保存完好。

2016年东龙李氏祠堂保存情况表

表1

类别	祠名	主祭	地点	始建时间	保存情况
宗祠	李氏上祠	念四郎	村西北	明洪武年间（1368—1398）	完好
	李氏下祠	大郎	村西北	明弘治年间（1488—1505）	完好
分祠	经达祠	15世经达	西排	明末清初	大部完好
	东山祠	17世思常	背寮	清乾隆三十一年（1766）	完好
	思忠祠	17世思忠	西排	明代	仅存遗迹
房祠	慎斋翁祠	18世慎斋	村中心	明末	大部完好
	芸窗祠	19世春蔓	村中心	明末	完好
	育斋祠	19世春莅	店下	清乾隆三十二年（1767）	完好
	雪堂祠	19世春芳	店下	明成化年间（1465—1487）	大部完好
	草塘翁祠	19世草堂	布头	明晚期	完好
	南窗祠	19世春薰	下背街	清初	重建

续表 1

类别	祠名	主祭	地点	始建时间	保存情况
支祠	照山祠	22 世大集	背寮	清同治年间（1862—1874）	存后栋
	守政祠	20 世英瀚	下大屋	清初	大部完好
	北江祠	20 世英泮	下大屋	明晚期	仅存遗迹
	坦夫祠	20 世英澈	下大屋	明晚期	基本完好
	隆桥祠	21 世一安	店下	明晚期	基本完好
	清泉祠	21 世一度	上大屋	清乾隆年间（1736—1795）	仅存遗迹
	君佑祠	23 世懋辟	布头脑	清康熙五十六年（1717）	大部完好
	用我祠	22 世大选	布头	明末	基本完好
	隆任祠	24 世希概	布头	清乾隆年间（1736—1795）	完好
	桥忠祠	24 世希樾	布头	清光绪年间（1875—1908）	仅存遗迹
	子若祠	24 世希逊	高排	明末清初	正厅完好
	伯考祠	25 世开斌	店下	明末清初	部分毁坏
	浮滇祠	25 世开溶	高排	清康熙、雍正年间（1662—1735）	仅存遗迹
	胜瑞祠	25 世开萁	下大屋	清中期	基本完好
	健羽祠	25 世健羽	店下	清乾隆十二年（1747）	仅存墙体
	北搏祠	25 世北搏	排上	清初	仅存遗迹
	国仪祠	25 世开青	布头	清晚期	改建
	尔绚祠	26 世尔绚	高排	清初	完好
	俊人祠	26 世俊人	下大门市	清康熙年间（1662—1722）	大部完好
	元履祠	26 世元履	店下	清雍正年间（1723—1735）	部分完好
	公贤祠	26 世元觉	排下	清康熙年间（1662—1722）	仅存门楼
	升闻祠	26 世元誉	排上	清康熙、雍正年间（1662—1735）	完好
	位上祠	26 世元举	村中心	清康熙、雍正年间（1662—1735）	完好
	仁方祠	27 世仁方	村西南墩上	清雍正十二年至乾隆二年（1734—1737）	完好
	翘萃祠	27 世翘萃	排上	清乾隆年间（1736—1795）	大部完好
	宿南祠	27 世宿南	排上	清乾隆年间（1736—1795）	大部完好
	松侣祠	27 世泰鹤	排上	清康熙、雍正年间（1662—1735）	部分完好
	式周祠	27 世式周	上大屋	清乾隆年间（1736—1795）	基本完好
	成文祠	28 世成文	背寮	清乾隆年间（1736—1795）	完好
	瀚文祠	28 世运浩	中村	清乾隆年间（1736—1795）	基本完好
	则文祠	28 世运涟	中村	清乾隆年间（1736—1795）	仅存门楼
	绍昆祠	28 世运兴	布头	清嘉庆年间（1796—1820）	仅存外墙
	和律祠	28 世运慎	排上	清乾隆、嘉庆年间（1736—1820）	基本完好
	令德祠	29 世令德	排上	清乾隆年间（1736—1795）	仅存遗迹
	镶玉祠	29 世令涟	布头	清嘉庆年间（1796—1820）	仅存遗迹
	学震祠	29 世令扬	南坑	清嘉庆、道光年间（1796—1850）	部分倒塌
	序伦祠	30 世嗣薗	排上	清晚期	基本完好
	佩仪祠	29 世令瑶	布头	明晚期	仅存门楼

续表 1

类别	祠名	主祭	地点	始建时间	保存情况
支祠	翠繁祠	30 世嗣莲	南坑	清晚期	破旧
	君绪祠	30 世君绪	背寮	清同治十二年（1873）	完好
	序庸祠	30 世嗣崧	店下	清同治年间（1862—1874）	基本完好
	国俸祠	28 世运禄	排上	清嘉庆元年（1796）	大部完好
	发龙祠	18 世运苍	中村	明初	完好
	湘文祠	22 世懋宏	布头	清乾隆年间（1736—1795）	基本完好
	考膺祠	李考膺	黑坪	清初	基本完好
	鲁山祠	李鲁山	原村委驻地	20 世纪 30 年代	基本完好
	湖滇祠	25 世浮水、滇水	高排	清乾隆年间（1736—1795）	残破
	南音祠	李南音	中村	清初	残破
	以文阁	李以文	背寮	清乾隆年间（1736—1795）	完好
	忠义祠	村中忠义之士	背寮	清同治年间（1862—1874）	基本完好
	江枫祠	李江枫	上西排	明正统年间（1436—1449）	半废
	松发祠	李松发	西坑	清同治年间（1862—1874）	半废
	亦苏祠	25 世亦苏	上苎廉	清乾隆年间（1736—1795）	仅存残基
	季文祠	李季义	排上	明初	完好
	东皋祠	李东皋	排上	清乾隆年间（1736—1795）	仅存遗迹
	雪伍祠	27 世泰俊	排上	清乾隆年间（1736—1795）	重修
	绍梁祠	27 世泰鸿	排上	清乾隆年间（1736—1795）	残破
	树荣祠	李树荣	大门市	清乾隆年间（1736—1795）	完好
	静轩祠	20 世英沂	墙下	明末	基本完好
	伯明祠	李伯明	店下	清同治年间（1862—1874）	残破
	泽洪祠	李泽洪	布头	清道光年间（1821—1850）	残破
	舜招祠	李舜招	布头	清晚期	基本完好
	独急祠	李独急	背寮	元代	完好
	梧岗堂	李梧岗	店下	清乾隆十二年（1747）	基本完好
	胜瑞祠	李胜瑞	下大屋	清中期	完好
	上苎廉	陈姓	上苎廉	明弘治年间（1488—1505）	重建
	下苎廉	温姓	下苎廉	民国年间	完好

庙宇

东龙明代开始建筑寺庙，最多时有寺庙 12 座，2016 年尚存 7 处。供奉的神灵主要分坐神和福神 2 种。民间认为，坐神是指能主宰一方命运与财运的神灵，如村中玉皇宫供奉的神灵等；福神，是指能守护边界、保境安民的神灵，即民间俗称的守护神，如胡公庙供奉的胡雄等。

玉皇宫（2009 年）

玉皇宫　始建于明代，原址在布头脑道塘左边，民国年间失火被毁。1942 年，李英土捐资，在“凤山”脚田塅中斜对上、下祠处重建。重建后的玉皇宫规模较前大，但未再建玉皇坛。该宫坐西南，朝东北，背靠“凤山”，前朝“龙山”之香炉峰和“五马落槽”山形。大门属牌楼风格，曾建有照壁，门上方书有“玉皇宫”，门框由大理石构筑，门柱有联云：“华尚元穹步清虚而登九五；圣称无极居太上以统三千”。门框两旁书有程颢诗句：“醉里乾坤都寓物，闲来清风更输谁。”并有联云：“万物静观皆自得；四时佳兴与人同”。整座建筑分上、下 2 栋 3 厅。廊厅供王灵官，前厅神龛虚待建醮时挂“功德”。上厅楼下为观音殿，供奉观世音和金童、玉女；楼上为玉皇殿，供奉玉皇大帝、太上老君、托塔天王李靖。

此宫亦佛亦道亦儒，为三教合一的民间宗教活动场所，每年均举行庙会、念儒经等活动，是全村神灵崇拜中心。

胡公庙　又名胡太公庙、太公庙、凌霄阁。位于村北东龙至马头道路边。建于明代。占地总面积 500 余平方米，分上、下厅，中间隔一小天井。上厅中间安放胡太公（地方保护神胡雄）及左右二将军塑像，左下有厢房。下厅两边有回廊，开一小门相通。

胡公庙（2015 年）

门面属牌楼式，门楣上挂“凌霄阁”牌匾。每年农历四月八日至十一日，此庙均要举办庙会和游神活动。2010 年、2013 年分别扩建左右厨房膳厅共 1000 余平方米。2016 年 5 月 14 日，庙宇失火被毁。同年冬，国家投资 26 万元、村民捐资 110 余万元重建。

将军庙　位于村东北角隘口上。建于明代，清乾隆二十年（1755）重修。1949 年塌毁。供奉宋石城通判赵彦覃。据清道光《石城县志》记载，“宋理宗绍定二年己丑（1229）六月，城被土寇张迂龙所破，通判赵彦覃督兵讨平之……乡人感其平土寇功，立庙祀之”。庙宇塌废前，每年正月初一、八月十五庙中均要举办庙会。

蛇阳庙　又名文昌阁。位于村西接龙桥头。建于清雍正四年（1726）。庙高 2 层，供奉专管文运、功名、利禄的文昌梓潼星君。相传，文昌梓潼星君乃蛇神，故庙中其塑像面目狰狞，足踩一蛇，民间俗称文昌阁为“蛇阳庙”。20 世纪 50 年代初塌毁。庙宇塌废前，每逢年节，村中学子及其长辈多前来朝拜，祈求文星高照，考取功名，封官加禄。庙宇塌废后，文昌梓潼星君塑像迁置宝塔寺内。

宝塔寺　又名桥头庵、宝塔庵、妙觉庵。位于村西部文峰塔前。建于清代。寺内供奉三宝、观音、弥勒佛和地藏菩萨。2016 年香火仍盛。

宝塔寺（2008年）

三仙庙 全称为“三仙祖师庙”。位于村西北“龙山”上。建于明代。相传，建庙前村中有人在此建水碓，不料水碓建好后，一连数年，村中年年都有数名青壮年因后脑长疮而死，于是有人请来“风水”先生勘察。“风水”先生看后，认为此处是所谓的“生龙口”，要村里拆除水碓，并告之村人，在此建阴宅，不出3代便可出七省都督，但有利也有弊，这样做会破坏祠堂“风水”，后代将成为流浪乞丐。村人听后，为断绝人们占据此地“风水”的念想，遂在其上建造三仙庙，既庇护村人，又保护“风水”。旧时，此庙香火很盛，每年农历七月，不但东龙周边民众趋之若鹜，而且广昌、石城、瑞金和福建汀州、宁化等地的朝拜者也络绎不绝。民国年间，因年久失修残破。2015年重建，但香火大不如前。

永东寺 位于村南糖罂寨。明代李可斋捐建。20世纪末塌废。经2000年、2008年、2016年3次大修，基本恢复原貌。寺宇坐西南向东北，占地面积约500平方米。由护墙、庭院、佛堂组成。门廊为两进式，大门内院落由细鹅卵石铺就。前有围墙。内大门以木板隔墙，墙壁有1922年李永章所绘《八仙过海》水墨画，功力老到。进庭内大门为下厅，以竹篱笆外涂黄泥、石灰为墙，左、右墙壁有《渔樵》《耕读》画，神态夸张，形

永东寺（2008 年）

如漫画，墨迹犹新。下厅两边厢房为厨房。上厅为佛堂，供奉三宝、弥陀、观音、地藏菩萨，两旁厢房为住屋。寺外有池塘、菜地。该寺环境幽雅，茂林修竹夹道，绿树成荫相拥，泉水叮咚悦耳，木鱼经声沁心，馨香袅袅入鼻，置身其间，如入世外桃源，顿忘红尘烦恼。2016 年香火仍旺，每年农历二月二十九日、九月十八日参拜者尤多。

杨公庙　位于上、下祠旁。明代，为祭祀“风水”大师杨救贫而建。杨救贫本名益，又名筠松，字叔茂，山东窦州府人，官至唐金紫光禄大夫，掌管灵台地理事。46 岁时为避黄巢之乱，避居宁都黄陂 25 年，以看“风水”为业，足迹遍及赣南、闽西、粤东北，留下许多关于他惩恶扬善、为民造福的传说，被“风水”学界尊为江南“风水”始祖，民间尊称为“救贫仙人”“杨救贫”。客家人崇信风水，东龙李氏尤为笃信，故特建此庙。旧时，村民逢年过节和建房修坟必到庙祭拜。20 世纪 50 年代初塌毁。

谷雨庙　位于太公庙旁。明初，为祭祀谷雨神而建。明清时期，东龙文人办有吟社（诗社），每年谷雨时节均相约于此咏诗作赋、品文论学，俗称“谷雨诗会”。民国时期已不兴此俗，寺庙渐被废弃。

社公庙　位于“百间大屋”外，宝塔寺旁。建于明代。供奉专管五谷六黍之神（民间俗称“土地公公”），每村均有此庙。自古以来，村民逢年过节必前往供奉，祈求五谷丰登。

七仙庙　位于村东北角。建于明末清初。供奉专管小孩种痘之菩萨。旧时，家有小孩人家逢年过节必前往供奉。20 世纪 50 年代废弃。

相公庙 位于南坑。始建于清初。供奉七郎祖师。20 世纪 90 年代塌毁。2016 年筹划重建。

民居 东龙的民居可分为与祠堂连为一体的住房和单体住宅两大类。2016 年，村中共有大小民居 500 多栋（处）（连体民居分户计），其中古民居 29 处计 140 多间。

与祠堂连为一体的住房，多建于民国前，主要为祠内厅堂两边的正房、厢房，以及傍祠而建的住屋。这类民居充分体现了聚群而居的特点，有大、中、小之分。大的建筑通常由前后或左右 3 ~ 5 栋单体建筑构成，之间用天井、廊屋连成整体，可住数十户人家。每栋房屋中间是厅堂，左右为厢房。以青砖筑墙，土瓦盖顶，四周彻斗墙，左右两边的斗墙通常高出屋面近 1 米，形成造型独特的风火墙。内部梁柱门窗等以杉木为材料。房屋前多有院落，院落前建有照壁或筑有镂空花纹围墙。院落多在侧向开门，与主体建筑大门错开，“风水”学称其为“三元（上、中、下）之分”，认为每“一元”为一甲子（60 年），因事无长好，再好的“风水”久旺也超不过一甲子，一甲子后就要衰败，故将主体建筑大门与院落大门朝向错开，使两座大门轮流起作用，确保房主长盛不衰。中小型的则由单体或上、下 2 栋构成，采用砖木或土（土砖或墩土墙）木结构，不但造价低、实用性强，而且冬暖夏凉，一般可住数户人家。

单体住宅通常为单家独屋或数家连建。20 世纪 50 年代前多为厅屋组合式结构，青砖灰瓦，清水墙面，由厅堂（民间俗称“厅下”）和多间房屋组成，以厅堂为中心，最简单的是“四扇三间”式，平面结构为厅堂居中，厅堂靠后墙设一屏障，两边留小门，

“百间大屋”后通道（2017 年）

屏障后设楼梯上楼；厅堂中央设神龛，两边各有住房 2 间。从纵向看，共有 4 堵墙，当地人称一堵墙为“一扇墙”，两墙前后 2 个房间看作“一间”，加上厅共为 3 间，故有“四扇三间”之称。有的则分前、后 2 栋，中间隔一天井，通过腋廊连接，组成一栋封闭式、由 2 个单元组合的“正屋”，为抵挡风灾火祸，栋栋房屋之间建有高出屋面约 1 米的风火墙。如需扩大，可在“正屋”两侧扩建横屋，“正屋”与横屋向留一通衢（称“巷”或“塞口”），通衢前后对称开小门，巷中相应设竖向天井，用以采光和排水。如还要扩建，便向横屋外侧对称延伸，“正屋”从腋廊处开门通“巷”，形成以“正屋”正厅为中轴线，加上两侧的“巷”和横屋的“两堂两横”式建筑。再需扩建，还可在横屋外侧对称继续增加类似的“巷”和横屋，形成“两堂四横”式乃至“两堂六横”式的建筑，也可在“正屋”前隔以天井、腋廊，再建 1 栋 3 间或 5 间式“正屋”，使原来的前栋、前厅变为中栋、中厅，后建的成为前栋、前厅，同时再将两侧的“巷”和横屋向前推齐，形成“三堂两横”式建筑，直至扩展成“九井十八厅”的大屋场。这种建筑墙壁承重、敞厅（后厅无前椽墙，前厅无后椽墙），一般 1 层，一些空间大的正厅和有门廊的厅为支撑挑椽和天花雕板，多在减用椽墙的位置以巨木支撑。其屋场前一般有空坪（俗称“禾坪”）和水塘，空坪平时方便晾晒和活动，扩建时则成为建设用地，水塘既便于洗涤、消防，又遵循“风水”中的所谓“水主财”原理。20 世纪 50 年代至 80 年代，

“百间大屋”正堂、西园（2009 年）

村中所建单体住宅基本为简单的“三大间”“五大间”土砖墙或墩土墙房。20 世纪 90 年代，新建住房基本改用黏土砖（俗称“火砖”“红砖”），部分村民开始使用钢筋水泥建房，有的向多层套式楼房发展，1 层 1 套，1 套为 2 室 1 厅或 3 室 1 厅，厨房、卫生间单独设置；有的向庭院式 2 层楼房转变，内部结构和门窗改良较大，通透性、舒适度明显增加。讲究室内装饰，地面铺瓷砖，内外墙贴瓷板，房顶装吊灯。20 世纪 90 年代后期，新建住宅普遍改为钢筋混凝土结构，部分采用钢筋混凝土框架结构，以增加抗震功能。室内装修有新变化，时兴房间吊顶，墙面喷抹抛光防水涂料，地面改铺大理石材、釉面瓷砖、地板木；室内家具西式化，变散装式为组合式；窗户变大，出现落地窗、通窗、飘窗，材料改木材为铝合金；普通木质门改为金属防盗门，款式由中式改为西式或日韩式推拉门。部分村民还建造别墅式住宅，配有前后花园。

2016 年东龙村古民居保存情况表

表 2

名称	地点	建筑年代	占地面积（平方米）	居住人口		保存情况
				户数（户）	人口（人）	
“百间大屋”	村西南塅上	清雍正、乾隆年间（1723—1795）	4300	9	50	基本完好
位上祠古民居群	村中心	清康熙、雍正年间（1662—1735）	2000	16	70	完好
经达祠古民居群	西排	明代	1500	4	20	完好
君绪祠古民居群	背寮	清同治年间（1862—1874）	2000	20	80	完好
君佑祠古民居群	店下	清康熙年间（1662—1722）	2000	5	20	完好
俊人祠古民居群	下大屋	清康熙年间（1662—1722）	2000	8	30	完好
慎斋翁祠古民居群	村中心	明末	1000	11	55	完好
隆任祠古民居群	店下	清代	1000	7	30	完好
尔绚祠古民居群	高排	清初	2000	20	100	完好
升闻祠古民居群	排上	清康熙、雍正年间（1662—1735）	2000	7	40	完好
胜瑞祠古民居群	中村	清初	300	3	12	完好
守政柌古民居群	下大屋	明代	300	6	28	完好
思忠祠古民居群	西排	明清时期	2000	4	18	完好
序伦祠古民居群	排上	明初	2000	5	20	完好
用我祠古民居群	布头	明代	1000	2	8	完好
子若祠古民居群	高排	清代	200	3	10	完好
中村酒家古民居	中村	清代	100	—	—	废弃
当铺里古民居	墙下	清嘉庆年间（1796—1820）	300	7	40	完好
古井边古民居	墙下	明代	200	2	10	完好
李泰生古屋	中村背街垄	元代	70	3	15	完好
李学传古屋	中村背街垄	明代	70	—	—	废弃

续表 2

名称	地点	建筑年代	占地面积（平方米）	居住人口		保存情况
				户数（户）	人口（人）	
李贤栋古屋	中村背街垄	清代	120	1	7	完好
李贤滨古屋	中村背街垄	明清时期	150	1	10	完好
李平球古屋	中村背街垄	明清时期	180	1	11	完好
李朝瑞古屋	中村背街垄	明清时期	80	1	9	完好
李中文古屋	中村背街垄	明清时期	80	1	8	完好
李三生古屋	溪背	清代	150	—	—	废弃
李良锦古屋	壁背	清嘉庆年间（1796—1820）	60	—	—	废弃
李毕生古屋	中村	清嘉庆年间（1796—1820）	100	1	8	完好

百间大屋 又称“东里一望”。位于村西南垗上，距村中心约 300 米。属典型的客家方形围屋，因内有房屋百间，故名“百间大屋”，是东龙最具特色的古民居。由李仁方建造。始建于清雍正十二年（1734），竣工于清乾隆二年（1737）。占地总面积 4300 余平方米，背靠南方“凤山”，面朝北方“象山”，门朝东方“龙山”。驻足大门远眺，3 层香炉山恰居正中，“五马落槽”山形如 5 匹骏马奔来，气势雄浑磅礴，被民间认为是“风水宝地”。

“百间大屋”东围（2017 年）

建筑四周筑有坚固围墙，墙体用青砖、花岗岩石垒砌，每隔一段开一小窗，平时利于通风采光，战时可作御敌枪眼。围墙四角筑有外凸碉楼，设有瞭望、射击孔。建筑内分前院、仁方祠、东圃、西园、后院 5 大部分。大门门框为巨大花岗岩条石，厚实的门板外包铁皮，旁设栅栏，门后设闸门，闸门后设便门，门顶有防火攻水漏设施。大门前立有功名柱 4 根，2 根半毁，其余 2 根上面分别刻有“巡抚江西提督部院秦立”“部院总督立”字样。

前院占地面积约 800 平方米，花岗岩石砌地，内植罗汉松等珍稀树木，立有功名柱 12 根，分别刻有“督抚司道立”“布经历李崇清立”“布政司李仁方”“布理间李文彩”“州同知李成”“国学生李峻模奉”“恩贡生李之芳立”“旨授军功修职郎立”“嘉庆丙子岁夏月谷旦立”“嘉庆已卯年春月立”“咸丰甲寅岁谷旦”“咸丰癸丑恩科”字样。

仁方祠占地面积 200 余平方米，为整座建筑的中心，分上、下 2 栋，布局极为讲究。

东圃占地面积约 2000 平方米，除房屋外，内设存放谷物金银之仓廒、小姐居住之绣楼、儿孙就读之私塾等。

西园占地面积约 1000 平方米，主要用于接待，内设客厅、议事厅、客房等，客厅装饰极其精美，朱红厅门正面腰刻寓意“喜上眉梢”“喜鹊登枝”“葵花向阳”“翠鸟迎春”等迎宾图案，背面腰刻寓意“功名”“富贵”“如意”“感恩”“ 博学”“高升”等祝福图案；正厅左边门窗刻有《连年有余》图，右边门窗刻有《岁寒三友》图；厅内会客室门上刻有寓意“相识”“相交”“相知”“友爱”“知己”的图案，以体现交友过程和主人对客人的亲善；厅前有天井，天井前设影壁。影壁中书大“福”字，上端有 4 层高浮雕，第一层为《太极》《福禄寿喜》图，第二层为《双凤朝阳》图，第三层为《富贵花开》图，第四层为《百鸟朝凤》图；两边分饰泥塑鳌鱼。

“百间大屋”绣楼（2017 年）

后院占地面积约300平方米，筑有长50米、高7米、厚2米的围墙，青砖砌地，南北各有一口水井，一为“荤井”，一为“素井”。

整座建筑融百间大屋为一体，通风、排水、通道、防火、洗涤、饮水、栏厩、防御、储粮、金库、书房、练武、聚会、待客、祭祖、娱乐、休憩等设施一应齐全。房屋通过巷道和门廊连接在一起，围墙内外还设有四通八达、上下环行的走马楼，遇敌入侵，关闭大门，便成一座堡垒。不但布局科学合理，而且见木朱漆，门、窗、墙、顶处处雕饰，图案栩栩如生，各寓深意，如一座艺术大观园，花窗上的“雀鹿蜂猴”（寓意爵禄封侯）、“龙凤呈祥”、“二龙戏珠”、“寿子富贵”、“福喜平安”、“岁寒三友”等雕刻尤为精美绝伦，令人拍案叫绝，门窗雕花镏金虽历经风雨，仍流光溢彩。著名人类学家、世界客家学研究专家、美国哈佛大学博士、法国远东学院教授劳格文等专家对其赞不绝口，认为这里是“古代窗户博物馆”“在这里拍一部清代历史剧，可以不用布景”。

学馆

东龙李姓自古以来对教育十分重视，历史上兴办过许多学馆、书院，清乾隆初年还在宁都县城为应考子弟专门开设试院，其中较有名的有8所。民国初年，全村6所塾馆合并，开办新学。1942年，李大昌创办东龙国民小学，新入学学生全部转入该校就读。

“百间大屋”东圃私塾（2017年）

草塘学馆 位于永东寺右旁。明成化年间（1465—1487）由李草塘首倡，全族合创。当时有学房 10 余间，供全村李氏子弟就读，多时有学子四五十人。明末清初文学家、“易堂九子”之一李腾蛟曾就读于此。清末，改建为永东寺。

泰恕试院 清乾隆初年，李泰恕为方便族中子弟到宁都县城赴试，在城东兴建，专门用来接待东龙赶考学子。2016 年遗址尚存。

开翊书馆 清乾隆十二年（1747），李开翊建造祠堂时，辟门首一部创设。以教授本房子弟为主。民国初年，并入新学。

盛山书馆 清乾隆年间（1736—1795），由李盛山置田租千石创设。以教授本房子弟为主。民国初年，并入新学。

芸窗义学 道清光二十五年（1845），李茂馨等捐中门廊祠后厅堂设立。主要供芸窗后裔就读。民国初年，并入新学。

一德学馆 清代，李一德坚辞福建宁化县尹之职，回村在黄古虔创设，主要教授心学。以教授本房子弟为主。民国初年，并入新学。

白峰学馆 清代，李白峰创建，多时下设学堂 4 处。以教授本房子弟为主。民国初年，并入新学。

守政学馆 清光绪十一年（1885），李守政创办。属义学性质，主要接纳村中贫家子弟就读。民国初年，并入新学。

义仓

义仓是东龙李氏为赈济受灾或贫困族民而设立的一项专门资产。据《东龙李氏下祠十修族谱》记载，清乾隆以前便有义仓，但详情不明。清乾隆以后，曾设义仓 10 多处，其中 4 处有数目记载。

坦夫义仓 建于清嘉庆年间（1796—1820）。以李英澈名义设立，有田租 14.5 石。

草塘义仓 建于清嘉庆年间（1796—1820）。以李草堂名义设立，有田租 22.5 石。

育斋义仓 建于清嘉庆年间（1796—1820）。以李春莅名义设立，有田租 101.5 石。

君绪义仓 建于清道光年间（1821—1850）。以李君绪名义设立，有田租 18 石。

谷仓（2008 年）

暑雨亭（2006年）

光裕亭（2007年）

感恩亭（2017年）

凉亭

东龙历史上曾建凉亭9座，已毁3座。2009年，新建凉亭1座。2016年，有凉亭7座，均为石质结构。

分水亭 位于宁都、石城两县交界处。建于明代。由李宗一、李仁方共建。

暑雨亭 位于东龙至马头的大路排。建于明代。李草塘后人捐建。

关隘亭 位于东龙至田埠古道口的壁排。建于明末。李学震捐建。

光裕亭 位于东龙至马头的禾洛岗。建于清乾隆年间（1736—1795）。李盛山捐建。

寒生亭 位于东龙至马头的大路排。建于清代。李隆任、李越昭共建。

心旷亭 位于东龙至石城小松的半岭。建于清代。李隆任、李越昭共建。民国年间被毁。

龙岗亭 位于东龙岭。建于清康熙五年（1666），全村共建。2009年，因修路改建。

感恩亭 位于村中心。2009年，由李良贺父子捐资6.8万元兴建。亭中书有《东龙赋》《建感恩亭志》，有联云："日照金盆，霞染山峦鸟鸣翠谷千峰竞秀；月映洞天，星辉溪潭鱼翔绿水万壑争荣"。

古道

中华人民共和国成立前，东龙通往外界有古道8条，其中1条为"海上丝绸之路"陆上赣西通赣东接闽西至泉州的通道。

宁都至石城 起于宁都县城，经今会同乡苦竹、田埠乡马头后穿村而过，再从村东

东龙至石城古道（2007 年）

东龙至王沙古道遗迹（2017 年）

北角的龙岗古隘经石城县小松、闽西宁化等地至泉州，属“海上丝绸之路”陆上赣西通赣东接闽西至泉州通道的一段，为村中主要古道。路面以石块铺就，宽约 1 米。该驿道为东龙明清时期的经济繁荣起到过极为重要的作用。20 世纪 60 年代后，随着交通的发展和东龙区位的改变，该驿道逐渐被毁，多被路面埋没，部分路段改为公路。2009 年，零星扩建部分路段。

东龙至王沙排古道遗迹（2017 年）

东龙至迳里 位于村东南。起于东龙，止于石城迳里，途经龙岗古隘。石块路面，长约 5 千米，宽约 2 米。2016 年仍在使用。

东龙至沙塅 位于村南。起于东龙，止于石城沙塅，途经永东隘口。石块路面，长约 3 千米，宽约 2 米。2016 年仍在使用。

东龙至南桥岭 位于村北。起于东龙，止于石城南桥岭，途经南桥岭隘口。石子路面，长约 1.5 千米，宽约 1 米。2016 年仍在使用。

东龙至王沙 位于村西南，途经苏家塅隘口。石子路面，长约 5 千米，宽约 1 米。2016 年仍在使用。

东龙至王沙排 位于村西南，途经石壁排隘口。石子路面，长约 5 千米，宽约 1 米。2016 年仍在使用。

东龙至马头 分为 2 条。一条位于村西，途经庙上隘口，为卵石路面；另一条位于村西北，途经苏家塅隘口，为石子路面。两条均长约 5 千米、宽约 1 米,2016 年仍在使用。

古桥

东龙历史上曾有古桥 5 座，2016 年尚存 4 座。

玉虹桥 位于村西水口处。明嘉靖年间（1522—1566），李一举独资建造。为 1 孔石拱桥，长 12 米，宽 7 米。按“风水”学说，因东龙 3 条溪流汇聚于此后便跌泻入一条落差四五十米高的峡谷，不利聚财，于此建桥既可方便行人，又能锁水留财，一举两得。

玉虹桥（2007 年）

燕子首桥 位于村东2.5千米处的迳里。建于明嘉靖年间（1522—1566）。为1孔石拱桥，长20米，宽4米。

罗家寨桥 又称桥子垅桥。位于村东2.5千米处的桥子垅。清代，李英越捐资建造。长约12米，宽4米。

礤角桥 位于玉虹桥下。清道光十二年（1832），李鉴泉捐资，与李莲池后裔合建。长8米，宽3米。

接龙桥 位于村西北的禾洛岗。清嘉庆二十二年（1817），李令瑶（又名佩仪）捐资建造。长约10米，宽约3米。1976年因兴修水利被毁。

古井 东龙历史上古井众多，2016年尚存23口。

2016年东龙村古井保存情况表

表3

井名	所在地	建成时间	保存情况
宿南井	宿南公祠	明成化年间（1465—1487）	完好
象鼻井	西坑	明代	完好
用我祠井	用我祠旁	明代	完好
陈家井	甑饦岭	明代	完好
金鉴殿方井	甑饦岭	明代	完好
上穿井	香华树下	宋代	完好
下穿井	大门市	宋代	完好
下村方井	下村	宋代	完好
仙人井	李氏上祠旁	宋代	完好
埠头脑圆井	绍昆祠旁	清初	完好
莲塘井	成文祠旁	清康熙年间（1662—1722）	完好
尔绚公祠井	尔绚祠旁	清乾隆年间（1736—1795）	完好
湖滇祠井	湖滇祠旁	清乾隆年间（1736—1795）	完好
令德祠井	令德公祠旁	清嘉庆年间（1796—1820）	完好
背寮井	背寮	清同治年间（1862—1874）	完好
美人照镜井	西排	清同治年间（1862—1874）	仍使用
江下湾井	江下湾	清代	完好
段上大井（荤井）	东里一望	清代	井存弃用
段上小井（素井）	东里一望	清代	井存弃用
玉皇宫井	玉皇宫旁	清代	完好
南山嵊井	南山嵊下	清代	完好
排上井	排上	清代	完好
和律公祠井	和律公祠旁	清代	完好

布头脑古井（2017 年）

“百间大屋”中荤、素井（2017 年）

尔绚祠旁古井（2017 年）

隘口

清咸丰年间（1851—1861），东龙为防范兵灾匪乱，在通向外界的 8 条古道险要处兴建隘口 8 处。处处地势险要，以巨石垒筑，状如石亭，坚固异常，易守难攻。

东龙隘口 又名“龙岗古隘”。位于村东北与石城小松交界处的东龙岭坳口，坳口两边均为数百米陡坡，两边山势峭立，植被茂密。隘口拦路而筑，形如城门，下开宽约 2 米巨门，上设箭垛。遇警封闭隘门，固若城池。2009 年，因修公路改建。

荷树隘口 位于村东南与石城迳里交界处。地势险要，在宽约 2 米的道路上拦路筑隘。2016 年仅存残墙断壁。

永东隘口 位于村南与石城沙堺交界处。在宽约 2 米的道路旁凭险筑隘，有一夫当关、万夫莫开之势。2016 年仅存残墙断壁。

苏家堺隘口 位于村西与马头交界处。筑于宽约 1 米的道路半坡，一边临崖，一傍峭壁，十分险要。遇警利用滚石檑木，既可封堵道路，又可击敌。2016 年仅存残墙断壁。

老塔寺隘口 位于村西南与王沙交界处。傍山筑于宽约 1 米的道路险要处。2016 年仅存残墙断壁。

南桥岭隘口 位于村北与石城南桥岭交界处。依山凭险筑于宽约 1 米的道路边。2016 年仅存残墙断壁。

庙上隘口 位于村西北与马头交界处。在宽约 1 米的道路边，凭险建石亭为隘口。2016 年仅存残墙断壁。

石壁排隘口 位于村西南与王沙排交界处。依山凭险筑于宽约 1 米的道路旁。2016 年仅存残墙断壁。

永东隘口（2007 年）

苏家坳隘口遗址（2007 年）

寨堡

又称“石寨”“石砦”。清咸丰年间（1851—1861），东龙为抵御外敌，曾将全村划为 4 片，在附近地形险要的尖峰、玉尖、龙公和鳅篓峰分别兴建寨堡，占地面积大者达六七亩，小者也有三四亩。这些寨堡以巨石砌就，围墙高达四五米、厚达二米许，开有前、后门，其间建有简易住房，挖有水井，常年备有粮食。一旦村周隘口失守，村民便按计划，分别转入 4 座寨堡，据寨坚守。中华人民共和国成立后，因社会稳定，4 座寨堡均被废弃，2016 年仅存寨门、寨墙等遗迹。

尖峰寨 位于村东南尖峰顶。占地面积 4000 余平方米。2016 年房屋塌废，仅残存寨门、寨墙。

玉尖寨 位于村西玉尖峰顶。占地面积 4000 余平方米。2016 年房屋塌废，仅存寨墙。

龙公寨 位于村西北龙公山顶。占地面积 2000 余平方米。2016 年房屋塌废，仅存寨墙。

鳅篓寨遗址（2014 年）

鳅篓寨寨门遗址（2007 年）

尖峰寨寨门遗址（2007 年）

鳅篓寨 位于村北鳅篓峰顶。占地面积 3000 余平方米。2016 年房屋塌废，仅存寨墙。

文峰塔 又名湖心塔。原建于村西水口外侧一小山上。“风水”学认为此地属全村水口，无山围抱，形成一个空当，既泄财气，又易被邪气侵袭，而且此处属辛位，辛位有峻峭山峰，可多出人

文峰塔（2012 年）

才。为此，明嘉靖四十三年（1564），东龙李氏外甥、明右都御使陈勉捐资在此修建文峰塔，高为 7 层。相传，此塔建成后，却并未给东龙李氏带来多大好运，反而让塔脚下的王沙村人占尽便宜，接连有人入仕。明末清初，此塔因年久失修倒塌。清雍正五年（1727），东龙李氏请来会昌一位乐姓“风水”先生重新择址，各房共筹集白银 759 两 3 钱 5 分，在“狮山”上重建此塔，并将塔下寺庙更名宝塔寺。次年，又在接龙桥桥头兴建文昌阁（俗称“蛇阳庙”），供奉文昌梓潼星君。此后，东龙接连考中举人数名，民间将其归功于新塔的好“风水”。

今之文峰塔为砖木筒式结构，外呈六棱形，高 7 层 22 米，底层周长 17.2 米，空心墙厚约 2 米。有楼梯通塔顶，每层开有一门可眺望四周风景。

跑马场 位于村西南马趟里。建于清嘉庆年间（1796—1820）。因当时社会动荡，为防匪患，村中成立团勇组织，并兴建跑马场（即练兵场）作为习武场所，训练项目主要有刀、枪、剑、箭等。其规模约 30 亩，场中建有凉亭一座，供指挥、休息用。场东、西两端各有巨樟一棵，练习射箭时，在樟树上吊挂铜钱一枚作为目标，百步开外飞马射中钱眼方算优等。每到农闲时节，村中团勇和青壮年便齐聚于此，挥枪舞剑，练骑习箭，吼声不断，声震山谷。1958 年，因“大跃进”，跑马场被开垦为农田。2016 年已成旱地。

贞节牌坊 位于芸窗祠前。清乾隆四十一年（1776），因李位上三子李泰鸿早殃，其妻许氏一生守寡，朝廷为旌表许氏而立，并准其名入节孝祠。牌坊通体雕刻各种花纹，顶有耳檐，前置石狮。20 世纪 60 年代塌废。

◉ 古村景观

东龙十景

东龙群山环抱，山川秀美，木竹茂盛，环境优雅，自古以来被誉为“架上金盆”“世外桃源”，有“东龙十景”闻名于世。

龙岗古隘 位于村东与石城小松交界处，是古时“海上丝绸之路”陆上赣西通赣东接闽西至泉州通道的必经之地。其地两山夹峙成峡，两边古道陡峻。清咸丰年间（1851—

龙岗古隘（2007 年）

“巽峰插天”遗址（2017 年）

1861），在峡口以石筑亭建隘口，状如城门，亭顶设有箭垛，平时供行人休憩，遇警则成隘口。两端远眺隘口，隘道直通云天，石亭掩映于崇山峻岭之中，宛若天门。驻足隘口，则可见宁化、石城、瑞金、广昌、宁都5县之山川楼阁，令人心旷神怡。有诗赞曰：“两山并立起高峰，下建石亭狭路通。一人荷戈隘口守，纵有万夫不能攻。”2009 年，因修通村公路改建。

巽峰插天 又名“文峰插天”“巽峰插旗”。位于村东南方。山上四季松杉常青，众鸟纷飞，峰顶原有一棵径粗 1 米多、高达 15 米的巨杉，如剑直插云天。清咸丰年间（1851—1861），在山上建尖峰寨。立于峰顶，近顾东龙，历历在目；俯瞰石城，风情万种；远眺闽西，天际空蒙。有诗赞曰：“峰高插云与天齐，耸立巽方藏彩霓。举步登临形万状，目空三邑众山低。”20 世纪 50 年代古杉被毁，2016 年仅存寨堡遗迹。

虎嶂乔峦 虎嶂即为东龙岭，因其形似猛虎，状如屏障，故称虎嶂。位于村南。传说，古时村中有一对恩爱夫妻，丈夫因从军离家，妻子日夜思念，每天日出日落都来到虎嶂峰顶眺望，等待丈夫归来，日复一日、年复一年从未间断。有一年下雪，女子被冻僵，化为一块巨石，故当地人又称虎嶂为“丈夫嶂”。虎嶂势起东北，气势磅礴，延入东龙后分而隆起 5 座小山，形如 5 匹奔腾而来的骏马。远望，峰峰长满巨杉巨樟等古树，满眼葱茏。有诗赞曰：“山川奇异自天成，如屏似虎形逼真。千年风雨今不变，龙东虎嶂美名远。”1958 年“大跃进”前后，山上古树被毁殆尽，此后仅能领略壮观之山势。

七星抱月 又名“七星环冢”。位于村北山腰，为东龙李氏始祖李翊俊墓地。周围有7块玲珑奇石环冢而立，恰如天上熠熠闪光的北斗七星。有诗赞曰：“玲珑七石环冢生，恰似天上北斗星。奇丽景致看不够，流连忘返不思寝。”2016年景观仍存。

双涧抱村 东龙村中有溪水3条，缠绕穿村而过后合成2溪，在文峰塔下水口处2溪交汇成涧。凭高眺望全村，架上金盆，银链环绕，风情万种。有诗赞曰：“一村双涧向西流，春水波平碧绿浮。左右回环如带抱，风情万种眼底收。”2016年景观仍存。

凌霄胜阁 即胡太公庙。位于村北。明时为祭祀东龙守护神胡雄而建。远望有凌云之势。每年农历四月初八，阁内均要举办盛大的庙会和游神活动。有诗赞曰：“凌霄古阁建山坳，延请胡公镇北郊。名显阳都应庙祀，年年四月享珍肴。”2015年，修缮寺庙、阁前池塘，周边环境整治一新。

虹桥锁水 位于村西水口处。有水自石缝流出，形成天然瀑布，如银练飘然而下。平常流水潺潺，如琴弦奏出美妙乐章；雨季水多，则如奔腾烈马汹涌。明嘉靖年间（1522—1566），在此建石拱桥，名“兴隆”，又名“玉虹”，状如彩虹卧涧，桥下有一水潭，潭中一石如仰卧罗汉，袒胸露脐，五官清楚，手脚分明，水满时若隐若现，水浅时全身裸露，人称“罗汉晒肚”。有诗赞曰：“虹桥横锁一村流，飞泻流水成瀑布。诗情画意神仙景，醉倒罗汉忘归途。”2016年景观仍存。

玉栋擎云 位于村西北。山上终年云雾缭绕，如素妆女神。偶尔山风吹拂，云雾散尽，便见山峰如玉柱擎天，屹立于蓝天白云间。驻足山顶四顾，一览众山小，数十里山川风光尽收眼底。清咸丰年间（1851—1861），在山上建玉尖寨，2016年仍存遗迹。有诗赞曰：“玉栋擎云与天齐，登巅一览众山低。天下风云满眼尽，疑是身处九天里。”

双涧抱村（2017年）

罗汉晒肚（2007年）

塔映湖心（2017 年）

塔映湖心 所谓“湖”，乃指古时村中远观连成一片的 100 多口池塘。凭高望之，“湖”中碧波荡漾，莲荷妖娆，文峰塔影、房舍人影与青山绿树、蓝天白云倒映于碧水之中，山风轻拂，风生水起，波光粼粼，其情其景，如诗如画，恍如人间仙境，令人陶醉。有诗赞曰：“七层古塔插云霄，倒影湖心景孰描。追会都堂当日赐，万载流芳仰高标。”20 世纪 60 年代至 80 年代，因废塘建房、改塘为田等原因，村中池塘 2/3 被毁，此景一度消失。2009 年后，又陆续恢复池塘数十口。2016 年，全村有大小池塘 93 口，此景再现。

永东古寺 位于村南糖罂寨。寺周翠竹环生，松杉林立，清泉淙淙，景色幽雅。明代，寺右建有书馆，族中文人多曾就读于此，明末清初文学家、“易堂九子”之一李腾

蛟小时也曾在此就读。清末改学馆为寺庙。寺首书有“永东古寺”，内大门首有百年前李永章所作《八仙过海》水墨画，上厅安放佛像 10 余尊，下厅左右墙壁依次画有渔、樵、耕、读图，风格清丽空明。有诗赞曰 :“永东古寺建山孤，赖有潇潇翠竹俱。天生一块清静处，俨若瑶池福地居。”

古树名木

古杉 生长于李氏下祠大门前墀坪中。有一大一小 2 棵，树龄均有 400 余年，两树高相当，均约 28 米，胸围大者 3.2 米、小者 2 米多。枝繁叶茂，形如 2 顶巨伞。有诗赞曰 :“建祠植杉自东山，千秋遗下不等闲。此树生成真奇异，留得真迹在人间。”

西排古樟（2017 年）

“百间大屋”内的罗汉松（2017 年）

李氏下祠门前古杉（一）（2017 年）

李氏下祠门前古杉（二）（2007 年）

古樟　村中有古樟 4 棵，2 棵生长于西排，2 棵生长于村东。枝叶茂盛，形如华盖，树龄长者 300 余年，短者 150 年左右；胸围大者七八米，小者五六米。

罗汉松　生长于“百间大屋”院内。树龄 300 余年，高约 3 米，胸围约 1 米。形似虬龙，苍劲挺秀。

百口池塘　按照“风水”学“塘之蓄水，足以荫地脉，养真气。故顺局宽旷，则取塘以凝聚之；来水躁急，则取塘以静注之；值煞曜之方，有高山逼压，阴煞射来，取塘以纯之”的原理，加之东龙建村时“喝形”为“船”，船忌无水，而且随着村庄

“百间大屋”西侧池塘（2017 年）

规模的不断扩大，无大江大河的东龙需储水防火，有池塘又能发展鲩鱼繁殖和“四大家鱼”养殖，故东龙人历来喜欢挖掘池塘，还形成建房必开塘的习惯。最多时全村有池塘 100 多口，房前屋后，阡陌田野，绿水荡漾，宛如“高山水乡”，蔚为壮观，形成“塔映湖心”美景。但 20 世纪 60 年代至 80 年代，因填塘建房、改塘为田等原因，村中池塘被毁 2/3。近七八年又陆续垦复池塘数十口。2016 年，全村有大小池塘 93 口，总面积 182.3 亩。

2016 年东龙村池塘分布情况表

表 4

池塘名称	所在地	面积（亩）	备注
猫尾洗脸塘	布头田塅中间	1.0	因旁有坟似猫，尾长入塘得名
布头上大塘	布头上塅田中	2.0	—
布头下大塘	布头下塅田中	1.5	—
用我祠塘	村南用我祠旁	2.0	—
镶玉祠塘	布头镶玉祠左	2.5	—
绍昆祠塘	布头绍昆、佩仪祠旁	1.0	绍昆、佩仪祠共有
桥忠祠塘	布头桥忠祠前	1.5	—
草塘祠塘	草塘祠前	1.5	—
健羽祠塘	店下健羽祠前	2.0	—
栗树坪塘	店下	5.6	—
花门廊塘	慎斋翁祠前	4.0	—
下苎廉上塘	温氏屋前	2.0	—
下苎廉下塘	温氏屋前	0.5	—
大门市上塘	上村芸窗祠前	3.4	—
大门市中塘	村中心位上祠前	4.5	—
大门市下塘	下村俊人祠前	3.4	—
守政祠塘	守政祠右前	1.0	又名曲尺塘
发龙祠塘	下村原发龙祠旁	3.4	—
胜瑞祠塘	墙下胜瑞祠旁	10.0	—
面北庄上塘	则文祠北侧	2.0	—
则文祠塘	面西北庄则文祠旁	2.0	历史上为东龙鲩鱼苗繁殖地
则文祠下塘	李良根新房后	1.0	—
七星树上塘	则文祠下边	1.0	—
七星树大塘	七星树旁	4.0	历史上为东龙鲩鱼苗繁殖地
七星树左塘	破塘里路坎背	0.5	—

续表 4

池塘名称	所在地	面积（亩）	备注
破塘里塘	墙下翰文祠旁	2.0	—
翰文祠塘	墙下翰文祠前	6.0	—
枣树下上塘	下村龙溪旁	0.5	—
枣树下下塘	下村龙溪边小罗子丘	0.5	—
塅中心方塘	上塅中心大罗子丘	1.0	—
希子茫茫塘	龙山脚下	7.0	又名龙溪塘
龙溪塘	希子茫茫塘下侧	2.0	—
子若祠塘	上高排	2.0	—
尔绚祠左塘	中高排尔绚祠左	1.5	—
尔绚祠前塘	尔绚祠前路边	1.0	—
湖滇祠塘	湖滇祠前	1.0	—
凌霄阁塘	高排凌霄阁前	3.0	—
凌霄阁下塘	凌霄阁塘坎下	1.5	—
仙子嵊塘	仙子嵊坎下	2.0	—
君绪祠上塘	上背寮	2.5	—
君绪祠下塘	桂山祠上塘下边	2.0	—
莲塘里塘	成文祠右前	1.5	—
楼子下后塘	楼子下屋后	0.5	—
楼子下右塘	楼子下屋右	0.5	—
楼子下前塘	楼子下屋前田中	0.5	—
君绪祠前田里塘	君绪祠坎下田中	0.5	—
李氏下祠左塘	李氏下祠左	1.0	为李氏下祠两口“龙眼塘”之一
李氏下祠照壁外塘	照壁外田中	0.5	—
东龙小学门前塘	东龙小学门前	1.0	—
东龙小学门左塘	东龙小学前左侧田中	0.5	—
西排塘	西排下端	2.0	—
陈玉窝园塘	陈玉窝园外田中	0.5	—
西坑路边塘	西坑路边	0.5	—
西坑上屋塘	西坑水井坎下	1.5	—
东皋祠塘	东皋祠旁	0.5	—
“百间大屋”外塘	“百间大屋”西侧	2.0	—
西坑下屋塘	西坑下屋左	2.0	—
桥上塘	桥上屋前	1.0	—
荷桥上塘	荷桥老屋边	4.0	—
荷桥外塘	荷桥路边	3.0	—

续表 4

池塘名称	所在地	面积（亩）	备注
更鼓塅塘	更鼓塅路边	2.0	—
新月塘	“百间大屋”绣楼前	3.0	—
东里一望塘	“百间大屋”西侧	1.0	—
玉皇宫塘	玉皇宫前	1.5	—
南山脑塘	南山脑屋前	2.0	—
澎丘塘	澎丘路边	2.0	—
下当铺塘	下当铺新屋边	2.0	—
排上垄下圆塘	排上垄李贺春屋后	0.5	—
松侣祠塘	松侣祠小门外	0.5	—
翘翠祠塘	翘翠祠前左侧	0.5	—
排上上大塘	排上垄上垄	5.0	—
和律祠塘	撮草湖和律祠左侧	0.5	—
沙坝口塘	排上上垄	1.0	—
沙坪坳塘	沙坪坳	3.0	—
牛子坑上塘	牛子坑上垄	2.0	—
牛子坑下塘	牛子坑下端	3.0	—
窝尾里塘	窝尾里老屋坎下	2.0	—
黄古虔塘	黄古虔宿南祠前	2.0	—
季文祠塘	季文祠大门右上角	1.5	—
里屋上塘	季文祠坎下	2.5	—
里屋下塘	里屋墀坪前	1.5	—
壁背坎下塘	义仓下路边	1.5	—
令德祠塘	令德祠旁壁背	1.5	—
苎廉下塘	陈氏屋右旁	1.0	—
金銮殿塘	甑饨岭	2.0	又称苎廉上塘
南坑有塘	南坑	5.0	—
力坎下上塘	力坎下园内	2.0	—
力坎下下塘	原老路右侧	1.0	—
社公下塘	社公树边	1.0	—
大路边塘	李汀州屋边	1.0	—
学震祠上塘	学震祠左边	1.0	—
学震祠下塘	学震祠大门外	1.5	—
翠繁祠塘	翠繁祠门外大路边	0.5	—

村中心池塘（2017 年）

“五马落槽”山形（2017 年）

龙山樟海　明初，东龙李氏在建造上、下祠时，出于保护“风水”、遮挡“风煞”、绿化村庄、营造宜居环境的需要，曾在宗祠“后龙山”上和左右两旁种植樟树数百棵，并制定族规，严禁在“后龙山”砍伐动土。到明末清初，这些樟树已长成参天巨木，为宗祠“后龙山”披上了一件四季常青的绿衣，将上、下祠环抱掩映于怀中，远看成为一片樟海。据村中老人回忆，20 世纪 50 年代，这些樟树中大的要 10 多人才能围抱过来，这片樟海不但成为东龙一大景观和大人休憩、小孩嬉戏的乐园，而且樟脑气味弥漫全村，可驱蚊驱蚁、抑制传染病，保护村民健康。工余饭后、晚上纳凉，大人们齐聚樟树下谈古论今，小孩们或爬树嬉闹，或于林中捉迷藏，带给了村民许多欢乐。1960 年前后，因“大跃进”“大炼钢铁”，这些古樟全被砍伐，东龙的“龙山樟海”从此消失。

古道松原　东龙至石城小松有古道约 2.5 千米。旧时，古道两边山上长满松杉灌木和毛竹，如原始森林。道路两旁巨松林立，大者需三四人才能围抱过来，遮天蔽日，人行其间，如穿幽洞，偶尔风起，千松晃动，阵阵松涛声中，松针如雪洒向地面。久积如

毯的松针，成为村民炊用的主要燃料。20 世纪 60 年代前后，因“大跃进”“大炼钢铁”和“文化大革命”，古道两旁和山上的松杉全部被毁。

附：东龙峰荫路松合乡禁议

吾乡四境皆山也，而层峦起伏，路迳盘曲约五里许，而后息足者惟东山之岭为最著。东山之岭远眺乎，千峰俯观，倚然之几里尽可见尔，而怡情焉。凡往来行人不憎寒来暑往，无分昼夜，悉奔走于斯。独悯夫四时之中，值炎炎夏日，登山者喘急力疲，汗流浃背，求途中片时之憩息，反苦于溽暑之逼人，其谁不叹为劳也。兹合乡集诸山主，谋蓄荫路之松，自古隘而下，达乎石桥路旁，左右各捐一丈之地，以为植松之计，庶使行人藉夹道之护荫，虽直夏而忘暑也，莫愈于此矣。诸山主概然称善。余诣斯举也，创于一日，垂之奕祀。谡谡松风，可以广被众乎。亦有所利一己，可以当身庇翼者，即有所裨于子孙。嗣是而后，左右一丈归属于众，爰立界石，栽培蓄植，不十年而崇山峻岭之境有茂林葱郁之观，讵不快哉。设诸山主或毁前念，据为私业者，有禁；在山至之子孙，失前人美意而视为已物者，有禁；四邻近属擅自砍伐者，有禁。倘有犯禁之辈，合乡共攻，决不瞻狗。独路旁古冢，或不宜栽植，有碍风化者，不在此例。乡人定为成议，举启勒石，以垂永久。余故特表而书之云尔。宁都东里后学李少白、亦仙、伯遂、德升，族长日生、斯文长叔谋。

今将捐资修蓄人名列后：君佑、二朋、日章、德也、圣从、隆任、式周、式方、尔传、于锡、利伯、俊人、作求、肇修、叔量、孚秉、仲班、侍西、德荣、孟仁、毓菌、覃恩、文清、性初、源济、齐陆、廷佑、仍伪、季石、绍吕、英先、时亮（以上各助资 1 钱），以采、九牧、弥仲、记常、伏泰、宜表（以上各助资 6 分），君衿、文圣、于先、若愚、云牙、子还、越怡、公林、仕良、君常、北弘（以上各助资 3 分）。

康熙丙戌岁十二月吉日

风土民情

东龙，民风淳朴，民俗独特，特产众多。茶篮灯、桥梆灯、秆龙灯、布龙灯和胡太公庙会独具特色；玉皇宫醮会融佛、道、儒于一体，三教合一，是客家民俗活动的一朵奇葩。明清时期的鲩鱼苗繁殖技术为一绝，在闽、粤、湘、赣4省独树一帜；传统水稻百凤粘香稻、刁被红，苏区时期被誉为“米中上品”“红军米”，深受红军喜爱；20世纪70年代至90年代出产的苹果胜过“麻皮”“辽幅”，“在江西是北果南栽的一个突破”。风味独特的猪案、入口生香的擂茶、香甜滑润的黄糍、甘洌醇厚的米酒等美食，让人过口不忘。

◉ 习俗

岁时习俗

过年　又称春节。从农历十二月二十四日进入年界，到正月十五日这段时间都叫过年。过年规矩多，且隆重。农历二十四日为小年，晚餐丰盛，饭后要祭灶、送灶神，这天动土百无禁忌。小年起，家家户户开始打扫环境卫生，收拾农具，漂洗衣被，擦洗锅盆瓢勺、家具和门窗，买年货，打黄糍、麻糍，煎油果，做米果等各色点心，忌吃粥、霉豆腐等，妇女不走娘家。农历一年中最后一天为除夕，又称“大年晡”。这天家家门上贴春联，门楣和窗户上贴红纸条，户户备整鸡等 3 荤和 3 素及茶、酒去祠堂敬祖，俗称“上汤”，以示不忘祖宗恩德。晚餐在爆竹声中开始，全家同时入席，俗称“食汤”“食团圆饭”“喝辞岁酒”，小孩庆长大，老人贺添岁。饭后要祭灶、迎灶神，人人换新衣，每个房间点灯（俗称“点岁火”），正厅或餐厅烧炭炉（俗称“喂年猪”，期望来年五谷丰登、六畜兴旺），长辈给小孩发“压岁钱”，一家人围炉守岁。农历正月初一全天吃素，凌晨开门要鸣放鞭炮，选择“大利”方向“出行”，“出行”后更衣拜祖宗、长辈。早餐全家人或临近人家聚在一起吃果子、糯糍，喝酒。早饭后，互相串门拜年道贺，备茶、酒、鱼、肉祭社公、龙神，小孩放鞭炮赶牛上山（俗称“送春牛”）。初二开始走亲访友拜年，长辈要给前来拜年的小孩发“红包”，宗教信众则多在这天赴寺庙敬神礼佛。这天到正月十五日，互相设宴请客（俗称“请年饭”），全村闹花灯、舞龙灯、搬桥梆灯、演采茶戏，各种民俗活动不断，天天热闹非凡。

羹汤日　农历正月初七为羹汤日。这天早餐要吃用大米、豆子、花生、红薯、芋头、大蒜、生姜等共煮的羹汤。有“吃了七种羹，女仔赖仔做零星”之说，意思是自今天起，新年已过，大家要开始劳动了。

上元节　农历正月十五日为上元节，又称“元宵节”“灯节”。这天家家户户吃汤圆，村中有踩高跷、闹花灯、搬龙灯、舞桥梆灯、禳神等活动。

立春　有“交春过大年”之说。立春时刻一到，家家鸣炮迎新。在震天动地的鞭炮声中，户户在门上张贴“迎春接福”“春到人间”等吉语，许多人家把“春”字倒贴，寓意“春到了”。

花朝节　农历二月十五日为花朝节。这天，妇女围众食擂茶。晚上，头年结婚未生育的妇女要烧娘家过年送来的麒麟灯，已生小孩的妇女要烧娘家头年送来的观音送子灯。

清明节 一般以寒食后第二天为清明节。这天家家户户采艾叶蒸“艾米果”食用，备“三牲”、米酒、香烛、纸钱扫墓祭祖，追思故人。族中和各房要“做公堂”，每家派一男丁参加集体祭祖和“食清明”。外地李氏子孙是日一般均前来参加活动。女人这天要戴青，一般插扁柏，以示青春常在。

立夏节 这天有吃糯米糖、盐（茶）蛋、狗肉、酒酿煮粉丝等补夏以及称体重等习惯。

端午节 农历五月初五日为端午节，又称“端阳节”。这天家家户户门窗插艾条、挂菖蒲，吃黄荆米果，用百草汤沐浴，门前屋后洒雄黄水驱蚊灭蚁。

六月六 “六月六，禾稼熟。”这天，有采割早熟谷穗破壳做成饭或米果吃“新”，及备米果敬禾神的习惯。也是一年一度晒家谱的日子。

中元节 农历七月十五日为中元节，又称“七月节”。迷信说法，这天为鬼府大开之日，鬼魂要回家接受后人供奉，故民间又称“鬼节”。是日，家家备“三牲”、香烛等祭奠先人，俗称“接太公太婆回堂”。晚上要备纸钱、金银锭装入大纸包，纸包上写明某某受用、某某寄字样，涂上鸭血焚烧（俗称“烧包”），将纸灰撒于流水之中，意示寄给作古之人使用。20 世纪 80 年代前，此日村中有拔河等民间体育活动。改革开放后，因村中青壮年大量外出务工，此活动停止。

中秋节 农历八月十五日为中秋节。这天要用月饼、水果等供奉祖宗。旧时，晚饭后，老人围坐月下吃月饼等赏月，青年参加请“扁担神”“摸青”、放孔明灯、烧瓦塔等活动。如今晚饭后，多全家围坐吃月饼、观看电视节目。

重阳节 农历九月初九为重阳节，又称“重九”“登高节”。旧时，家家户户饮茱萸酒，烧薯包子、芋包子，文人学士必聚友登高，采菊吟诗。今只作兴吃薯包子、芋包子。

生活习俗

婚嫁 旧时，婚嫁讲究门当户对，遵循“父母之命，媒妁之言”，规矩繁多，大约有 10 道程序：一是说媒。即由媒人（今称“介绍人”）牵线搭桥。二是过庚。女方报给男方生辰（俗称开“小八字”），男方请人占卦男女生辰，看“相生”还是“相克”，如“相生”，婚事初定。三是相亲。女方先到男方家“察人家”，中意后，男方再携礼去女方家“看妹子”，如女方收下礼物，即示允婚。四是定亲。约定日子，男方携鱼肉等去女方家，拜认女方亲眷，此后男女互称对方父母为爸妈，男女父母互称亲家，意示正式订婚。五是报日。男方请人择定黄道吉日为婚期（俗称“拣日子”。一般不选小年至次年花朝节间日子）通知女方（俗称“报日子”），女方占合同意后告知男方。六是过聘。俗称“送聘礼”，男方按双方商定“礼数”（俗称“彩礼”）和女方宴客所需鱼肉等送往女方。七是迎亲。也叫“接亲”“归门”，男方得用花轿，到女方家需给“进门礼”、岳父母“辞身礼”、侍娘“插花礼”、吹鼓手“鼓乐礼”、理发师“剃面礼”、缝纫师“开剪礼”、厨师“开勺礼”、撰联写字人“写字礼”等名目繁多的“礼钱”。八是拜堂。新娘接归后，先入祠堂成礼（俗称“拜堂”），再入洞房，举行婚宴。九是闹房。当晚在厅堂或洞房举行，有“闹房无大小”之说，愈热闹愈好。十是回门。也叫“走三朝”，婚后第三天新郎陪新娘回娘家（女方家俗称“上新客”）谢恩认亲，女方家设宴款待新婿，并请亲友相陪，女方亲友需轮流宴请新郎。

中华人民共和国成立后，特别是20世纪80年代改革开放后，婚嫁习俗改变较大，程序逐渐简化，许多男女青年追求自由恋爱，婚期多选“五一”、国庆、花朝节、春节等节假日。迎亲改用小轿车，拜堂仪式多代以婚庆活动，时兴拍婚纱照。但婚宴越办越大，少则二三十席，多则五六十席。“彩礼”越来越多，20世纪80年代讲究“单车手表缝纫机，尼龙袜子灯芯绒”，20世纪90年代讲究“彩电摩托加三机（电视机、收录机、缝纫机），耳环项链金戒指”“高低四十八条腿（指家具）”等，近些年来又开始讲究有房有车，并且还得准备少则数万元、多则二三十万元的礼金。女方则时兴“陪嫁”，有“平常人家将钱嫁女，有钱人家赠钱嫁女”之说。

丧葬 老人去世俗称“归家”“过身”“过背”“老掉”，入殓俗称“入棺”“收殓”，安葬俗称“还山”“出殡”，办丧事俗称“做白喜事”“做丧事”。东龙的丧葬规矩很多，大约有9道程序：一是送终。老人将逝，儿孙要跪于身前听遗嘱，烧纸哭拜死者升天。二是报丧。老人去世后，要分头奔告族众和老人生前亲友，族众和亲友需前来吊唁。三是择地。请“风水”先生选定墓地和入殓、出殡、安葬日期、时辰。四是守灵。设灵堂，由儿女和亲属轮流值守，早晚烧幡哭拜，一日三餐灵前供奉。五是入殓。子孙由吹鼓手引导到附近水井或河塘取水（俗称“买水”）为逝者洗脸抹身（俗称“抹三下”），为逝者穿好寿衣入棺。六是堂祭。设孝堂吊唁，由专人主持，逝者生前至亲好友需备具祭文，子孙要披麻戴孝跪于灵前谢祭。七是出殡。俗称“送葬”“送殡”。出殡前子孙

（出嫁女儿除外）需跪于灵柩前吃“材（财）饭”，再按先儿孙后亲朋顺序依次烧香磕头祭奠（俗称“烧香”）。出殡时子孙要穿麻衣、草鞋，系草绳，持孝杖。送葬队伍由持引魂竹者引领，次为撒纸钱者，随后是持旌旗、抱灵牌者，最后是鼓乐队和抬花圈、祭轴者。灵柩出门即撤去灵堂，大门改贴红联。灵柩行至村外叉道口要举行“谢孝”，孝子孝妇跪谢送葬亲友。“谢孝”后孝男孝女脱去孝服，孝孙辈改为披红，孝子孝孙再送灵柩至坟地参加筑坟，孝媳则返回等待跪接灵牌。坟筑好后，要喝彩，撒粮米。出殡队伍往返不走同一路线。出殡当晚要念经（俗称“做归山灯”）。丧饭设 2 餐，早上为素餐（俗称“食斋饭”），中午设荤宴，餐后发给来者油炸三角豆腐3块、油饼（俗称“煎鱼”）3 个。八是上坟。俗称“拦山神”“罗两朝”。出殡第二天，孝男孝女披白，备“三牲”、酒、米糍和面点到坟前上供。九是“做七”。从逝者去世之日起，每七天为逝者做斋 1 次，直到七七四十九天（俗称“做满七”），需请道士念经超度亡灵，孝子孝孙要戴孝、备牲酒祭奠。

20 世纪 80 年代推行殡葬改革，特别是 1999 年全县实行强制火葬后，公职人员去世后多火化，但仍普遍土葬。普通人家除不设堂祭外，其余丧葬习俗基本未变。

庆诞　妇女怀孕后，娘家要送“落地衫”，带鸡、蛋、面条、粉干等去看望，俗称“催生”。小孩出生后，女婿要带鸡、蛋、酒到岳家报喜，岳家要宴请女婿和至亲好友以示祝贺、通报喜讯，获知喜讯的亲友要送鸡、红糖、蛋等补品前往探视问候（今多改为送钱）。小孩出生后，要给亲友和左邻右舍送红鸡蛋。小孩出生 3 天时要“洗三朝”，做“三朝酒”。小孩出生一个月时要做“满月酒”，上午设擂茶招待女客，中午设汤饼宴款待宾朋。小孩周岁要做“过周酒”，外婆要送衣、帽、小棉被和银手镯、颈箍圈、脚绕子、银锁等。今此俗仍盛。

贺寿　有“三十有人晓，四十有人知，五十杀个鸡，六十杀猪满天飞”之说。一般从出生之日算起，每十年举行一次，满花甲（60 岁）后年龄越大越隆重。老人寿庆由出嫁女儿牵头，得备大公鸡、寿衣、寿帽、寿鞋、寿袜、寿饼、寿烛、寿桃、寿面、寿酒、寿肉等寿礼，需送双份。亲友贺寿一般送寿幛、寿联、寿匾或礼钱。寿筵设 2 餐，头天晚餐为“暖寿酒”，正日午餐为“拜寿酒”。20 世纪 80 年代至 90 年代还作兴放电影。今则时兴请戏班子唱戏。

建房　俗称“做屋”。旧时，建房要请“风水”先生择地基，安“杨公符”，选吉日破土动工，亲朋要赠工。建房期间需设宴 3 次，一为破土动工时的“落石脚酒”，二

寿宴（2008 年）

为上梁立柱时的“上梁酒”，三为竣工时的“圆屋酒”，亲朋均要送礼道贺，俗称“送茶”。上梁立柱时需张灯结彩，贴红联（俗称“挂红”），撒食米（俗称“撒粮米”）、糯糍（俗称“撒富贵糍”），请泥工木匠师傅说吉利话（俗称“喝彩”）。

迁居 俗称“过火”。要择吉日，一般在黎明前举行。迁居时要从老灶中移火种到新灶，俗称“接火种”。亲朋一般要提前送礼祝贺，出门时老邻居要鸣放鞭炮相送（俗称“送火”），到新屋时亲朋和新邻居要鸣放鞭炮相迎（俗称“接火”）。新居得贴门联，主人需设宴招待亲朋好友和新老邻居，俗称“做过火酒”。此俗今仍盛。

升学 旧时，家中有人考取功名，需到祠堂祭祖，向祖宗报喜，并设宴谢师，族人和亲朋需前往祝贺。20 世纪 70 年代末恢复高考后，考取大、中专学校者均沿用此俗。20 世纪 90 年代起，只有考取本科以上学校者才兴此俗。

慰病 至亲好友或邻居有人生病，需送钱或营养品、水果等前往探视，并送上祝福语言，以示慰问。探望时间只能在午饭前，穿着打扮不宜张扬，尤忌穿白鞋白裤和红衣花衫，言语需得体。病人痊愈后，得设宴款待曾前来看望的人，以示感谢。今此俗仍盛。

生产习俗

莳田 又称“插秧”“栽禾”“栽插”。旧时很隆重，要入祠堂杀鸡宰鸭，备“三牲”、米酒、香烛到社公庙、谷雨祠供奉。要烹奶狗，做“莳田酒”。请人莳田须一日

莳田（2007 年）

四餐，好酒好肉款待，晚餐尤丰富，莳田能手需坐上席。许多农家头年冬即封存酒酿，以备来年莳田待客。20 世纪 50 年代起不兴此俗。

割禾 早、晚稻长至十成熟稻谷易脱落，故九成熟便得开镰收割，有“九黄十收，十黄九收”之说。请人收割需好酒好肉款待，收割完毕要宴请亲友帮工，做“洗禾镰酒”，但规格低于莳田酒席，有“莳田师傅割禾客”之说。此俗今仍盛。

打铁（20 世纪 90 年代）

教牛 对成年牛进行训练，使其学会耖、耙、犁田，俗称“教牛”。旧时，教牛要选择吉日晴天，在松软的旱田或沙滩上操练，时间有长有短，以学会为止。今多采用机耕，牛耕极少。

榨油 20 世纪 80 年代以前，以手工榨油，其作坊俗称“油寮”“油榨下”。油寮内要安放老官神位，点长明灯，朝敬夜拜，农历每月初一、十五要杀鸡敬老官，俗称“做神福”。20 世纪 90 年代后，逐步改用机器榨油，此俗已废。

编竹篾（20 世纪 90 年代）

敬匠人 请木、篾、泥瓦、剃头匠和

弹棉花（20 世纪 90 年代）

做木匠（20 世纪 90 年代）

裁缝、弹棉花等手艺人上门做工，东家要一日三餐好酒好肉款待，另加茶点招待，俗称“吃茶”。建房、打灶、做婚服、剃新郎头、弹婚被、筑坟、制寿衣等需给匠人“红包”（一定数额的钱）和“煮满碗”（一碗面盖猪肉或鸡蛋的面条）。对手艺人一律称师傅，以示尊敬。

饮食习俗

东龙人有很多传统饮食习俗。如年初一吃羹汤；正月十五吃元宵；花朝节妇女吃擂茶；惊蛰炒豆子；清明吃艾叶米果；立夏酿豆腐，吃米粉肉；端午吃粽子、咸蛋；六月六吃焖狗肉，喝烧酒；新谷将熟时吃新；七月七日乞巧，吃瓜果；中元节吃鸭、米糍；八月中秋吃月饼；九月重阳吃薯包子、芋苞子；十月初一吃糯糍；腊月初八吃腊八粥；除夕吃油炸糍粑；等等。日常饮食则以大米饭和各种荤素菜肴为主。偏爱吃辣，菜肴多放辣椒，做法有炒、爆、熘、烧、炸、烹、煎、焖、煨、烩、腊、氽、炖、煮、蒸等。米饭制作有甑饭、焖饭和袋饭 3 种。

甑饭 以竹编笊篱和木制饭甑为主要工具。竹编笊篱状似一大漏勺。木制饭甑大如水桶，由甑体、甑箅、甑盖组成，甑体外配提耳 2 个，箍竹箍 2 条；甑箅由竹或木制成，开有许多小孔隙或孔格用于透气；甑盖略大于甑口。甑饭时，先将大米淘洗干净，倒入锅中煮至半熟后用竹编笊篱捞起饭粒，沥干倒入饭甑，再将饭甑置于装有热水的锅内（水至淹没甑 5 厘米左右为宜），加猛火蒸之，俟蒸汽冒至甑盖，凝成水珠沿甑盖往下滴时即熟。甑饭不但松软香绵，口感极好，能满足人多用餐，而且出饭率高，米、饭比可

砻谷（20 世纪 90 年代）

做大甑饭（2007 年）

达 1∶2.5。今村民虽家家备有电饭煲，许多人家还用上了液化灶，但不少人仍喜欢用柴灶甑饭，逢年过节和做酒席时更是如此。

焖饭 将大米淘洗干净倒入锅中，加入适量的水（水面高出大米一指为宜）。大火煮沸至米粒将水吸干时停火，以余热再焖片刻即成。焖饭不但速度快，而且饭粒舒展，软硬适中，口感香甜。家中吃饭突然来客，米饭不够时多用此法解决。

袋饭 俗称“饭梢子”。将淘洗干净的大米装入以席草等编织而成的小草袋中，留出适当空间，扎紧放入锅内，注水至浸没草袋，盖锅猛火煮之，待饭包饱满、提起不掉水滴即可。袋饭方便携带，20 世纪 80 年代前，村民出门赶路或外出劳作中途不便回家用餐时，多以此法解决一两餐吃饭问题。今已不再有人制作袋饭。

◉ 礼仪禁忌

礼仪

称谓 遇人，对公职人员称职务或同志，教师等文化人称先生，技术人员称师傅。小辈称年岁大的为老太人或爷爷、公公、伯伯、奶奶、婆婆、婶婶，中年人为叔叔、阿姨、大哥、大嫂。长辈称小辈，一般直呼其名，或称男的为老弟、后生、赖子，女的为女客、女姑姑，年小的为小弟弟、小妹妹、小朋友。20 世纪 90 年代起，对工商业者多称老板，男青年为帅哥，女青年为美女或靓妹。

日常礼节 行路，让老人、长辈、贵宾先走。朋友见面，笑脸点头打招呼。平时多用“你先请”“谢谢”“不客气”等礼貌用语。过年，晚辈要给长辈拜年，长辈要给小孩压岁钱，左邻右舍要相互拜年，拜年时要说“新年好”“恭喜发财”“健康长寿”等吉言。年后，要备礼走亲访友，过去多为鱼、肉、果品，今多送烟酒、营养品或保健品。随着手机和互联网的普及应用，今家人、亲朋平常联系、节日祝贺多改为发信息、通视频。

待客礼仪 东龙人素来以热情好客著称。有客到家，主人必起身笑脸相迎，让座、递烟、泡茶，以示敬重。正式就餐前，主人先用酒或茶水佐以花生、豆子、油炸红薯片、麻糍、黄糍、米果等招待客人，俗称“打点”。餐前餐后，左邻右舍或携酒水、茶点到主人家慰客，或请客人到家小坐款待，以示欢迎。客人告辞时，主人要送出门，说声“慢走”“下次再来”。如贵客上门，则要“开油锅”（油炸各种食物）、杀“头牲”（杀鸡宰鸭）、吃鱼丸肉撮等，以示隆重。

宴客礼仪 平时家中宴客，需让老人、长辈、贵宾上坐，吃菜先请客人下筷，喝酒先敬客人，客人吃完主人才能离席。宴席时，吃菜先请坐上席者下筷，喝酒先敬上席，全桌人吃完一起离席，开席、散席要鸣放鞭炮（丧事除外）。

20 世纪 80 年代前，婚嫁先请后贺，不请不贺；贺寿、庆诞、建房、迁居、升学等先贺后请，不贺不请；丧葬先送祭礼，后请吊祭宴席。20 世纪 90 年代末，除丧葬宴客规矩未变外，其余喜庆宴客均改为先请后贺。

送礼习惯 结婚，女方内亲一般送衣料，长辈要另送“行嫁礼”“压箱礼”，男方亲朋要送“拜见礼”。女儿怀孕后，娘家要给孩子送“落地衫”，亲朋要给孕妇送猪心、鸡蛋等补品。小孩出生后，亲朋要送红糖、面条、鸡蛋、猪肉、雏鸡等给产妇滋补身体。小孩过周时，外婆要给小孩送银手镯、颈箍圈、脚绕子、长命锁等。老人生日，亲朋要送礼相贺，女婿女儿还要送寿烛、寿饼、寿桃、鞭炮等。男青年定亲后，端午、中秋、春节前要给女方家送礼，俗称“送节”，礼物多为猪肉、鱼、鸡、鸭、果品、糕点、烟酒、滋补品等。丧葬，族人、亲朋要送祭奠礼和香烛、花圈、被心、毛毯等。20 世纪 90 年代开始，除丧葬仍有人送祭品外，其余喜庆之事一般直接送礼金。过去，小孩生辰、老人祝寿、婚嫁、丧葬、建房、乔迁送礼普遍，20 世纪 90 年代后，许多人小孩升学、参军和开店设厂等也设宴请客，送礼名目不断增多，范围不断扩大。

禁忌 旧时，东龙人清规戒律众多。如凡事讲究吉利，“无”要说成“有”，数字

“四”要念成“红”，“帽子”要说成“有子”，不能说不吉利的话，逢喜庆、年节和农历初一、十五尤甚。正月初一，不能担桶挑水，忌泼水于户外，认为会泼掉财气。大年初一至初三忌吃荤；初一至初七忌洗晒衣物，挑尿担粪；初三俗称“三重日”，忌出门、做饭；初五为“米谷神生日”，忌做饭、出门、开张。花朝节，妇女忌出门，进花园菜地。每月初五俗称“月忌日”，五月十三日俗称“朝王杀子日”，诸事不宜。七月十五“鬼节”忌外出。农历正月、九月忌迁居。逢七忌出外，逢八忌回家。分龙日忌晒衣服，挑尿桶。白露时刻忌用水洗脸，认为此时洗脸会长白斑。戏子、排客、剃头匠、仵作、吹鼓手和戴孝之人逢年过节忌进他人屋内。孕妇不能乱摸东西。妇女长短裤不能乱晒，大人小孩忌从妇女衣裤下走过。未成年人去世要说“走了”，老人去世要说“过身”“归家”。后龙山忌伐木动土。听到乌鸦与灰喜鹊叫，要“呸、呸”往地上吐口水，还要说“好事来，歹事去”“好事来来往往，歹事远走他方”。小孩被畜禽惊吓，要在畜禽身上拔点毛塞在小孩身上。小孩被人惊吓，则要那人剪些指甲和裤带煎水给受惊者喝。一般人突然受惊，则要“呸、呸”地吐口水。一年内只有清明、冬至、小年、大年日百无禁忌，诸事皆宜。

随着人们文化知识水平的提高，多数禁忌逐渐被废除，年青一代对许多禁忌已不甚讲究。但逢年过节、喜庆之日说吉利话、送祝福语之习俗仍盛。

◉ 民俗活动

灯会

茶篮灯 起源于明代。当时，宁都南部的东龙等地多茶山，人们提篮上山采茶，劳动之余，以山歌伴舞解乏，热闹非凡。有人为便于晚间歌舞，便在茶篮中插上蜡烛照明。后经过不断改进，到清乾隆年间（1736—1795）发展成为如今的茶篮灯，并且成为村中每年春节期间固定

茶篮灯表演（2012 年）

的民俗活动节目，借以喜庆万物更新，盼望新年新景、国泰民安。

茶篮灯有大小花篮和排灯、凉伞灯、丰收灯、螃蟹灯等之分，大小不一，但灯（篮）框均用竹篾编制，以彩纸贴糊，内插蜡烛。大花篮为正六角柱形，似静花瓶，高 0.45 米，分内外 2 层，内层为边长 0.1 米的正六角形柱体，外层为周长 0.78 米的大六角形，顶端为边长 0.13 米的篾制正六角形，外贴漏花剪纸图案；底座为一块边长 0.2 米的方木板，木板中央安装铁丝圈插蜡烛或装配干电池小灯泡，四角钻洞，以 2 根长 1 米的薄竹篾交叉穿洞固定，再钉于长 0.7 米的圆木棍上即成。小花篮制作方法与大花篮相同，只是尺寸较小，装置在一根小木棍上，能左右旋转。排灯为扁六角棱柱形，高 0.5 米，上、中、下周长分别为 1 米、1.6 米、0.7 米，底座制作方法与花篮相同，但木板为 0.18 米 ×0.27 米的长方形。凉伞灯状如平顶雨伞，用 3 根长 0.6 米的木条交叉钉成平面架，外箍以直径 0.6 米的竹篾圈，篾圈粘上各色绸布条，中间支以长 0.7 米的圆木棍即成。丰收灯、螃蟹灯等则各按其形制作。

茶篮灯表演俗称“搬茶篮灯”，一般男人拿排灯、凉伞灯、丰收灯、螃蟹灯，妇女持大小花篮，以西皮锣鼓、二胡、笛子、唢呐等乐器伴奏，歌曲为民歌或宁都采茶调。无常规定俗，多为即兴表演，男女演员身着统一服装，腰扎红绸带，在乐队鼓手“司令”下，随曲目不断变换队形，边唱边舞，引得围观群众纷纷附和，气氛热烈欢快。

村中每年大年初二均举行此项活动。届时，灯队要先到胡公庙、杨公庙上香祭拜，入夜出灯前还得到胡公庙举行起灯仪式，然后再挨家挨户贺春。入祠堂和各家厅堂要喝彩，喝完彩，主人要请花灯队饮酒喝茶，并送上“红包”。喝彩词一般为七言四句韵文，过去多为吉利话，今则多为祈祝语。如：

手提花灯笑连连，欢欢喜喜来拜年。
一祝你家身体好，年年岁岁都康健。
二祝你家财运好，办厂开店挣大钱。
三祝你家生产好，五谷丰登香满院。
四祝你家盖新房，家业兴旺万万年。
五祝你家娶新媳，早生贵子把家传。
六祝你家添新丁，金童玉女都喜欢。
七祝你家儿好学，清华北大任你选。

八祝你家老人好，长命百岁有福气。
九祝你家买小车，世界各地都游遍。
十祝你家样样顺，我们大家来点赞。

手提花灯笑嘻嘻，欢欢喜喜来送礼。
新年送你一篮橘，祝你吉祥又如意。
新年送你一筐梨，祝你平安万事利。
新年送你一个新，新事新办请牢记。
新年送你一个兴，兴旺发达大家喜。
新年送你一个勤，勤劳致富甜如蜜。
新年送你一个心，心想事成事事吉。
又是一年好光景，雄关漫道从头立。

手提花灯笑嘻嘻，欢欢喜喜来贺喜。
为民公仆有业绩，留下清名在天地。
作田人家收成好，块块田地出金币。
开店设厂财气旺，财源滚滚进家里。
青年学子成绩优，高中金榜数第一。
老人身心俱健康，个个活到一百一。
小孩天真又活泼，四世同堂笑眯眯。

桥梆灯　是全村参与的大型民俗活动，每年正月十四日至十六日举行。桥梆灯由龙头、龙身、龙尾组成。龙头、龙尾用竹篾制作，龙头直径1米、长1.2米，龙口用长1.5米的竹片装饰，内插蜡烛2根（今改装手电筒2把）为龙眼，配直径0.2米的竹篾圆球为龙珠，固定于一块长约2米、宽0.12米的木板上面，再钉于一条长约2米的小木棒上即成。龙尾长约2米，为前大后小的圆柱体，前面圆周长0.6米，后面圆周长0.2米，中间穿插一根长1.5米供人扛抬的小木棍即成。龙身骨架为一块长2.5米、宽约0.2米的木板，两头各钻有供连接用的一小洞。木板上面等分装置灯笼3盏，灯笼为直径0.23米、高0.42米的篾制圆柱体。龙头、龙身、龙尾和灯笼均彩纸贴糊，内插蜡烛。每年出灯数量按上年村中新增男丁多少而定，一人一架，以小房为单位准备。历史上多时曾一次出

桥梆灯（2017 年）

灯 160 多架，连在一起长达近千米。

出灯前，宗祠先召集各房协调，各房得组织本房灯试游，试游完将灯归放祠堂，以示向祖宗报喜。出灯时，3 声铳响后，以龙灯队、花灯队为先导，在布头桥梆队、锣鼓队引领下，按布头、大屋、下大屋、店下、高排、排上、中村、南坑、塅上、背寮、西坑的顺序，举行全村游灯。所到之处，敲锣打鼓鸣炮迎送，灯到哪里欢乐和热闹就到哪里，天上烟花朵朵，地上鞭炮阵阵，桥梆灯穿行于村中，远望恰如一条游走的火龙……游完全村后，灯队还要到李氏宗祠拜祖。

拜过祖后，集体游灯结束，各地锣鼓队将本地灯接回，到当地上年新添男丁的人家巡游。灯一进屋，主人要点燃新烛换下自己灯里的旧烛，并把旧烛插于厅堂，以示全家同乐（俗称“换烛”）。游灯结束，各房要将灯送入祠堂，供于祖宗牌位前。参与游灯的人则齐聚祠堂吃夜酒，酒菜等费用由添丁人家均摊。次日，要抬龙灯、提花篮至杨公庙前，撕下彩纸，焚化成灰，倾于小溪，称之为“送神”。

20 世纪 90 年代，因村中年轻人多外出务工，此活动极少。

蚌壳灯 俗称“蚌壳舞”“蚌壳精”“戏蚌壳”，是一种中国传统灯舞。清代传入东龙，今逢年过节仍时有活动。

蚌壳灯无唱词、唱腔，是一种有故事情节、有打击乐伴奏、哑剧式的民间舞蹈。服饰装扮与戏曲行当相近，道具较为简单，有桨、渔网、扇、蚌壳等。蚌壳用竹篾扎制、黑白相间彩纸裱糊、彩笔勾画图案，蚌壳用白布条镶边。

表演时，一青年女子穿着彩衣、佩戴珠饰，立于竹制大蚌壳内，装扮成“蚌壳精”，随音乐节奏，以碎步、盘腿蹲、半转身等优美的身段动作扇动蚌壳，时开时合，时进时退，时伸时伏，神态妖娆；一男子头戴草帽、肩背鱼篓、手执渔网，装扮成渔翁，做出观蚌、涉水、理网、撒网等形态，频频欲网住“蚌壳精”而不得，不时还被“蚌壳精”夹住手脚和脑袋，露出一副气急败坏的样子，逗得观众哈哈大笑，直至“蚌壳精”就擒。有时，为增添气氛，再加一人装扮成鹤，与蚌相斗，做出相互欲擒住对方的各种姿态，直到鹤啄住蚌，蚌夹住鹤嘴，在挣扎中被渔翁得利，一网双收。其表演生活气息浓厚，风趣生动，富有情趣，节奏感强，情节、情绪与打击乐紧密配合，既可集体喜庆演出，也可串门入户表演，深受村民喜爱。

吹喇叭（2016 年）

秆龙灯 即稻草龙灯。源于明代，今仍有活动。龙头、龙身用竹片扎架，稻草捆扎而成，制作方法与龙灯相似。灯身较短，一般只有 5 ~ 7 米。灯队由 5 ~ 7 个小男孩组成。舞灯活动在正月举行。游灯时，龙身插满线香，因由小孩持灯，动作简单舒缓。灯队到处，家家户户要鸣放鞭炮相迎，以茶酒、瓜子、花生等接待，赠送果品和“红包”。

布龙灯 即用夏布（俗称“麻布”）制作的龙灯。源于明末，流行于布头，正月十五元宵节进行。20 世纪 50 年代末停止活动。

布龙灯骨架用竹篾编制，有 7 节、9 节之分。7 节龙灯长约 8 米，9 节龙灯长约 10 米，每节固定一木作手柄，内装灯光设备，外罩红色麻布（龙头为黄色），麻布上粘贴绘制鳞甲，龙头扎上麻丝作胡须。7 节龙灯由 8 人表演，9 节龙灯由 10 人表演，一人舞龙珠，其余人各持一节龙身。舞龙人身穿对襟彩服，腰系红绸带，动作较规范，第一节（龙头）、第二节以迈步为主，第八节以“横搓步”“小跨步”为主，其余各节为“搓地步”，步伐有跳、趋、蹉、趁、趱、踅、蹑、腾、跃等，舞法有闪、耍、折、穿、交、盘等。表演时，以持龙珠者为指挥，龙头随珠而舞，余者节节相随，讲究“随前节，顾后节，勿前推，忌后拉，眼光敏捷，顺势舞来”“头一步，尾九步，灵活变化，自行调节”“头露颈，尾合头，节节紧靠，龙腾虎跃”，在震天动地的锣鼓唢呐声中，尽情展现“黄龙下海”“金龙抱柱”“二龙抢宝”“老龙翻身”“金龙过海”“盘龙戏珠”等各种技巧，忽上忽下，忽左忽右，翻飞盘旋，屈曲伸展，变化无穷，令人眼花缭乱，目不暇接。灯队在布头表演完后，还要到村中其他地方和马头表演，一路锣鼓阵阵，铳炮轰鸣，所到之处，家家大开门庭，户户鸣放鞭炮相迎，灯队要送上祝词，主人要待以美酒、赠以“红包”。

七座龙灯 源于清初。主要流行于南坑。制作方法与一般龙灯相仿，因龙队由7条单龙灯组成，故称七座龙灯。今逢年过节仍有活动。

庙会

庙会又叫“禳神”。东龙大多数寺庙均定期举办，以玉皇宫醮会和太公庙庙会最为隆重。各寺庙逢庙会必请戏班演戏，如正月龙灯戏、农历四月禾苗戏、农历五月龙船戏等，一般下午、晚上各演出一场，费用多由村民捐资解决，也有善众个人捐演。届时，东龙及其周边地区的民众纷至沓来，热闹非凡。

玉皇宫醮会 因儒、佛、道三坛同时进行，又称三坛醮会。源于明代。每年正月或择农历七月吉日举行。届时，醮会理事会提前数天张贴告示，全村家家户户清堂扫室，洗涮锅碗瓢盆，沐浴更衣，戒斋吃素，“早早市”禁售荤食。

醮会时，儒坛设于玉皇宫楼上玉皇殿前，佛坛设于楼下上厅观音殿前，道坛设于楼下下厅。儒坛由全村生、童念诵《玉皇经》(俗称“念儒经”)，佛坛由村中永东寺、妙觉庵僧尼念诵《观音经》《三宝经》，道坛由道士念诵《玉皇经》《三官经》《文殊经》《罗祖经》《关圣经》，时间均为七天六夜。头七天五夜，三坛均诵经，但儒、佛二坛自始至终只用木鱼之类小道具，俗称“静念”；道坛诵经则鼓乐喧天，俗称“响念”。其间，念经道士需安排3个下午巡游全村家家户户和所有池塘，各家各户要备香案，用竹筒盛白米一升置于香案上，米上插上由道士事先制作的神主牌，牌前设香火、果品供奉，道士巡临要在神主牌前施礼、念咒，

念儒经（2007年）

在每口塘边插香一支。道士最后一次巡游时，各家各户需将白米送予道士，并让道士将神主牌收归庙中火化。

醮会最后一天晚上，三教集中于玉皇宫门前坪中举行“放蒙山”（又名“施食”）仪式。坪中一角从醮会第一天起便安放有纸糊的“鬼王”（又名“大山人”）、麒麟、龙、狮、象等。上方用方桌搭一高台，台上供奉救苦天尊等神像，一道士坐于高台，向所谓的“孤魂野鬼”们讲经说法，劝善改恶，祈求神明大发慈悲，普度他们早离苦海、尽早超生。讲经完毕后，村庄四周高山上点起火把，在坪中置餐桌，设酒、饭、牲畜祭席款待“孤魂野鬼”，并烧纸衣冥钱相送。“放蒙山”仪式结束后，在坪中烧化所有纸扎品，谓之“送神”。至此，醮会结束。

胡太公庙会 又称胡公庙会、太公庙会、凌霄阁庙会。源于明代。每年农历四月初一至十一日举行。为组织此庙会，按照自愿加入原则，村中成立民间股份制组织“甲”（2016 年全村有 11 甲 330 人），每“甲”30 人，一人即为一股，每股需交一定数额的钱、粮。庙会由各“甲”轮流主持，轮到者俗称“当值甲”。庙会前“当值甲”要召开股东大会，选出若干名“值士”（管理人员）管理财务、会务、食宿等事宜，安排总管、管钱、管数、采购、内局、外局、管凳桌、管碗筷、管茶水、打铳、做饭、担水、烧水、打杂等 15 个岗位 28 人。

传说四月初八是胡太公生日，也是神明显灵救助百姓的日子，故胡太公庙每年此日均举行大规模游神活动。游神的头天晚上，“值士”要公布抬菩萨人员名单，这些人均为在胡太公庙许过愿的村民。四月初八早饭后，“当值甲”要选派数位懂礼仪者率众

胡太公庙庙会（2008 年）

先到庙里上香进供，随后将胡太公及其左右两将塑像从神龛中“请”（抬）下，用新毛巾、新脚盆、新鲜水为3尊塑像“沐浴更衣”后，安放于神轿中。时辰一到，按自古以来规定的路线开始游神，前边由“三边统”手鸣铳开道，接着是由持“肃静”“回避”牌（各1人）和扛木大刀、木长矛、木槌（各2人）组成的仪仗队，仪仗队后面是“神轿”（规定8人抬轿），再后是鼓乐队和戏班演员装扮的“八仙”，最后是本“甲”善男信女和村民、看客。一路上彩旗飘扬，铳炮轰鸣，鼓乐喧天。所到之处，家家户户摆供桌，设果品、荤菜、茶酒，点烛焚香，鸣鞭炮迎接，主人要鞠躬唱和，施礼祷告。经过寺庙，神轿要进寺庙停驻，集体上香，随行道士要上“表文”以示沟通。

游神时间为一天。胡太公庙有左、中、右3扇大门，游神队伍需从左门出发，经高排、面北庄、道堂上、布头脑，再折向南，经大门市、溪背、南坑、江下湾，然后再向北，沿塅上、祠堂边、背寮、莲塘下返回，从胡太公庙右门入内，将神轿停放于大厅，由扮演“八仙”者上前“打天官”，唱颂“太公今日出游，四方信士护驾，诚祈国泰民安，保佑五谷丰登，上苍讫运安康，神主赐福吉祥”等吉言。村民膜拜后，再由道士“上奏表”，杀鸡供奉，最后“请”（抬）胡太公归位。

庙会前后，胡太公庙前搭台演戏一个多月。所演剧种为祁剧、采茶戏，节目需经“当值甲”首严格挑选，反映李唐王朝的宫廷戏《皇亲国戚》《打金枝》等为必演节目，常演剧目有《状元与乞丐》《春江月》《断臂姻缘》《寿旦记》《借妻》《白蛇传》《秦香莲》等。因四月初八为胡太公生日，故规定四月初八、初九两天只能演正剧或喜剧，不准演悲剧，其余日子则随意演出。届时，每天前来上香进供的善男信女和观众络绎不绝。

将军庙会　源于明代。每年举行2次，一次始于正月初一，一次始于农历八月十五日，每次为期5～8天不等。组织形式与胡太公庙会相同，由“当值甲”主持，但庙会经费由庙产负担。清代起，届时庙前搭台，请村里陈姓艺人表演木偶戏一次。1949年，庙宇倒塌，庙会终止。

相公庙会　源于清代。每年农历七月举行。届时请村里陈姓艺人表演木偶戏7～8天。组织形式与胡太公庙会相同，旧时设有“甲”五六个，置有田产作经费。20世纪90年代停办。

七仙庙会　源于明末清初。每年春夏小孩易发痘季节，村中妇女云集庙中上香进供，保佑家中小孩平安无事。届时有庙会，请村里陈姓艺人表演木偶戏2天。20世纪

50年代初活动停止。

谷雨庙会 源于明中期。旧时，村中设有谷雨会，专门醮祭无主坟墓，村民自愿加入，需交纳一定数额的会费。每年谷雨季节，谷雨会众齐聚庙中，用会中统一准备的香烛、纸钱醮祭无主坟墓，在庙中烧纸钱，请“谷雨神”发给无人照看的“孤魂野鬼”。民国年间停办。

拔河 是东龙的一项传统民俗活动，起源于明代。关于该项活动的来历，还有一则传说。据说，东龙东西长，南北狭，头尾小，中间大，其状如“船”，船有水才能远航，但村中偏偏只有小溪3条，致使东龙李氏先祖创业维艰。一日，神仙托梦相告李氏先人，告之东龙这条大船因为邪魔作怪，已经搁浅，如不赶紧动员全村同心协力把船拉上航道，就会大祸临头。先人忙问有何办法可以解决？神仙相告：“要使大船永远航，年年七月去拉纤。”为此，东龙便有了一年一度的拔河活动。

活动在每年农历七月十四日至十六日举行，由宗族主持。拔河用绳由斯文长选派身强力壮的青年后生采伐毛竹、收集稻草，再由村中篾匠将毛竹制成篾丝，和稻草揉编而成，绳粗如碗，长三四十米。七月十四日晚，3遍铳响后，全村人齐集圩场水塘边，以圩场街道为界，按居住地分成东、西2队，各推代表上阵较量。每场比5局，以5局3胜定输赢，连续比赛3天5场，最后以5场3胜定优胜。拔河中，如拉断缆绳，视为大吉，大家欢天喜地，各抢一截断绳回家。如3天中没把绳拉断，缆绳则归胜方，由胜方当场砍断，分给各家各户，回家燃烧照明，以示避邪纳吉。

朝华 “朝”即朝拜，“华”即花（佛身莲花），其意为赴寺庙朝拜菩萨，是乡民自发组织的一种大规模拜佛进香活动。每年农历八月初一至十五日进行。

东龙的朝华活动大约兴起于明中期，此后经久不衰。每年一到农历七月底，村中便

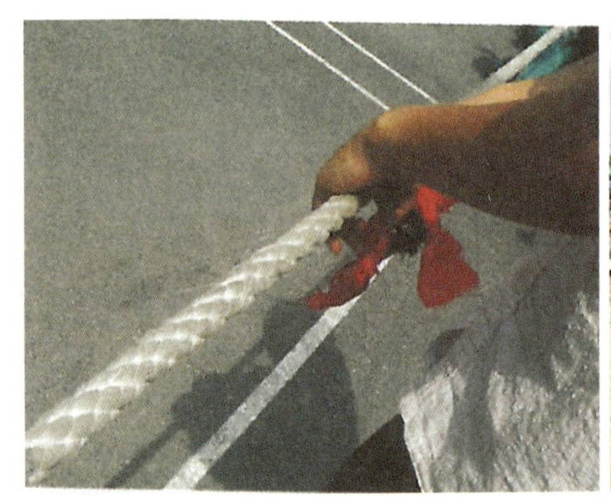

拔河（20世纪80年代）

朝华（2016年）

家家打扫房前屋后卫生，洗刷锅盆碗筷等餐具，俗称“洗行礼”，以示对佛敬重，表达礼佛诚意。从农历八月初一起，户户吃素，村民成群结队，携带香纸蜡烛和食油（植物油），由“三边铳”和华盖引领，在锣鼓、唢呐伴奏下，分赴名山古寺朝拜进香，有的带着某种目的去许愿，有的为已经实现某种愿望去还愿，有的则去祈求家人健康、家业兴旺，一路上鼓乐喧天，热闹非凡。这一活动几乎家家有人参与，中老年妇女尤为虔诚。

◉ 特产美食

特产

百风粘香稻 东龙传统稻种之一，始种于明末。属一季晚稻，高秆、中熟品种，适种垄田，产量不高。黄壳白米，米形细长，白色透明，含蛋白质高，所成米饭柔软，口感极佳，浓郁清香，食欲感极强，有“无菜能咽三碗饭”之说。苏区时期，被红军称为“米中上品”。中华人民共和国成立后，曾在宁都苏区战斗、生活过的许多中央领导常常念及此米，县内曾分送有关中央领导品尝，故人们又趣称其为“贡米”。人民公社化时期，因推广双季稻，种植极少。2016 年仅少量种植。

刁被红 东龙传统稻种之一。始种于明代。适种深泥田、锈水田、冷水田，具有耐脊、省肥、抗寒特性，抗锈性尤强。谷壳赤红，米皮红色，米质白里透红，色泽晶莹。所成米饭色香独特，苏区时期深受红军喜爱，“红米饭，南瓜汤……”歌词，也包括刁被红在内，当时人们趣称其为“红军米”。

大禾米 东龙传统稻种之一。由百风粘与大冬糯杂交而成的品种。一季晚，迟熟，穗头大，谷粒多，适种深泥田，耐寒，抗病，产量高，米质细长柔软、黏性强、口感好，多吃腻人。民间专门用来加工黄糍。2016 年村中零星种植。

大冬糯 东龙传统稻种之一。为民间酿酒和加工糯糍的大宗原料，也用以加工“冬粉”（俗称“锡粉”“糯米粉”）。高秆，迟熟，适种深泥田，穗大，一般每穗长谷 200 多粒。米质糯性强，出酒率高，酒味醇香。2016 年仍有种植。

茶油 东龙种植油茶历史悠久。由油茶籽榨制的茶油属优质食用油，具有色清味香、久储不败、不含芥酸等特点，不饱和脂肪酸含量达 94% 以上，能预防高血压、冠心病、高胆固醇病等，被誉为“保健油”“高级营养油”。古时，村民食用油半数为茶油。2016 年村中仍出产。

白莲（2008 年）

白莲 又称通心莲、莲子、贡莲。清末从浙江湖州引进。1998 年从广昌引进“赣莲 -627”，2000 年引进“太空”等新品种。椭圆形，乳白色，富含淀粉，并含有多种维生素，具有滋补、清热功能。莲子可捅去莲心，故又称“通心莲”。莲心呈绿色，味清苦，可入药。东龙所产白莲以色白粒大、质好耐炖、熟而不烂不糊、香味浓郁、营养价值高而闻名，曾一度上贡朝廷，故有“贡莲”之称。近几年，每年全村种植 300 亩左右，亩产约五六十千克，主要销往广东、福建、上海、河南等地。

苹果 1966 年春，村中背寮农民李梓呈因病住院，医院供给苹果 0.5 千克。他吃后留下种子 8 粒，病愈回家后播种，当年育出幼苗 3 棵，次年春分别移栽于菜地和空坪上，后成活 1 棵。1971 年，此树开始挂果，收摘 2 只。1978 年，收摘 300 多只计 120 多千克。1972 年，因见李梓呈试种苹果成功，有 6 户人家从他那棵苹果树上切枝种植，成活二代树 18 棵，并于 3 年后陆续挂果。1982 年，县农业部门从浙江调进苹果苗 2000 株在东龙试栽，大部分成活，部分于次年开花挂果。1983 年 8 月 28 日，省农牧渔业厅、省农科院果树研究所专家到东龙考察，认为东龙苹果具有“国光”和“青香蕉”品种的杂性，比四川“麻皮”好，比引进的“辽幅”也要好，“在江西是北果南栽的一个突破”“是个了不起的树质资源”。但因缺乏技术，管理不当，产量一直较低。1993 年春，经省农科院牵线搭桥，从郑州果树研究所引进“新红星”“秦冠”苹果苗 3000 株，集中连片种植 100 亩，村委会选派李福生、李良生赴郑州果树科研所学习，回村后负责指导全村苹果

烤烟（2016 年）

种植技术。经精心管理，苹果树长势良好，部分于第二年开花挂果。2000 年前后，因自然条件变化、技术和经济效益等原因停种。

晒烟 俗名“黑老虎”。明天顺年间（1457—1464）从日本传入。以“铁人”品种居多，株高约 1 米，抗病性强，耐肥高产，亩产一般在 150 千克左右。叶呈长卵圆形，长约 0.6 米，宽约 4 厘米，晒干后呈深褐色或紫褐色，叶肉肥厚，且有韧性，折叠不断裂，油分足，香气好，含糖量较低，蛋白质和烟碱含量高。因烟味浓烈，刺激性厉害，故名“黑老虎”。20 世纪 70 年代前，村中大量种植，多时面积达二三百亩。20 世纪 80 年代后，因引进烤烟，逐渐淘汰。2016 年，仅个别人零星种植。

烤烟 20 世纪 60 年代引种。先后种植过云南叶、螺丝头、河南齐庄多叶、大黄金、金星 6007、红花大金元等品种，具有含磷钾高、含碱量低、香味纯正、色黄质软、燃烧性能好等特点。20 世纪 80 年代至 90 年代，全村每年栽种 600 亩左右，产烟叶约 30 吨。2001 年后，因烤烟种植费时耗力，而青壮年多外出务工，种植面积逐年减少。2005 年停种。

鲮鱼苗 鲮鱼学名“扁吻鲴”。体型小，最大体重 0.2 千克左右，状似雪鲢，头小，肉多且嫩，耐低氧，疾病少，择食性强，不与“四大家鱼”争食，群养产量高。属鱼塘搭配饲养杂鱼，每亩水面可搭配 500 余尾。东龙自明代中期就能繁殖鲮鱼苗，而且量大、影响广，在闽、粤、湘、赣 4 省独树一帜。每到鲮鱼苗成熟季节，各地商贩云集东龙，争相选购，人数多时达一两百人。后因村中池塘荒废，20 世纪 90 年代停产。但其技术因婚嫁，由东龙女传入县内钓峰曾村，后曾村家家户户掌握此技术，今已成为远近闻名的鲩鱼苗繁殖基地。

蜜枣 始种于清代中期。以果实大，内质厚，入口清甜，味道鲜美闻名于世。清代中后期，村中遍植蜜枣，春天枣树勃发，嫩枝绿叶，一片葱茏；夏天枣花朵朵，白云缀枝，满目银色；秋天满株金叶，红果累累，枣香四溢，枣林成为东龙一道亮丽的风景，引得人们流连忘返。2016 年，全村仅存枣树 2000 余株，产枣 20 余吨。

牛心柿 始栽于明代。为东龙传统水果名品，清《江西通志》载为江西“三柿”之一。果形蒂大端小成尖状，宛如牛心，单果重 0.2 千克左右。鲜果可退涩生吃，柿肉脆甜。含有多种营养成分，可溶性固形物 19%，转化糖率 14.6%，游离酸 0.09%，具有清凉、降血压功效。也可晒干加工成柿饼。2016 年，村民仍零星栽种。

席草 始种于清代。原种植三角草为主。1965 年，从浙江宁波引种圆草，并引进草席加工技术。所产草席秆茎整齐、粗细均匀、席面平整、紧凑密匝、颜色青黄、感觉凉爽。有宽度不等 10 余个规格，曾远销广东、福建、江苏等省。20 世纪 70 年代至 80 年代，为村中主要副业项目之一。1990 年后，因劳力多外出打工，种植、出产渐少。2000 年停种停产。

大蒜 东龙传统农作物之一。家家栽种。个头大，单棵重者达 0.25 千克左右，产量多，青嫩味香。20 世纪 50 年代至 80 年代，全村每年栽种二三百亩，出产二三十吨，主要销往宁都县城和广昌、石城、瑞金、宁化等地。2001 年后，种植量渐少，以自给为主，少量上市。

蜜枣（2009 年）

薯粉 以紫皮黄肉和“胜利”号红薯为多，出粉率高达28%左右。薯粉色白、无杂质、柔滑，薯渣可作饲料和酿酒原料。年产约20吨。

泽泻 中药材。始种于清末。一度以种植多、质好闻名。20世纪70年代至80年代，全村年产30吨左右。2001年后，因大量村民外出务工，仅少数人种植。

白花茵陈 野生药材。俗称石榴锁。菊科，多年生草本。中医以其嫩茎、叶入药，性微寒，味苦，有消热利湿功能，可治湿热黄疸、身热尿赤等症。旧时，出产量大，多经广东销往东南亚各国和中国港澳地区。人民公社化时期，县医药公司曾组织收购。2016年，村民多自采用以泡茶消暑。

美食

麻糍 又称糯糍。源自吴越之俗。村民春节必备食品之一，逢喜庆必以此作点心招待客人。以糯米为原料。其制作方法为：将糯米浸泡一天一晚，滤干入甑蒸熟后，倒入石臼用木杵舂烂（俗称“打麻糍”），取出撮成乒乓球大丸状即成。现吃，蘸上豆粉、芝麻、红糖即成，香软适口。冷却后可储存，食时既可直接油炸、温火油煎，也可烤或煮食，还可切成薄片晒干，待煮擂茶、米糊时油炸后碾碎作香料。

打麻糍（2015年）

黄糍 俗称黄元米果。村民春节必备食品之一。以大禾米为原料。其制作方法为：黄端木（俗称“班权”“吊茄子”）晒干烧成灰制成碱汁，在淘洗干净的大禾米中拌入碱汁浸泡一天一夜，入甑蒸熟后，倒入石臼用木杵舂烂（俗称“打黄糍”），趁热取出，用麻线分切揉压成圆或方块，冷却后即成。颜色嫩黄，晶莹剔透，耐煮不糊，口感柔中带韧、香甜滑润，放入淡碱水中可久储不坏。煮、炒、煎、炸皆可，一年四季均有，冬季尤盛。

黄糍

擂茶 “客来茶当酒”是东龙的古风美德。东龙食擂茶习俗源自唐代，盛于宋代，一般用来招待女客，有“好男不吃茶”之说。依用料不同，东龙的擂茶分为水擂茶和米擂茶。水擂茶制作方法为：将碾碎的茶叶、油炸花生米、芝麻、橘皮、肉桂、甘草、生

喝米擂茶

米擂茶作料

擂水擂茶

姜等与猪油或植物油、食盐混合，用擂钵擂成泥状（俗称“茶泥”），以炸熟或炒熟的芝麻、花生、豆子、糍干，切碎的韭菜或其他青香料，炒熟的油豆腐丝、瘦肉丁作作料，将烧沸的白开水冲泡茶泥搅匀，再加上作料即成。“茶泥”既可现吃，也可罐装密封留存，随吃随取。米擂茶的制作方法为：将粳米浸透擂成米浆（或将米粉调成米浆）入温水搅匀煮熟，加入炒熟的韭菜、蒜等香料，肉丁、豆腐丝、油炸花生米、豆子、糍干、赤小豆、豌豆等作料即成。

村民一般儿女结婚、小孩满月要煮“满月茶”，小孩学走路要煮“行路茶”，花朝节要相互煮擂茶招待亲友四邻。

豆腐 东龙豆腐具有色白光洁、细腻柔滑、鲜嫩脆爽等特点。其制作方法为：选上等大豆为原料，去壳洗净后入水浸泡适当时间，石磨磨成浆后，用纱布榨取生豆浆 2 次入锅煮沸，煮时温度保持在 90 ~ 110℃间为宜，边煮边捞去浮泡。豆浆煮好后以石膏点卤凝固（需时约 15 分钟），再将豆腐花用布包住，放入专制方木格，上盖木板加压 10 ~ 20 分钟，压尽水分即成 。其吃法有红烧、油炸、水氽、黄焖等，也可与鱼头、猪肉、猪肝、白菜等一起烹制佳肴。

魔芋 学名蒟蒻。将魔芋根块去皮磨成浆液，拌少量石灰水，经钙化后凝结成块即成。其色淡褐，状如豆腐，松爽可口，有降血压、血脂功效。切片荤、素炒均可。

猪案　　肉撮

做豆腐（2009 年）　　骰子块

猪案　东龙独特风味菜。其制作方法为：将切好的五花肉放入冷水锅中，猛火煮沸后，改用温火密煮，三四小时后起锅盛于碗盘中，浇上水酒、盐、胡椒即成。视各人口味，可蘸酱油、五香粉、辣椒等食用，具有香浓爽口、油而不腻等特点。

肉撮　东龙最具特色的传统名菜之一，宴席必不可少。取猪后臀瘦肉，置石臼或专用机械中粉碎成肉茸，每斤肉掺入五六两薯粉和适量盐、水调成糊状，用手撮成一个个丸状肉球，放入清水或肉汤中煮熟，食时拌酱油、麻油、辣椒、萝卜干、葱、姜、蒜等作料即可，也可切片炒辣椒做菜。

骰子块　又名筹子块，宴席必备菜。将猪腰肉连肥带瘦煮至八成熟，捞起切成约 2 寸见方的方块，再回锅加入盐、酱油及少许食用胭脂红焖烂即成。色红，柔中带韧，滑润可口，油而不腻。

擦菜猪肉　置肉块于水锅中炖煮至八成熟，捞起切成方块，入盐置于盛有泡开之干腌菜（俗称“擦菜干”）的碗中，入蒸笼蒸 10 分钟左右即可。入口香中带酸，油而不腻，久存不易变质。

大块鱼　也称黄焖鱼。将草鱼切成一寸左右宽的鱼块，入油锅略经油煎后，佐以大蒜、青椒，加适量水酒焖煮而成。鱼肉表面焦黄、肉质鲜嫩，汤汁鲜辣开胃。今已成为客家名菜，曾入选 2008 年北京奥运会和全国“两会”菜谱。

滑鱼

滑鱼 又称蝴蝶鱼。将草鱼切成约1寸宽、2寸长的鱼片，加盐、酱油腌制片刻，再将鱼片裹上一层薯粉，逐块放入沸水中，待鱼片外层薯粉煮至透明状时捞起，放入冷水中冷却片刻，再将鱼片放入沸水煮沸，加入麻油、葱花、姜丝或胡椒粉即可。食之嫩滑、鲜甜。

拌蕻菜

拌蕻菜 东龙最具特色的家常菜，今已流传至赣州、南昌等地。将青辣椒以竹丝穿连，投于灶膛火灰中煨熟（今多以火烤熟），取出洗净放入擂钵与盐、大蒜一起捣碎（俗称“姜盐”）待用。将掐好的蕻菜入沸水氽焯，捞起沥干倒入盛有“姜盐”的擂钵中，加少许熟油拌匀即可。色泽油亮，红绿白相间，入口轻柔滑爽、辣嫩开胃。夏秋两季，几乎家家每餐必有此菜。

霉豆腐

霉豆腐 传统家常菜。冬季过后，将豆腐沥干水，切成1寸见方的小块，以干稻草相隔，分层放入谷箩中发酵，待豆腐块长菌时取出，外面蘸上一层入盐的红辣椒粉后，置入罐中密封。食用时，提前数天开罐放入适量冷开水或水酒即可，放入熟油、酒酿或白酒则可久存。色泽红艳，入口绵滑，味道香辣，旧时为普通人家的必备菜，今则成为开胃佳品。

腊肉 将猪、鸡、鸭肉或鱼入盐和调料腌制后，晒干即成。味香韧，易久存。因冬天晴日多，且天冷，天气适宜晒物、储藏，一般立冬后制作。

芋（薯）包子 东龙传统小吃，待客上品。主要原料为芋子、板薯和红薯粉（或米粉）。制作方法为：将芋子（板薯）煮熟捣烂成泥，加入适量红薯粉（或米粉）、食盐、葱花，搓匀揉成丸子，入八成热油锅油炸，待其呈金黄色浮于油面即可。表皮爽脆，内部香滑，柔韧滑口，清香味美，口感极佳。

酒酿 东龙传统饮品。酿制方法为：将糯米浸透沥干后蒸成饭，凉至半热时调入一

烧芋包子（2008 年）

焐水酒（2012 年）

定比例的酒曲（俗称“酒饼”“酒引子”）和调色的红曲，再放入酒缸盖紧发酵，十来天后即成。其色黄澄清亮，不糊不浊，开坛满屋清香，味如蜜汁，入口温醇，后劲强。过去多用于招待贵宾。

水酒 糯饭完全发酵成酒酿后，对入一定比例的冷开水，数日后沥尽酒糟即成，烈度因对水多少而不同。饮时装坛用秕糠等焐沸即可。其色清冽，味香甜，既可用以待客，也常备自用。

谷烧 粳谷洗净入甑蒸熟，拌上酒曲，发酵半个月左右后，用蒸馏甑取其蒸汽，冷却后即成。性属白酒，味道甘洌醇厚，酒精浓度高，但不上头。过去主要用于待客。今生活水平提高，宴客一般改用品牌白酒、啤酒、红酒或饮料，谷烧多自用。

◉ 方言谚语

方言 东龙属古越地，全为客家人，其方言具有中原古音与本地“土著”语合璧的特点，从土著语中吸收部分词语丰富了自己的词汇，再按自己内部规律继续发展。在方言地理分布图上，处于赣语和客家语交界线上，基本属客家方言，但有些语音、词汇与纯客家方言有所不同。语音方面，有阴平、阳平、上声、阴去、阳去、阴入、阳入 7 个声调；声母比普通话要复杂一些；韵母有阴、阳、入三类，合口呼只有 u、uei 和 uk 三韵，没有撮口韵，比普通话韵母也要复杂些。词汇方面，单音词多，保留了相当的古词，但随着社会的发展，吸收了许多普通话的新词语，并创造了许多新词语，代替那些原先过于生僻的词语。语法方面，与普通话基本一致。

部分东龙方言与普通话对照表

表 5

词类	方言	普通话	方言	普通话	方言	普通话
自然现象	日头	太阳	落雪	下雪	杠	虹
	月光	月亮	打雷公	打雷	懒屎星	流星
	米头雪	小雪	落雨	下雨	蛇子焰	闪电
	膨雪	鹅毛雪	薄	雹	油光淌	冰冻
时间节日	朝晨	早晨	挨夜边	黄昏	旧年	去年
	晏昼	中午	今朝	今日	夜掉里	天黑了
	下晡	下午	外后日	大后天	几里八早	很早
	日晨	白天	向前日	大前天	春间	春天
	夜晡	晚上	明朝	明日	冬下	冬天
房屋建筑	茅茨	厕所	烟筒	烟囱	壁佛眼	墙洞
	灶前	厨房	烂泥	泥土	厅下	厅堂
日常生活	朝饭	早饭	烧酒	白酒	秆扫	扫帚
	昼饭	中饭	水酒	糯米酒	秆衣	稻草
	夜饭	晚饭	滚水	热水	衫裤	衣服
	饭	大米饭	嘎嘎	鸡蛋	清汤	馄饨
	面	面条	煎水	开水	河搭	锅盖
	灰面	面粉	洋油	煤油	冷水	凉水
	麻油	芝麻油	洋火	火柴	尼色	耳环
称谓	斜公	亲家公	婆婆	祖母	丈人爹	岳父
	斜母	亲家母	爸爸	父亲	丈人姐	岳母
	伯伯	伯父	姨爷	母亲	赖子	男孩
	叔子	叔叔	老公	丈夫	妮子	女孩
	姊姊	姐姐	老婆	妻子	郎中	医生
	公公	祖父	丈公	女婿	叫花子	乞丐
动物名称	这	猪	蚁公	蚂蚁	崖鸪	老鹰
	雁鹅	雁	狗婆蛇	蜥蜴	蚂蛤	蟾蜍
	猫脑雕	猫头鹰	襄蜂	蜜蜂	脚鱼	鳖
	麻雕子	麻雀	乌蝇	苍蝇	乌乙子	乌鸦
	豺狼	狼	河鞭	蚯蚓	王擦	蟑螂
植物名称	麦子	小麦	雪豆子	豌豆	粟子	高粱
	苞粟	玉米	马荠	荸荠	豆子	大豆
	荔瓜	黄瓜	金针菜	黄花菜	蒜子	大蒜
	蕃莆	南瓜	菇	蘑菇	木葱	葱
	茄椒	辣椒	弯弓	生姜	枞树	松树

续表 5

词类	方言	普通话	方言	普通话	方言	普通话
身体部位与疾病	面	脸	顺手	右手	摆子	疟疾
	额门	额	反手	左手	变症	抽筋
	鼻公	鼻子	脑盖壳	头颅	猪牯晕	癫痫
方位词	上高	上面	外边	外面	前高	前面
	下高	下面	侧岸	旁边	后高	后面
	里高	里面	近边	附近	督下	底下
动词	食饭	吃饭	车水	戽水	哇	说
	食茶	喝茶	发始	开始	行	走
	洗汤	洗澡	行嫁	出嫁	冇	没有
	着衣	穿衣	归家	死	揩	挑
	累人	辛苦	斫柴	砍柴	拧牛	放牛
	歇眼	睡觉	赶圩	赶集	多承	感谢
	嗨造	玩耍	小意	耐心	了尾	结束
	学书	读书	挂意	挂念	养这	养猪
	剃脑	理发	瞢	看	养祭	养鸡
形容词	好过	舒服	迟	晚	充相	嫌弃
	癌楼	顽皮	泰	大	乌	黑
	蜡答	不卫生	细	小	呷察	勤劳
	赖败	不讲究	灵气	聪明	茫	长
	鲜	稀	脸面	光荣	拧	短
	揭或浓	稠	灵地	干净		

谚语

气象谚语

六月六，晒得鸡蛋熟。

七月秋风起，八月秋风凉。

吃了端午粽，还有三日冻。

春分秋分，日夜平分。

春无三日晴，夏无三日雨。

小满不满，有水洗碗。

四月栽禾寒，十月小阳春。

过了七月半，一天短一线。

头年草发白，来年定遭旱。

立冬晴，一冬晴。

冬日南风三日报，三日南风狗进灶。

家具回潮，有雨必到。

盐钵潮有雨，盐钵干天晴。

烟筒不出烟，定是阴雨天。

草木灰结团，天气主变脸。

蚂蚁牵线，大雨倾盆。

鸡宿早晴，鸡宿晚雨。

芒种火烧天，夏至雨绵绵。

头伏雨涟涟，二伏好晒田。

雷公先唱歌，有雨冇几多。

东虹日头西虹雨。

久雨见星光，明早雨更旺。

乌云拦东，不落雨便转风。

春季东风雨涟涟，夏季东风井断泉，秋季东风田开裂，冬季东风雪漫天。

正月南风二月雪。

社过南风日日晴。

早风树上叫，风雨地下扫。

日落云连天，必定是雨天。

日落火烧云，来日必天晴。

雷打惊蛰前，无水做秧田。

十月雷打冬，十个牛栏九个空。

朝霞晴，晚霞雨。

蚯蚓叫，天在笑。

蚯蚓滚沙，大雨哗哗。

雨中知了叫，预告晴天到。

蜻蜓结队绕天空，不过三日雨涟涟。

燕子高飞有晴天，燕子低飞定下雨。

鸡在高处鸣，马上要天晴。

猫子洗脸，天将好转。

骨节隐隐痛，不是雨来便是风。

烟绕屋，天要哭。

农事谚语

作物一枝花，全靠肥当家。

有收无收在于种，收多收少在于管。

作田冇口诀，年年把种换。

早禾要栽早，迟禾要栽老。

立夏栽早禾，饿死老鸡婆。

禾耘七回仓仓满，豆锄三遍粒粒圆。

千年萝卜田，万年老秧田。

秧好一半禾，苗好七分收。

谷雨种甘蔗，立夏栽棉花。

只种不管，打破饭碗。

头耕轻，二耕精，三耕地生金。

牛栏要通风，猪栏要干松。

牛是农家宝，作田少不了。

马无夜草不肥，蚕无夜桑不饱。

惊蛰不放蜂，十箱九个空。

牛要脚蹄圆，猪要脚肥粗。

买鸡看爪，买鸭看咀。

人要饭养，塘要肥养。

清明鱼开口，白露鱼闭嘴。

人怕春荒，牛怕饿冬。

鱼塘年年清，养鱼不发瘟。

人老一冬，牛老一春。

林业谚语

前人栽树，后人乘凉。

树是聚宝盆，养山又养人。

山光光，年年荒。

种树无时，莫教树知。

人靠饭养，树靠根长。

高山开荒，平地遭殃。

油茶不割草，一世枯到老。

松树打技如肥浇，杉树打技如火烧。

竹笋不怕千斤压。

陆上千年枫，水中万年松。

三分造林，七分管护。

只种不管，劳累无功。

荒山秃岭常闹灾，青山绿水粮满仓。

栽竹不带鞭，千年只一根。

桃三杏四梨五年，枣树结果在当年。

清明报笋，谷雨成林。

山有森林水长流，山无寸草水断源。

生活谚语

天高不算高，人心还更高。

钱赚钱撑死人，力赚钱累死人。

口说是风，笔写是踪。

好马不吃回头草。

男愁一生打光棍，女愁一生嫁错人。

人心难测水难量，日子好过世难过。

树怕剥皮，人怕伤心。

路坏有人走，人坏有人逢。

教的笛子吹不响，捺的鸡婆不上抱。

天变一时，人变一刻。

十个手指有长短，一人难满百人意。

穷人礼多，赖抱鸡婆屎多。

一男一女是枝花，多男多女多冤家。

油多不坏菜，礼多人不怪。

笑一笑十年少，愁一愁白了头。

人争一口气，佛争一炷香。

有理走遍天下，无理寸步难行。

吃不穷用不穷，不会划算一世穷。

木匠进门烧三日，泥水进门扫三朝。

说的说听的听，头发剃掉还会生。

为人莫做亏心事，半夜敲门心不惊。

上梁不正下梁歪，椽子不正溜掉瓦。

有到八十八，莫笑他人瘸脚瞎。

瘌痢怕剃头，秀才怕过考。

人情要长，数目要短。

多个朋友多条路，多结冤家多堵墙。

人比人气死人，命比命气出病。

喉咙深似海，灶窟大如天。

人情大似债，头顶锅头卖。

歇后语

茅厕里的门搭——有人瞧答

尿桶里洗萝卜——臭邋遢

问客杀鸡——小里小气

阎王开店——鬼怕进门

捉到黄牛当马骑——乱来

额门上贴红纸——出格

颈根吊豆角——声嘶力竭

痛脚吊芒槌——雪上加霜

老鼠掉下白米箩——走了好运

狗屎屙在粪堆上——好上加好

棺材里伸手——死要钱

棺材里搽粉——死要脸

老虎咬蓑衣——无从下口

乌狗偷吃黄狗担当——代人受过

瘦猪婆屙硬屎——逞强好胜

过路郎中医病——当面见功

瞎子点灯——白费蜡

聋子的耳朵——摆设

黄毛鸭子下水——不知深浅

黄连树下弹琴——苦中作乐

菜刀切藕——片片显眼

蛇进竹筒——自寻死路

做天和尚撞天钟——得过且过

猫哭老鼠——假慈悲

苎布洗脸——拧不干

棒槌当针——粗细不分

大水冲了龙王庙——不认自家人

羊肉冇吃倒惹了一身臊（狗肉冇吃倒惹了一身毛）——划不来

鹅卵石砌墙——不稳

门缝里看人——把人看扁

木棍吹火——冇气通

脚底抹油——溜得快

嘴唇抹蜜——哇得甜

被窝里放屁——臭自家

头上生疮——坏透顶

蚊虫叮鸡蛋——无孔不入

贼喊捉贼——倒打一耙

鸡蛋碰石头——不自量力

哑子吃黄连——有苦难言

村落文化

东龙文化丰富多彩，特别推崇宗祠文化，村民喜欢文艺活动，提倡乐善好施。宗祠文化主要体现在建祠、修谱、祭祖等方面，建祠讲究“风水”，修谱讲究规制，祭祖讲究礼仪，而且各房各支还设立祭产作为经济后盾。文艺活动流传已久的有祁剧、宁都采茶戏、鼓子曲、木偶戏等，清末建立业余戏班，近年来又兴起春节联欢活动。村民自古以来热心公益事业，历史上曾设立过义仓田、房份田与丁田、子弟班田、图会、桥会、冷酒会等公益机构。中华人民共和国成立后，为办学兴教、修路建桥、修缮古迹等义举慷慨解囊更是蔚然成风。

◉ 宗祠文化

修谱

东龙李氏历来重视编修族谱，修谱早，且次数较多。每次修谱，需经合族共议，各房推举代表组成相关机构（今称理事会），并选定主修等人员。资金按男丁摊派，由理事会掌管。族谱修成后，要择吉日在宗祠发谱，仪式特别隆重，各房派代表（男丁）前来接谱，届时人山人海，鞭炮阵阵，鼓乐震天，热闹非凡。发谱时要先祭祖，后发谱，古时一般一房设一谱箱，有“抢谱”习俗，而且各房都想抢头谱（俗称“抢头发”），以示人丁兴旺，往往人多势众的房份抢走其他房份的家谱。今之发谱则更为文明，顺序由理事会先行议定，一般按房份辈分和长幼次序分发，发谱范围也大大扩大，个人只要出一定数额的资金也可拥有族谱。各房接到家谱后，敲锣打鼓，簇拥谱箱而回，将谱安放于房祠（或支祠、厅堂）神龛，除每年农历六月六日晒谱外，平时不得随意动谱，如需查阅，得杀猪宰鸡祭祀，昭示祖宗。

李氏上祠族谱编修　始修于明洪武二十五年（1392）。至 1994 年，602 年间共修谱 10 次。

首修于明洪武二十五年（1392）至明成化五年（1469），历时 77 年。李文忠、李玉珍先后任主修；左赞善升翰林学士刘三吾，赐进士、翰林院修撰罗伦分别作序。

二修于清康熙元年（1662）至康熙三十七年（1698），历时 36 年。由李日友、李友夔主修，翰林院学士加一级孔毓英作序。

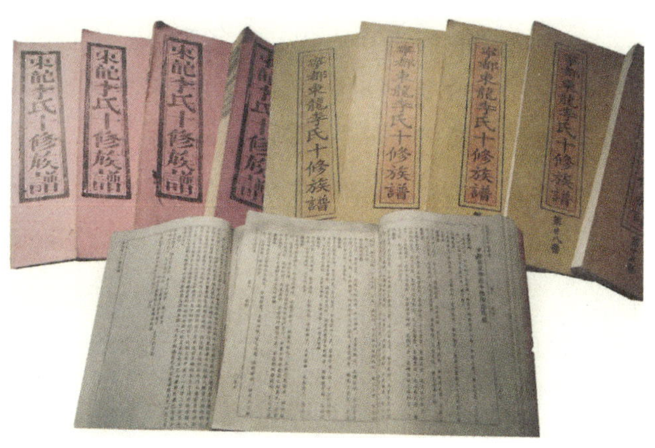

李氏族谱

三修于清乾隆二十一年（1756）。由李自九主修并作序。

四修于清乾隆五十一年（1786）。由李明资、李献珍、李文灡等纂修。

五修于清道光十一年（1831）。由李陶英主修，族裔李衡作序。

六修于清同治八年（1869）。由李祀明主修，族裔、永丰儒学正堂李梦星作序。

七修于清光绪二十二年（1896）。由李捷云主修并作序。

八修于1922年。由李习专主修，族裔、新疆尉犁知事李凝作序。

九修于1944年。由李绍初主修，族裔李逢春作序。

十修于1994年。由李盛春，李焕详主修，族裔李贤森作序。

附1：东龙李氏上祠二修谱序

人非生于空桑中，可不知所自出哉其初，一人之身也分而至于千万人之身，千万人之身一人之身从出也，一人之身千万人之身所从分也，考其源可以知其流，辨其流可以知其源，此谱之所以不可不作矣。予方征同侄金铠，代虔之宁都东龙李玉诊出其家乘征文，以纪世德。余展阅其世系，东龙之有李氏，自翊俊公始。其五世孙层五郎不事勋名，笃志儒行，子二，长大郎，次念四郎，道积厥躬卷舒，不随乎时，其户行诣，如恭郎逸民，如泰郎执德能宏，如清甫理学，如原赋皆能读六艺之文，以采周公孔子之意者。经禄君子人也，见义而必为经达隐者，也心事荦荦，与俗不同。经禄之子文忠与时独秀，出李氏初登黉，叙自其始文忠，年少才俊，词雅意锐，行止取舍，务求合于周孔之道，而亦不失万一。于科甲乃遁其光而不曜至若。与文忠并起者，则又有忠之兄太学生文特。文特有士君子操，自是之后，则奇伟磊落之人居多焉。诸如庭野志道，尚义志林之方直节义，志幼之孝友仁厚，伯虑之公平端雅，志仁之修德就闲，与夫国学生于适之清越绝尘，放情诗酒，不亦皆斌斌君子哉。又况继继成成，而绵绵瓜瓞者乎。我又勖玉珍曰：君子之事亲孝故忠，可移于君；事兄悌故顺，可移于长；居家理故治，可移于官。玉珍其祇承之哉。

明成化五年己丑仲夏月吉日

李氏下祠族谱编修　始修于明正统九年（1444）。至 1995 年，551 年间共修谱 10 次。

首修于明正统九年（1444）。由李思常、李思恒主修，都察院副都御使陈勉作序。

二修于明弘治三年（1490）。由李彦淳等主修，翰林院学士、太子少傅尹直作序。

三修于明嘉靖四十年（1561）至清康熙三十七年（1698），历时 137 年，因族中矛盾纷出，曾多次搁浅。其间，明嘉靖四十年（1561），由李春熏等任主修；明崇祯八年（1635），主修易人（具体人员不详）；清康熙元年（1662），由李希炟等任主修，李希炟作序；清康熙六年（1667），由李腾蛟任主修，詹事府中允、前翰林院检讨方以智作序；清康熙三十七年（1698），由李德愿任主修，翰林院检讨宗敏求作序。

四修于清乾隆五年（1740）。由李锦标主修，族裔李锦标、李譔分别作序。

五修于清嘉庆二十二年（1817）。由李文饶主修，族裔李廷献、李宽分别作序。

六修于清道光二十九年（1849）。由李明训主修，族裔李谷作序。

七修于清光绪十二年（1886）。由李兆祥主修，族裔李兆祥作序。

八修于 1918 年。由李承连主修，族裔李承连作序。

九修于 1942 年。由李廷弼主修，族裔李调元作序。

十修于 1995 年。由李举高主修并作序。

附 2：陇西李氏世居东龙族谱原序一

族谱之作，所以叙人纪而厚世教也。先王之世，人知尊尊亲亲，无弃本遗教之民，故统之以宗法三代而下。宗法既废，世教益乖。宋之欧苏二氏，始因义而为谱，历代尚之以其能维持世教，合乎人情而不失先王之制也。吾邑东龙之有李氏，其先世有唐进士擢知制诰补御史中丞曰汉公者，家世陇右迁居东京左殿背，徒洪都西山，其子复迁抚州之赤栏门，历四世曰太四郎，徒吾邑清泰乡之琳池。其次子孟雄生贤，任翰林侍讲，因家建昌。四子孟威徒建昌府广昌之直寨坝，威生三居士，由制科任黄州刺史。居士生信，举孝廉，任湖南刺史。信三世生翊俊，为宋韶州司户参军，始由石城半迳徙吾邑东龙居焉，至今为巨族。其十七世孙思常、思恒，虑世代之既远瞿恩谊之渐疏，按欧苏例，为谱一帙，因贡赋来京征予叙之。夫三辰顺行，四时代序，天道之纪也；山峙川流，支分派别，地道之纪也；世系昭明，伦常攸叙，人道之纪也。然天地之纪所以悠久者，由一元之气以统之，则人道之纪可以配夫悠久者，抑岂无所统乎。今思常兄弟能纂修族谱以承先德，其所见者大矣。凡皆仁孝之心之所推也，则所以崇基本厚，末收其涣合其离，将千万世同出一源矣，其世泽岂不长哉。

明正统甲子春三月

附 3：陇西李氏世居东龙族谱原序二

天下事乘之远者，不惟有所传，尤在于能为传焉。盍所传莫大于祖宗之积善而能传则系有子孙，二者固本于天而实由于人也。人定而天亦定，故传之永久而弗替。昌黎韩子有言，莫为之先虽美，而弗彰莫为之后，虽盛而弗传，盖有以职其务之大者。东龙李氏为虔南巨族，族之谱成，适予族子汤聘馆其家，偕李君彦谆、彦谟、彦滢兄弟及侄春洪、显荣出其一帙，来请弁言。予览其谱而叹曰：氏族之亡久矣，学士大夫皆置此不务，听其自为，合散至于世远。人繁为子孙者，莫知其所自出，而传所谓尊祖而敬宗，敬宗而收族者，举世皆茫然也。今彦谆兄弟倦倦以祖宗子姓为念，重修族谱以厚本支，以敦恩谊以回风教其贤，于世俗远哉。易曰，积善之家必有余庆。诗曰，无兢惟人四方其训之。李氏此举可以集庆而训四方矣。族子为予言，东龙李氏家世忠厚，风俗纯良，其子弟文雅好学，循循莫不有规矩，岂非祖宗积累之厚？故多贤子孙哉。吾有以卜李氏之昌矣，因为序而归之。

明弘治三年庚戌岁

附 4：原序三原派总考

大江而西之李多宗唐西平王晟，间有宗滕王元婴曹成、王皋。而吾族独宗汉公，其宗二王盖二王曾以藩封出镇。西平则以其子宪曾由江西观察使迁岭南节度使，故其后世遭唐乱而迁入于江西。二王之后亦相率而迁。由是南昌之李渐见繁衍，而子姓分徙于湖东西之间。其在湖东也若抚州、若建昌，由抚、建而入闽；其在湖西也若吉安、若赣州、若南安，由南赣而入广，皆吾李也。南昌之李其最著者丰城之湖茫，吉安之李其最著者吉水之谷村，而赣南之李则推吾宁都而兴国，石城次之，广无闻焉。抚州之李其最著者临川之桥上桐林岭，而金溪之田西、竹源、棠溪次之。建昌之李其最著者南城之麻畲，而新城之竹磜、筠溪，南丰之漕溪、田溪及广昌次之。而闽推清流之长校，其他分徙者不能悉也。予家之谱修于正统，甲子重修于弘治辛亥，而又编定于嘉靖辛酉。按旧谱皆云汉公为御史中丞，由东京隐于洪都之西山，复徙抚州之赤栏门。四传而生太四郎，由抚州迁宁都清泰乡之琳池。太四郎有子四，惟孟烈居东山坝，大则分徙清流，雄徙南城焦田，威徙广昌直寨坝。四传而至德荣，由直寨坝徙石城半迳，再传翊俊公徙吾东龙，此则汉公而下十世也。万历丙辰谷村来会谱，天启壬戌长校继之，但两谱俱祖晟公。吾各有所宗不敢从，至康熙甲辰，麻畲宗人持金字玉牒来会，中间所载威信二公与予谱合，而麻畲则祖滕王。其祖晟公者，则以晟为高祖十二世从孙。祖滕王者，则以晟为高祖六世孙。以唐世系考之，六世者犹为近，十二世则失之远矣！谷村谱云，晟父钦仕，唐为太保。麻畲谱云，晟父班相。肃代朝唐书晟公传未载所生。又云世以武力仕位，不过裨将，其父非太保宰相。可知元婴为高祖幼子，封于滕后，虽开府洪都，然洪都非滕地也。谱图则云，守洪都为滕王，又云生于贞观四年，序又云贞观十年。以元婴为滕王出镇洪都，按元婴贞观十三年始受封，安得有十年分藩，六岁出镇之事？要之，祖晟公者不得宗唐，祖滕王者不得牵合晟公，是晟、滕二王皆非汉公子孙所得而宗祖也。近世之谱，多以援引特远，遂承讹袭谬之弊。而吾家旧谱则始于汉公，公先世不无可考而不敢列之系传者，亦惟守先人之旧已耳。或曰，谱莫善于欧苏，欧不赏宗夏禹，苏不赏宗高阳乎。今诸族皆宗皋陶、老聃，而吾谱独阙之，何以知姓氏所自出，予曰皋陶又何所自出乎。指官为姓，食木为子，天下之李皆云，然矣！吾从旧谱宗汉公即吾皋陶也。且吾邑十族琳池而外，有居东山坝者、大富者、李家坊者、石上者、古夏者、平田者，其在城则有居衙前背者、西关者。今昭穆尚未得叙，而况远引旁及乎。自翊俊公迁东龙历今二十有七世，其世次班班可考。吾为东龙人，则谱吾东龙李而已矣。

康熙七年戊申岁三月

附 5：陇西李氏世居东龙族谱原序四

族之有谱犹国之有纲，上以纪祖宗而下以叙子孙，昔人伦之佝矣！余昔待罪宫采得读中秘书，知李氏为古今著族，而天下之李远祖，皋陶、老聃近宗陇西西平，盖功德盛，其裔子昆孙蕃祉贵昌，所固然也。予交宁都曾青黎，策杖金精十二峰间，与易堂诸子相友善。易堂之长为李咸斋，曾青黎则又娶其兄女，故之李氏聚族东龙，而子姓繁盛，以文物礼让世其家，有古淳庞风，为宁都巨族之冠。丁未咸斋寓书来青原，以所撰谱志嘱予为序，予览其与族人书宗派考及里居数志，条理井井，相见先人保世滋大不可以，幸得而予，谓其不远，祖皋陶而以汉公为始祖，尤为有见。昔明高皇帝既定天下，以省孤不获知族所自出，欲推祖紫阳，时有寒士姓未者，召而问为紫阳后乎，对曰：非是。帝乃叹曰：一介之士不妄祖其祖，况天子乎。是以大祀，有皇初祖之号。而历代之祖黄帝、尧舜者，悉不相沿袭，此真超绝百代之识也。今咸斋意正相类书至，予有武夷之游久阙不报，己酉二月，魏冰叔书言咸斋以戊申十一月，即世同堂士举其大节。私谥贞惠先生其病革时，所属诸兄弟朋友者，惟宗谱一事余自恨逡巡负良之言，乃大息执笔，追叙其志。呜呼，贞惠先生之于族可谓勤矣，而一推于父兄之志与族属之贤者，其言忠厚恻怛，盖不必览世次图系，而孝弟仁爱之心油然而生，李氏其克昌勿替也哉。

康熙八年己酉岁孟夏月

族规 东龙李氏上、下祠在首修族谱时便订立族规，后每次修谱均加以完善。今上祠保留较完整的族规形成于 1918 年，下祠保留较完整的族规形成于清嘉庆二十二年（1817）和 1995 年。

上祠 1918 年族规主要以家训（嘉言）形式出现，只有孝弟力田、冠昏（婚）丧葬 2 条。

下祠清嘉庆二十二年（1817）族规共分 9 条：一曰肃家声；二曰严庭训；三曰急公赋；四曰崇斯文；五曰勤周恤；六曰扩祭产；七曰建坟茔；八曰筑土围；九曰蓄峦林。清道光二十九年（1849）六修族谱时，又增加“继宜慎”“婚娶宜慎”2 条。1995 年十修族谱时，族规完善成 10 条：一为孝敬父母；二为和睦兄弟；三为睦宗谊；四为勤职业；五为严家训；六为急公赋与公款；七为重贤能；八为重祭祀；九为建坟茔；十为蓄林木，另加《结婚凡例》禁止同姓通婚，及独生女可承宗接祧、外编收归正编凡例各1条，既保留旧族规的精华，又与时俱进，有新的发展。

东龙李氏旧族规，在倡导爱国爱家、遵纪守法、照章纳赋、敬祖崇先、尊长爱幼、恤贫济弱、修善积德，以及褒奖忠孝、节俭、乐输、贤淑等方面（如坦夫房29世李令棠因关心宗务，死后族赠“古稀正直”；李令辉因捐资修桥获族赠“朴厚勤能”、乡赠“友恭端厚”，其妻获赠“慈淑贤能”），都具有积极意义。但在“继宜慎”中要求长子无嗣，诸弟需将子孙（可延至9代）过继于长兄为嗣，并强调“万不得已抱姑姐妹之子，则必年过五十，且明告宗族，方许入谱。断不可以异姓继为己子，以弟继兄，以孙侄继伯伯，以免混昭穆而乱宗法”，在“婚娶宜慎”中禁止族人娶曾嫁于同姓之妇，惩戒中动用家法私刑处人以死［如清咸丰年间（1851—1861），一族人因吸食鸦片，偷卖一穴祖坟给外姓被活埋］等做法，都明显带有封建礼教、歧视妇女的烙印。

附6：宁都东龙李氏十修族谱族规

孝敬父母　生我者父母，幼而鞠，长而教，抚育之劬劳恩深似海。不敬父母，其心何在。对父母切不可失养失孝，毋忘恩义。

和睦兄弟　兄弟同根生，如同手足。兄弟之间，宜相依恃，和睦相处，患难与共，切不可因名因利伤害骨肉。

睦宗谊　百千子姓，无非一公之子，同脉同源，后出派祖，汇房而成族，积族而成国，不睦宗族，其心何隘也。凡我族人，不能尔虞我诈，毋凌毋侵，不伤元气，避免房派分歧。

勤职业　四民各有职业，即务工，必幼学壮行，显亲扬名，才为孝子。若挂名学，而不及时努力，以致蹉跎岁月，迄于无成，真世间之弃物也。凡工农商贾，各勤其业，足以养父母，扶妻子，不塞饥餍命，亦不失为良民。如若游手好闲，冻绥之余，放辟为非，上辱祖宗，下羞子孙，有何面目，何以对人。

严家训　男正女端，为人所喜。子女不教如禽犊之爱，故孟母三迁，朱子家训，乃重教而言谨也。然行莫丑于盗贼，而端每发于婴孩，儿女虽小，必教于廉耻，少时掏摸，长必加甚。稗史载一盗，犯大辟，其母泣与诀，盗与母耳语，遂啮去母耳，怪之曰：少时偷一瓜饲母，母不问，再偷一衣衣母，心喜手习矣，就至如此，今日之死，母所治也。倘偷瓜时，痛惩儿弊，不至于此。言毕，盗就刑，母亦血流被面而死。教儿女者，防微杜渐，岂可不慎。

急公赋与公款　正当之供，理所当尽。凡遇上级政府开征抽款，宜争先缴交，或遇困难，亦应多方设处，以急公务。倘一年不缴纳，积至两年又不能支，身受指责难免于惩处。坐追供应之费加倍，失算甚矣。

重贤能　尊贤敬能是美德，有史以来，历代重之，贤者能为人表，能者可为人师。其学可以传，其技尤可学，不尊贤敬能，诚愚昧可笑也。如有学业超群者，因家境贫困，无法深造，将有辍学之状时，宜扩大胸怀，放眼世界，可设法援助。

重祭祀　叶茂思根，饮水溯源，报本追源，行祭祀礼，孝敬祖宗，义不容辞。凡我族人，须诚心诚意，切不可随便，更不可怠弃。

建坟茔　坟墓勒碑，昭其辨也，今之立碑者，公墓只刻号，妣墓只刻氏，立石只刻私名，种种疑拟、冒滥滋生。今后立碑，公墓必须以祠派分注号下，妣墓必须刻某公之配某氏，立石孝子必刻祠派，庶详分明，不至蒙混。若清明拜醮须认真，若墓颓倒要修好。无后之墓亦宜遍及。至于支房祖父应宜及时挂醮。

蓄林木　林木可防水旱灾害和水土流失，浓荫绿葱，美化环境，望气兴焉。任意滥伐，林木不可胜用，法理不容。

结婚凡例一条　婚姻乃大事，关系国家之盛衰，稳定与倾荡，团结与涣散。以往成婚者，既成事实，从宽处咎。为提高人口素质，自九四年九月以后，同族男女不得结婚，如果不听劝阻强行结婚者，不予登入谱册。

独生子女承宗接祧　夫人，天载地生，同是五官四肢，一切权利均宜一样。我族十修族谱，根据《中华人民共和国继承法》第二章第九条及计划生育文件精神，独生女可以入谱开传，承接祧。

外编收归正编凡例一条　《东龙李氏九修族谱》附载外篇云：最痛莫如无子……然有念抚育之劬劳，而不原归宗，亦有世远无宗可归者，使不载诸谱，固非当日鞠养之情，若登诸谱又不合宜，今仍遵原谱式，另立一编，附载于后，庶恩义于以两全云：夫外编年经历久，世代远源，情随事变，世随事异。

外编人裔，诚恳申请，衷心愿望，请将外编编入有关正传，则恩又尤深矣。业经族人详研慎察，根据国策改革开放之精神，本作统一大团结愿望，和衷共济，子孙其昌，将外编登归正传。

祭祖 民间认为，祖先亡故后即成神明，冥冥之中与后人气息相通，祭祀敬奉祖先，既能告慰先人，昭示后人不忘根本，也能让后人获得祖先庇佑，故东龙李氏代代有人建祠，多时全村有宗祠、房祠、支祠100多座。这些祠堂均设有神龛，按辈分安放祖宗牌位。亡故者牌位露字，意示接受后人供奉；在世者牌位以红布包裹（俗称“红牌”），亡故后才能除去红布受供。此外，各家各户的厅堂也设有神龛，上面张贴红纸书写或安放木牌刻就的“某某（郡望名）堂上历代考妣一脉宗亲神位”，俗称“安家神”。农历每月初一、十五日，家家户户必燃香点烛供奉“安家神”，每年清明、中元、春节族人必齐聚祠堂设供祭祖。祭祖有宗祠、房祠、支祠之分，极为隆重讲究。

宗祠（即上、下祠）基本为一年一祭，时间固定在清明节这天。参加者主要有族长、各大房房长、斯文长、斯文、耆老及对宗族建设有贡献者之后裔。祭祀程序分“斋

祠堂祭祖（2006年）

戒出宿”“娴习礼仪”“奉主就堂”“夙堂陈设”“行礼”5步。祭祀前，主祭、分祭及工作人员一律要斋戒外宿，前一天要预演礼仪，祭前要洒扫祠堂，昭告神明，并奉主牌于席间，堂上要按指定位置设香案、供品、洗脸盆架、茅沙、毯条等祭祀用品。祭祀严格按规定程式进行：一行参神礼；二行初献礼；三行亚献礼；四行终献礼；五行侑食礼；六饮福酒；七行送神礼；八行撤馔礼。各房祠、支祠祭祖程式与宗祠基本相同，但祭祀时间、规模则有区别，大部分房、支在清明前后进行，但育斋房则以祖宗生日为祭日。

东龙李氏祭祖有其明显的特点，各房并不以祠堂为单位一年一祭，而是给每位设有祭产的祖先单独设坛，轮流祭祀，因此祭产项目多的祠堂祭祀活动常常要持续一二十天，其中育斋房几乎每月都举行祭祀。而参与祭祖的人员则视各房祭座多少而定，如芸窗房因其祭产较多，祭祀时，不仅房长、斯文、耆老可参加，而且当值小房中的所有男女老少，包括出嫁的女儿、未过门的媳妇和外甥也可参加“饮春酒”，以示同享祖宗恩赐。

东龙李氏因自古以来读书人较多，故族中祭祖充满浓郁的儒家色彩。其典章制度既严守古制，又有自己的特点。如在祭馐上，既不采用士大夫的做法，祭以牛或羊，也不完全照庶人的做法祭无定规，而是士庶结合，用特豚（整猪）、雁（鸡）、鱼等。

除祠祭外，各房支还有墓前醮祭（即扫墓），程式一般为先扫墓、请神，然后将祖先迎入祠堂，接受祭祀。墓前醮祭除育斋房有单独的扫墓活动外，其他各房都是祠祭与扫墓结合进行。

祭产

祭产是东龙李氏子孙专为祭祀祖先设立的资产，一般有祠便有祭产。主要来源于4个方面：一是祖上遗留。如石桥房祭产，其基础是李石桥所遗合溪坝租谷30.25石，再由其后人扩展而成。二是子孙所捐。如元棋房祭产，是清康熙年间（1662—1722）由李朴吾、李疑端、李济泰筹资购置田租52.5石而设。三是本房亲属所助，即因个别祖先缺嗣或后代家道中落无力办祭，由本房族人所捐祭产。如芸窗房25世李泰俊老逝于官，身无余积，子孙贫困，无力设祭，该房族人即集体捐资设立祭祀基金。四是以准许祖牌入祠附食方式，向其后裔收取的祭祀费。

祭产主要用于修理祖祠祖坟、祭祖等。管理有两种形式：一是按房轮值管理，由轮值房负责当年祭产收缴、祭祀等一切事宜；二是建立管理条例，推举总理、副理管理。

东龙李氏上、下祠均设有祭产。上祠祭产今缺详考。下祠所属各房有祭产78起计租谷 7500 多石，主要祭产如下。

大房祭产 14 世李仲华祭租 44.75 石。17 世李东山祭租 93.75 石。李翊俊祭租 117 石。李子鱼、李孟威、李胜公计祭产 102.5 石。李德荣至十三郎 13 代计祭租 105.5 石。

慎斋房祭产 18 世李慎斋祭租 60.6 石，鱼塘山林租银 6.5 两。22 世李屏岳祭租 9 石。23 世至 25 世李储、李孟、李亘计祭租 102 石。29 世李佩仪新丁祭租 102 石等。

育斋房祭产 19 世李育斋祭租 242.85 石，房屋山林租金 1000 文。20 世李守、李白计祭租 333.466 石，房屋山林租金 5.7 两；李静轩祭租 81 石；李坦夫祭租 251.85 石。21 世李三峰祭租 100 石，房租 1300 文。22 世李雅山祭租 105 石，李桂山祭租 38.5 石。23 世李完岳祭租 28.5 石；李世朴、李凝计祭租 52.5 石。23 世至 25 世李廷、李德、李伯计祭租 55 石，茶油 6 斤。24 世李台垣祭租 28 石；李升宇祭租 5 石；李子若祭租 124 石，租钱 6100 文。25 世李尔绚祭租 73.75 石，租钱 600 文，茶油 34 斤；李伟煌祭租 18 石；李孚、李滇、李亦计祭租 102.635 石。26 世李钦若祭租 106.8 石；李俊人祭租 99.1 石，茶油 6 斤；李介伍祭租 15.25 石。27 世李胜岳祭租 23.16 石；李式周祭租 119.7 石，店 2 间，山 1 嶂，店基 3 间。29 世李若兰祭租 50 石。30 世李君绪祭租 41.75 石，新丁祭租 10 石；李骈臻祭租 7 石。31 世李言乎祭租 818.25 石，庄租银 16.26 两。31 世至 33 世李在、李佩、李衡计祭租 298 石。李祖求 5 代计祭租 58.125 石。

芸窗房祭产 20 世李朴斋祭租 169.3 石。21 世李清泉祭租 21.5 石。24 世李介于祭租 44.5 石。27 世李邦怀祭租 79.455 石；李雪伍祭租 60 石；李仁方祭租 251 石，店房 1 所，试院 1 所；李着、李近计祭租 60 石。29 世李学震祭租 313.73 石。30 世李翠繁祭租 176.62 石。

草塘房祭产 19 世李草塘祭租 97.435 石。20 世李石桥祭租 203.4 石。21 世李讷吾祭租 403.7 石，茶山 1 嶂，池塘 1 口。23 世李君佑祭租 314.9 石。27 世李汉华祭租 20 石，茶山 1 嶂，荒山 2 块。

思忠房祭产 17 世李思忠祭租 10 石；李世英祭租 13 石；李学炯祭租 42.5 石。21 世李友松祭租 97 石。22 世李西泉祭租 7 石；李子平祭租 9.25 石；李南洲祭租 22.5 石。23 世李继南祭租 18 石；李敬廷祭塘 5 口。24 世李汝良祭租 13.9 石。26 世李田碧祭租 136.65 石，房 7 间。27 世李登举祭租 39.7 石。

南畴房祭产 20 世李松、李竹、李梅计祭租 142.13 石；李文圃祭租 57.1 石。25 世李默斋祭租 17.67 石。29 世李振亭祭租 20 石。30 世李亮明祭租 21.25 石；李镇容祭租 51 石；

李朋玉祭租 14.83 石；李程万祭租 132 石；李云崖祭租 30 石。31 世李直山祭租 26 石等。

清馆房祭产　18 世李清馆祭租 338.295 石。

南窗房祭产　19 世李南窗祭租 42.5 石。

振甫房祭产　29 世李伦宣祭租 36.5 石。

逊甫房祭产　13 世李逊甫祭租 23.75 石。

哲人房祭产　李哲人店房祭租银 25 两。

附 7：雪伍公祭产管理规则

议事经管值事员须公众签定殷实正人，即指名登簿后方准接手管理，不得私行揽管把持。

（1）议祭祀定为春祭，接连升闻公设祭之明日为准，不得延期。

（2）议粜谷时间常年限定端午节后方准开仓。

（3）议籴谷者无论何人必经缴清现洋不欠分文始行量谷，惟本支裔孙照时价每石酌减钞洋 2 元，以示优待，但有食谷者不得争籴。

（4）议举行祭祀之日，本支斯文及年满六十岁以上者均得领筹早午饮竣，并每房另派一位（当以各房房长）领饮。惟未满六十岁之斯文无故不与祭，不得与饮。倘有特别理由不在此限。

（5）议如遇有无耻之徒冀图瞒昧侵吞抗欠者，即认为是祖宗罪人，合房公议，弗论尊卑老幼，尽可共施攻击，非达到清理公款之目的不止。

（6）议常年清算之日管理必须首先捡出完粮串票、开支碎数，当众验明，再行复核清楚的确，将总数汇登新编之簿本，各人照原领执。

（7）议将簿四本所载祭租庄田石斗、牌位股子执为确据，弗敢丢置散失。俟修谱之日簦载九修族谱。现推定载行、训贤、伦元、子芳各领执一本，务须妥为保存。

（8）议谷仓字纸暂存载行处，当力为负责保护。

（9）议值事管理手存银、钱，限三个月以上均要每月算息归众。

（10）议牌位股子归本支子孙永远领票饮竣，即管理公正，日后有别项权利，亦归各裔孙归收，不准变卖顶替，致生流弊。

（11）议牌位股子四十四股，又发义仓谷时股子六十股，永不得减损添加。

（12）议簿本四本，每本九十六页，共议条规十二条，永为公议铁案，照此规则进行。

匾额、楹联

旧时，东龙村中的祠堂均有匾额、楹联。匾额除祠堂堂名、大门匾额和宗亲赠匾外，大都因祠主后裔中有人或品德高尚，或乐善好施，或急公重义获得各级官员表彰所赠，多挂于祠堂厅堂两侧，有的祠堂多达数十块。楹联则分门联、柱联、墙联等，均为木刻挂联，有许多出自名家之手。这些匾额、楹联多由檀香、樟木等贵重木料制成，十分珍贵。据统计，民国末年，全村祠堂共有匾额680多块、木质楹联570多副。20世纪60年代末，因“文化大革命”破“四旧”，这些匾额、楹联被“红卫兵”全部焚毁，因数量多，整整焚烧了三天三夜。今村中祠堂已难见楹联，匾额只有堂名和大门匾，许多还是近年修缮祠堂时所制。

李氏下祠上厅匾额

东龙祠堂旧楹联的内容现已缺考，但部分匾额内容族谱中尚存记载，详情如下：

“德配风流”匾 清康熙年间（1662—1722），宁都县令王锡九因李希遇（又名德遇，字均胜）品德高尚赠之。

“熙朝入望、年高德劭”匾 清乾隆初年，宁都县令郑昌龄因李开滟（号尔旬）热心公益、慷慨乐助赠之。

“明道芳夫”匾 清乾隆八年（1743），宁都县令郑昌龄为表彰李宣（字怀德）赈灾捐谷数百石赠之。

“雍宫青选”匾 清乾隆八年（1743），宁都县令郑昌龄为表彰李宏魁（又名元觉、宏魁，号公贤）、李泰忠（号宗一，别号献夏）乐好善施，分别赠之。

“搏鹤云鹏”匾 清乾隆八年（1743），太守汪某为表彰李宏魁、李泰忠乐好善施，分别赠之。

“重庆扬眉”匾 清乾隆十七年（1752），钦命提督、江西学政汤聘为表彰李元履（号二交）施赐粟帛赠之。

“德重乡邦”匾 清乾隆三十一年（1766），赐进士署宁都直隶州事州宪任震远为表彰李泰奕（号式繁。顶戴乡宾）德行赠之。

“德厚可风”匾 清乾隆三十八年（1773），恩科进士、广东监造李发源因李元光（字方曙）品德俱佳赠之。

“德列宾筵”匾 清乾隆年间（1736—1795），宁都州学正因李令宗（又名朝海，字翰屏，号亦可）冠耆宾蒙赠之。

“公勋猷克”匾 清嘉庆八年（1803），宁都知州黄永伦因李运扩（又名峻模，号新崖，别号焕圃）摔众抗击起义军有功赠之。

“孝友端方”匾 清嘉庆年间（1796—1820），礼部进士、宁都州学正易光蓉因李嗣璋（又名光玉，字奉峨）勤俭温恭赠之。

“乐善好义”匾 清道光四年（1824），宁都州宪刘某为表彰李令瑶乐善好施赠之。

“急公可嘉”匾 清道光四年（1824），宁都州宪刘某因李令新（又名宽厚，号艳初、继善）热心助人、解危急难赠之。

“老成公正”匾 清道光四年（1824），宁都州宪刘某因李运球（又名贡琳，号韶咏、来仪）办事公正、德高望重赠之。

“儒林名宦”匾 清道光二十年（1840），因李士晋（又名泰科，字谏六，号昭亭）任德兴县训导政绩突出，名入该县名宦祠，宁都州牧陈云章赠之。

“义行可风”匾 清道光二十年（1840）春，宁都州牧陈云章为表彰李辉南仗义疏财、拾金不昧赠之。

“急公好义”匾 清道光二十二年（1842），宁都州宪陈云章为表彰李令林（又名育春，字翰芳，号西园、东壁）、李嗣恭（又名之泰，字协安，号悦斋、同寅）、李泰祥（又名大训、明训，号晓经）捐谷丰备义仓，分别赠之。

“风拟表海”匾 清道光三十年（1850），明经进士、修职郎、宁都直隶州训导加一级李文彬因李嗣镔（又名缙，号锐英）淳朴勤敏赠之。

“急公好义”匾 清道光年间（1821—1850），宁都知州刘丙为表彰李令涟（又名廷献，字襄玉，号松茂）热心公益赠之。

“乐善好施”匾 清道光年间（1821—1850），宁都州牧陈云章为表彰李令涟热心公益赠之。

“义均养民”匾 清道光年间（1821—1850），宁都州牧陈云章为表彰李令涟热心公益赠之。

“义均养老”匾 清道光年间（1821—1850），宁都州牧陈云章为表彰李令涟热心公益赠之。

“宽厚淳悫”匾 清道光年间（1821—1850），宁都州乡进士、原授教胡发祥因李运烺（又名煊，字含彩，号华溪）宽厚待人赠之。

“齿德高隆”匾 清咸丰四年（1854），宁都州乡进士、文林郎、霍山县令李仙友因李嗣铎（又名士升，字教宣，号振德）乐善好施赠之。

“品端行笃”匾 清咸丰四年（1854），翰林院陈存懋因李宗茂（又名光宗，字盛山、怀德）德行端厚赠之。

“棣萼联辉”匾 清同治六年（1867），宁都州学正叶传芳、蒋开骝因李宗茂热心公益，李光清（字南滨、明德）热心助人、勤慎和厚，分别赠之。

“孟矩韩规”匾 清代，赐进士、都察院左副御史雷讳鋐因其姑母（李泰溥妻）雷氏尊老爱幼赠之。

“杖国齐眉”匾 清晚期，赐进士、胡南永定知县郑文思因李嗣承（又名树芳，字继先，号振宗）朴厚正直赠之。

建筑雕刻 东龙的祠堂遍布雕刻，其刀法精纯、图案生动，即使素作也相当精美。

在戗檐连接墀头墙与屋檐部位多雕刻花卉、动物和博古，花卉主要为牡丹、菊花、梅花等，动物有鹿、鹤、狮、猴、麒麟等祥瑞之物，博古多为文房四宝。戗檐图案中有的刻有祝福文字，戗檐下面的拔檐主要雕刻草弯、回字、万字、三字和菊花、竹叶锦等。戗檐外侧保护檐角的博风

窗雕（一）（2016年）

窗雕（二）（2016 年）

窗雕（三）（2016 年）

榫雕（一）（2016 年）

头上，多雕刻柿子、万字和如意。

厅堂雕刻图案则幅幅蕴含深意，通过象形、会意、比拟、谐音等手法，将一些事物组合起来表达主人的美好心愿。如以牡丹、白头翁组成“富贵白头”，灵芝、水仙、竹子、寿桃组成“灵仙祝寿”，大象、宝瓶组成“太平有象”，蝙蝠、石榴组成“多子多福”，莲花、鱼组成“连年有余”，菊花、麻雀组成“居家欢乐”，蝙蝠、寿字、绶带组成“富寿绵长”，公鸡和鸡冠组成“官上加官”，鹌鹑、菊花、枫叶谐音“安居乐业”，狮（谐音事）与线连在一起寓意“财事不断”，狮、瓶寓意“事事平安”，猴子骑马、蜜蜂飞舞寓意“马上封侯”，等等。

厅堂照壁主要雕刻牡丹、太平花，也有雕刻三角垫花的，有的下端及两侧为蝙蝠衔一枚铜钱图，暗寓“神在眼前”。

◉ 文艺表演

戏剧

清乾隆年间（1736—1795），戏剧开始进入东龙，先为湖南祁剧，后又有宁都采茶戏。为方便戏班演出，当时，李泰忠还捐献田租，在胡公庙兴建戏台。

祁剧 又称祁阳戏。源于弋阳腔。明初传入湖南祁阳后，与地方艺术相融合，逐渐演变成为一种戏剧。清乾隆年间（1736—1795）传入包括东龙在内的宁都。由于祁剧以演大戏为主，生、旦、净、末、丑行当齐全，文戏武戏均有，且剧目丰富，故很快在宁都城乡传播，也深受东龙村民喜爱，成为东龙节庆、庙会演出的首选。

椎雕（二）（2016 年）

门雕（2016 年）

民国初年，有谭福祥戏班活跃于东龙周边地区。1936 年，该戏班因内部矛盾在东龙散班，班主谭福祥落籍田埠。

宁都采茶戏 俗称半班。由民间歌舞、曲艺发展而成。初为一旦一丑“对子戏”，后演变为二旦一丑的“三小戏”（俗称“三角班”），以演生活小戏为主。清道光年间（1821—1850），“三角班”艺人受祁剧影响，学演祁剧大戏，并逐渐形成生、旦、净、末、丑五大行当，成为既能演小戏也能演整本戏的剧种，人们称之为“半班”。清光绪年间（1875—1908），因祁剧衰败，祁剧艺人只好与日渐兴旺的采茶戏班社搭班演出，两类剧目各演半场或互相串演，故被人称之为“半整杂”。清代和民国年间，采茶戏和祁剧一样，都深受东龙村民喜欢。

为满足村民看戏的需要，清末，东龙村成立业余戏班，常年有演员 20 余人。民国时期，戏班十分红火，主要演员有李士达、李崇义、李怀民等。李士达多才多艺，既能导，又能演，老生、小生扮相好，唱功身段都很到位。李崇义是武生演员，也是当地的名中医和武术教头。李怀民是村中的兽医，以演小生为主。该戏班以演古装戏为主，能演出剧目 120 多个，如《算账》《青龙山》《才郎别店》《兰桥会》《落马桥》《茅棚记》《杀子报》《财神送子》《孟姜女》《孟氏割肉》《磨房产子》《金钗记》《刘海砍樵》《南山耕田》《张四姐下凡》《桃妹逼嫁》《李氏劝夫》《卖花记》《卖水记》《魏正良察案》《活捉三郎》《三娘教子》《陈伯搜奸》《杀四门》《游龙戏凤》《乌金记》《三伢子锄草》《安安送米》《王氏劝夫》《补碗》《唐二戏妻》《打茶莞》《送表妹》《接姨娘》《盘江卖茶》《牡丹对药》《罗瞎子闹店》《龚师傅裁衣》《苏文友借衣》《单当裙》《王婆骂鸡》《江西杂货》《仁贵回窑》《广东杂货》《送郎卖茶》《长工碓米》《拧牛子》《卖油》《捡菌子》

《十转来》《卖花钱》《磨镜》《大小争风》《踩单台》《扇子花鼓》《送宝》《卖豆腐》《打皮桩子》《看西洋镜》《十带反情》《卖棉纱》《锄豆草》《卖花记》《梁祝姻缘》《小放牛》《打天官》《四郎探母》等。

1951 年，以旧戏班演员为骨干，成立东龙业余剧团。至 1966 年，先后有 100 多名演员加入剧团，长年有演员 20 余人。剧团围绕中国共产党在各个时期的中心工作，以教唱新歌，编演《解放区的天是明朗的天》《贯彻执行婚姻法》《打败美帝野心狼》等宣传革命道理和党的政策、土地改革、抗美援朝、婚姻法等内容的新戏为主。在反映抗美援朝的戏剧《打败美帝野心狼》中，还第一次把中国人民志愿军司令员彭德怀的形象搬上了舞台。该角色由台柱子李崇义扮演，他唱腔好、做功美，举手投脚间显示出一股勃勃英气，神似彭德怀，深受观众欢迎。这一时期，业余剧团演出的剧目还有《洗衣歌》《逛新城》《翻身记》《血泪仇》等数十出新戏新歌。除演宣传戏外，还演出过赣南采茶戏的优秀传统剧目《睄妹子》《钓拐》，宁都采茶戏传统剧目《补背褡》《瞧相》《板笋》《秧麦》《磨豆腐》《双当布》《接姐姐》等，古装大戏《秦香莲》《五女拜寿》《三女抢板》《寿旦记》等，革命戏剧《三月三》《红松林》《一家人》等。

1966 年冬，因“文化大革命”，东龙业余剧团改名毛泽东思想宣传队，改以演唱《毛主席语录》歌和革命歌曲，编演破旧立新、歌唱党、歌颂毛泽东、歌颂农业学大寨、赞美农村新风新貌等题材的现代小戏为主，如《小保管上任》《怎么谈不拢》《装灯》《划线》等，还学习排练革命样板戏《智取威虎山》《红灯记》《沙家浜》《杜鹃山》等大戏。曾于 1971 年 1 月和 1974 年参加田埠公社革命文艺会演。1978 年，东龙毛泽东思想宣传队解散。

宁都采茶戏剧照（2014 年）

宁都采茶戏演出（2014 年）

1989 年，重新成立东龙业余剧团，有演员 20 余人。除演现代戏外，恢复演出古装戏，剧目有《卷席筒》《借妻》《吹鼓手招亲》《寿旦记》等数十出。除在本村演出外，还到邻村、邻县一些地方演出，曾代表田埠乡参加全县会演和调演。1989 年，代表田埠乡参加宁都县首届农民戏剧节。2009 年、2010 年、2016 年，东龙村业余剧团组成茶篮灯舞队分别参加宁都县首届、第二届“翠微之春”艺术节和赣州市脐橙节开幕式展演，获得各方好评。

鼓子曲 鼓子曲，又名鼓文、话文、渔鼓、宁都道情。属曲艺曲种。形成于明末清初，由算命者和乞丐所唱的“过街溜”发展而成。传统鼓子曲表演为盲人一人坐唱。主要乐器为渔鼓筒。渔鼓筒由毛竹制成，长约 0.7 米，大小以能伸进 4 根手指为宜，除去筒内竹节，一头用新鲜蛇皮或蛤蟆皮、猪膏膜蒙上，用圆箍箍紧，晾干即成。演奏时，盲艺人左手抱渔鼓筒，中指顶着一枚铜板击打筒身，右手中指和无名指击打鼓面，双手配合，边敲边唱。说唱内容主要为长篇历史和民间传奇故事，有的曲目需几天几夜才能唱完，最短的也要几个小时。鼓子曲使用本土方言演唱，说唱结合，声情并茂，而且演唱形式简单，既不需要服装道具，也不需要配角唱和，更不用化妆，门庭院落、树下空地、野外草坪、祠堂屋场均可演唱，故深受东龙村民众喜爱。

清初至 20 世纪 50 年代，东龙村中每逢农闲或族中、族人办喜事，都会请盲艺人演唱鼓子曲。经常演出的剧目主要有《銮刀记》《烟刀记》《寿诞记》《罗帕宝》《三层楼》《卖水记》《卖花记》《宫带记》《袍带记》《丝带记》《玉花屏》《乌金记》《车龙记》《鲤鱼歌》《桂花记》《孟姜女》《双玉笛》《翠龙记》《牡丹记》《梦中莲》《碧玉带》《牌坊记》《合同记》《白扇记》《王家洲》《稠梭记》《万花楼》等。

唱鼓子曲（2012 年）

20 世纪 50 年代末，宁都县内一些新文艺工作者适应时代要求，对鼓子曲从演唱形式、演唱内容进行全新改革，改革后的鼓子曲被人们称为“新宁都道情”。这种新道情由一人或多人身着亮丽服饰同时表演，表演场地以舞台为主，配以现代布景、灯光音响、戏曲亮相造型和歌舞元素，队形或站或坐不断变换，载歌载舞，唱词精炼，节奏明快，演出时间一般不超过 15 分钟，演唱内容贴近生活，多以宣传好人好事和歌颂新时代新风貌为主，深受东龙群众欢迎，也成为各种晚会的保留节目。2015 年起，东龙业余剧团每年自办的春节联欢晚会均有道情表演，并先后创作《请来东龙瞧一瞧》《表家乡》《喜迎春》《唱古村》等节目，《唱古村》还获得田埠乡纪念长征胜利 80 周年文艺会演二等奖。

木偶戏 木偶戏，俗称“傀儡戏”“吊脑子”“蚊帐戏”。清初，村中李勖承卸任抚州东乡县儒学训导，为活跃村中文化生活，以及为李氏祭祖、村中举办庙会等活动提供服务，回乡时从该县带回陈姓木偶戏艺人数名。这些陈姓木偶戏艺人后来定居下来，东龙由此开始兴起木偶戏。

东龙木偶戏一直是村中陈姓的独门技艺，每代均有二三名传人。清光绪十六年（1890），陈信乎为提高技艺，拜石城县木偶戏艺人温福香为师，学成回乡后即成立木偶戏班，活跃于东龙、马头一带。

旧时，村中举行祭祖、庙会等活动，村民逢庆诞、贺寿、婚嫁、建房、迁居等喜庆，除请戏班演出外，请陈姓艺人表演木偶戏也必不可少。其生动形象、活泼有趣的表演风格特别受老人、孩童喜爱。20 世纪 60 年代末，因“文化大革命”破“四旧”，木偶戏被当作“四旧”禁演。今东龙木偶戏已失传。

图为与东龙源出一辙，今流行于宁都赖村的木偶戏（2012 年）

春节联欢晚会 2015年，在村委会倡导下，东龙兴起一年一度的春节联欢晚会。节目大都由东龙业余剧团自编自导，形式丰富多彩，有大合唱、现代歌舞、小品、表演唱、群口词、器乐合奏、宁都道情、采茶戏、茶灯舞等。每年大年夜，全村男女老少欢聚一堂，共叙乡情乡愁，并通过晚会歌颂新时代、新生活，气氛热烈。这一活动已吸引越来越多在外工作和创业务工的东龙人回乡过年。许多节目短小精致，贴近生活，生动形象，深受村民欢迎。

附8：请来东龙瞧一瞧（宁都道情）①

渔鼓一打嘭嘭响，我们来把道情表。
今天不把别的唱，单唱东龙风光好。
历史悠久人文厚，架上金盆史册耀。
古村古屋古祠堂，物华天宝人难描。
龙岗古隘东方起，巽峰插天立云霄。
永东古刹建学馆，宝塔古庵供三宝。
三坛醮会玉皇宫，四月禳神胡公庙。
塔映湖心碧波荡，双涧抱村玉带绕。
虹桥锁水彩龙卧，罗汉晒肚实在妙。
百间大屋连一片，东里一望美名飚。
百口池塘百面镜，照得东龙分外娇。
代代名人数不尽，一个更比一个高。
理学要数李大集，文学要算李腾蛟。
声名远播州县外，青史流芳把名标。
唱罢过去唱今天，东龙今天更妖娆。
新建牌楼立村前，笑迎四海宾朋到。
新修车场在村旁，确保车多不占道。
水泥公路游步道，四通八达满村绕。

① 作者：李文兴。

古迹古建重整修，流光溢彩展风骚。
农家书屋书声朗，文化中心歌声高。
乡村旅店客流旺，猪案豆腐香气飘。
扶贫攻坚战鼓擂，脱贫致富向前跑。
魅力乡村受表彰，历史名村全国晓。
架上金盆今更美，游客人人齐称道。
古村故事唱不尽，东龙美景再创造。
全村百姓要珍惜，党的恩情要记牢。
展望未来前程美，千年古村更美好。
快来东龙瞧一瞧，包你一生忘不了。

民间信仰

信教

东龙民间自古以来既信仰佛教、道教，也崇信儒教，并且建有释、道、儒三教合一的玉皇宫，体现了客家人民间信仰的包容性。旧时，东龙医疗不发达，一旦发生天灾人祸，往往只有祈求神灵庇佑，以致宗教盛行，多时一村竟有寺庙 12 座，而且习俗繁多。中华人民共和国成立后，提倡移风易俗，宗教信仰逐渐弱化，年青一代已基本不信教。

佛教　分信徒与香客。信徒又分僧尼、居士 2 种，人数极少，一般每座寺庙只有一两名，均长住寺庙，吃素守戒，天天拜佛诵经，但僧尼需剃度。香客一般不受清规戒律约

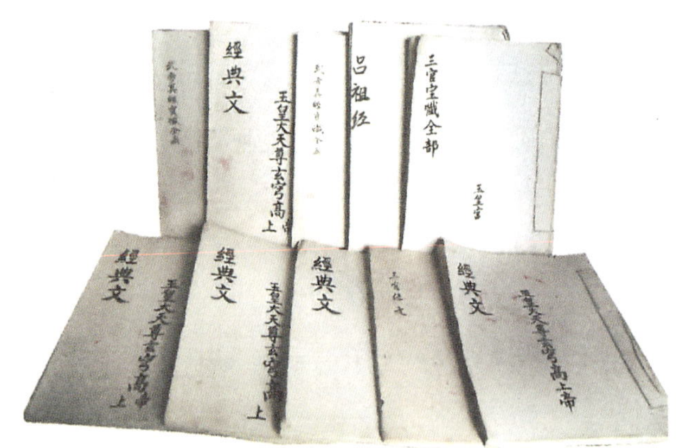

经书

农历四月初八游神（2007 年）

束，只有少部分人吃长斋或早斋（每天早餐吃素）、花斋（自选一定日子吃素），但农历每月初一、十五必焚香点烛礼佛，二月二十九、六月十九、九月十九观音、罗汉纪念日必戒斋前往寺庙拜佛、诵经、布施。旧时，几乎人人信佛，今只有中老年妇女特别虔诚。

道教 奉玉皇大帝为最高神，老聃（号称“太上老君”）为教祖，“三清”（天神、地祇、人鬼）为祖师，以《老子》《正经》《太平洞极经》为主要经典。有道士、信众之分。道士又有常住、散居之分，号称能打醮坐坛、画符念咒、“祈福”、“驱凶”、“压邪”，村人亡故或患病遇祸必请其打醮做法事。信众一般只在每年正月和农历七月前往玉皇宫参加醮会。旧时，几乎人人既信佛又信道，今信道者多为中老年人。

儒教 旧时，村中读书人均崇信儒教，以忠、孝、节、义、仁、信、礼、智和“三纲五常”为做人准则，以研读儒家典籍四书五经等为主课。每所私塾、书院均立有孔圣人（孔子）牌位，入学启蒙和每月农历初一、十五必祭拜孔圣人，并在三教合一的玉皇宫设有念儒经场所，每年均举办念儒经活动。受儒家思想影响，曾出现许多年轻守寡的所谓“贞妇”，如清代李泰鸿妻许氏、李安鸿妻白氏、李师武妻叶氏、李琼璋妻廖氏等。中华人民共和国成立后，村中继承儒家精华，抛弃了愚忠、愚孝、愚节等糟粕。

敬神

东龙人除信佛、道、儒教外，还认为天地万物皆有神有灵，“举头三尺有神明”，特别崇信神灵。

敬奉天地 俗称“谢天地”“拜天地”。认为玉皇大帝管天、土地神管地，故家家户户神龛左边必设玉皇大帝和土地神神位，农历每月初一、十五和逢年过节必点香烛供奉，庙会、祭祀必举行敬拜天地仪式，新郎新娘拜堂成亲必首拜天地，大年初一还要摆设果品、“三牲”、美酒、燃点香烛等隆重谢天地。

敬奉灶神 灶神俗称“灶婆婆”“灶君菩隆”“灶君老爷”“灶王爷”。民间流传灶王爷是“受一家香火，保一家康泰，察一家善恶，奏一家功过”的居家小神，故村中家家在灶上安放一个香炉或帖上一张写有“敕封东厨司命灶君尊神位”的红纸条作为其神位，称之为“灶君司命”，除农历每月初一、十五设供外，每年农历腊月二十三日（民间传说此日为灶王爷上天向玉皇大帝汇报一家功过的日子）还需摆鱼肉、水果、点心、水酒等祭祀灶神（俗称“辞灶”或“送灶”），希望灶王爷多说好话，让上天降福庇佑全家。

敬奉社公 社公即土地神，俗称“土地公公”。一村设一庙专祀。东龙社公庙设于宝塔庵侧。民间相传，农历二月初二为土地神生日，八月十五日为土地神得道升天日，逢此二日和年节，村民必赴庙烧香拜祀，以示敬谢土地神护佑，祈求再降福祉。

敬奉门神 民间认为家宅大门都应请门神守护，以辟邪驱灾。故每年新年，家家户户都要在大门上张贴钟馗、关公、赵云、秦琼、尉迟恭、岳飞等人肖像作为门神，农历每月初一、十五必燃香供奉。

敬奉财神 民间认为赵公明神异多能，变化无穷，不但能驱雷役电、呼风唤雨、降瘟驱邪、消灾化难，而且有求必应，能给人们带来财富，故视其为财神（俗称“财神菩薩”）。村中经商办厂者几乎人人设坛供奉，每天一早和外出做生意时必燃香祭拜，祈求生意兴隆，财源广进，农历正月初五和七月二十二日还需进行隆重祭祀。

敬奉米谷神 民间传说农历正月初五是早禾米谷神生日，正月初八是晚禾米谷神生日。旧时，这两天全村不做米饭，仅吃杂粮。今已少有人敬奉。

敬奉山神 旧时，村人每年首次进山伐木、烧炭都要点香燃烛拜祭山神，告知自己开始要进山了，祈求山神护佑平安。今已无人敬奉。

敬奉三仙 民间认为三仙祖师是“把关神”，能镇住妖魔鬼怪，保护一村“风水”，庇护全村民众，故于村西北龙山建三仙庙，供奉三仙祖师，每年七月全村人必赴庙朝拜。

敬奉七仙 民间俗称天花病为“做大婆婆”、麻疹病为“做二婆婆”、水痘病为“做三婆婆”，将“大婆婆”“二婆婆”“三婆婆”统称为“三太夫人”。相传“三太夫人”共生有7个女儿，人称“七仙”（俗称“七仙娘娘”），是专管小孩种痘的菩薩，故于村东北角建七仙庙，供奉“三太夫人”。旧时，村中凡遇小孩患天花、麻疹、水痘病，必携香烛赴庙祭拜，祈求“七仙娘娘”保佑早日康复，一生平安。今医学发达，已少有人敬奉。

敬奉月神 旧时，村民崇拜月神，每年农历八月十五中秋节家家户户必设供祭拜，许多人家有给男孩取“月生”“月宝”、女孩取“月秀”“月华”等小名的习惯。今已不兴。

敬奉三官 三官亦称“三元”，即道教之天官、地官、水官。民间相传，农历正月十五、七月十五日、十月十五日分别是上元天官、中元地官、下元水官的日生。逢此三日，村中道家信徒必赴玉皇宫祀拜三官。

敬奉文昌 文昌本为星宿名，又名“文曲星”“文星”，民间相传是主宰功名利禄的神。故旧时村中建有文昌阁（蛇阳庙），凡儿童入学、生员赴试前必去拜祀，祈求“文曲星”保佑鸿运高照、考取功名、出人头地。

◉ 公益活动

东龙自古以来民风淳朴，村民乐善好施，热心公益事业。据清道光《宁都直隶州志》记载，早在明末，为方便村民出行，李开滟（又名尔绚）便捐资在合溪坝建造5墩石桥1座，后又与石城温贵茂在石城小松合建观下坝石桥。明嘉靖年间（1522—1566），李英越捐资在罗家寨桥子垅建造石桥1座。清顺治五年（1648），李懋问捐资在马头江背垅岭下建造石桥1座。清康熙五十一年（1712），李咸丰捐资在村东北建庙背亭。清雍正四年（1726），李元勉、李隆任在石城丰上里高咀合建石亭1座，清乾隆元年（1736）又捐资在半岭建石亭1座。乾隆十九年（1754），李元俟助银50两建造县城小东关子鱼祠。清乾隆三十五年（1770），李泰丙捐资在县城企岭下水口外大路边建桥1座，后被大水冲垮，其子李运兴、孙李令涟等又捐资重建。清乾隆年间（1736—1795），李泰忠助田租为胡太公庙构建戏台。清嘉庆四年（1799），李令瑶捐钱100千文修建县儒学城垣，清嘉庆二十二年（1817）又捐银30两建造接龙石桥。清嘉庆年间（1796—1820），李令涟捐资在石城蛇颈岗石阶岭建造石桥1座。清嘉庆、同治年间（1796—1874），李宗福捐资分别在杉间坝对面店子门首坑底和大坝底建造石桥1座。清咸丰年间（1851—1861），李运灉捐资在石城丰上里乌泥排水口外建造石桥1座。清同治三年（1864），李嗣蓬捐资在分水迳桥头外建造石桥 1 座。清同治六年（1867），李令镜捐资在下坪建造石桥 1 座，李宗茂在衕背上建光裕亭。清光绪十五年（1889），李宗安邀集 4 人捐资在石城丰上里苎头窝合造石桥 1 座。清光绪年间（1875—1908），李宗位捐资在石城蛇颈冈建石桥 2 座，在秀罗坪建木桥 1 座；李宗教捐资在上湖塘建造凉亭 1 座。清光绪六年（1880），李宗达捐资在合溪坝建造木桥 1 座，清光绪八年（1882）又捐资在坪地建造木桥 1 座，并购置上王沙、黄江下租田 25 石为维护之资。清宣统元年（1909），李令敏邀集 7 人捐资在马头松树岭建造石桥 1 座，1912 年又独自捐银 60 两在马头东岳潭建造石桥 1 座。1917 年，李儒煌捐银圆 30 元维修马头东岳潭石桥……据统计，仅清代东龙李氏便在村内外捐资建造石桥 15 座、木桥 3 座、石亭 8 座。

除修桥修路外，东龙李氏还积极参与恤老济贫、输粟赈灾等公益活动，并在族规中作出明确规定。如下祠李氏于清嘉庆二十二年（1817）订立的族规中，就特别提出“勤周恤”一条，要求族民“循分力作，节省冗费，虽贫不至大绌，其或水火、盗贼、疾病、死丧、年荒、外侮之来，不无待于周恤。吾族救火一节，止知息火，绝不因灾取利，风俗最为近古。其他守望相助，疾病相扶，一遇死丧之家，则携泉刀及酒米相赙，孝子不至仰屋而恸，皆厚道也。惟地狭人稠，岁饥不免坐困，各房劝粜，计日给米，法虽善而终恐不继。近日贤豪辈欲效朱子遗制，倡为义仓之举，此为第一要务，尤望老成厚道之士始终支持，以垂为永久，则仁人之利溥矣”。明成化、嘉靖年间（1465—1566），先后有李彦诚、李彦谟、李彦谆、李彦新、李春萼、李春鼎、李英越等，因输粟赈灾被朝廷授予正七品宣义郎。清初，“因岁饥及庚寅城破兵掠，县民衣食无着，23 世李震淯知悉后又竭力周恤”。清道光年间（1821—1850），李令涟因怜及贫老缺养，邀集 5 人各捐银 50 两，在宁都县城创设老人堂，收养孤寡老人。清乾隆八年（1743）大饥，李宣捐谷数百石赈济。清道光四年（1799），李令瑶捐助义仓谷 100 石。清道光十四年（1834）大荒，四五月斗米千钱，李运璋减价一半售谷救助饥民。清道光二十二年（1842），李嗣燕、李嗣铎各捐输丰备义仓谷 20 石。清光绪年间（1875—1908），李宗徽捐资在县城设立保婴局，救助遗弃女婴。光绪二十八年（1902），李宗富为育祖义仓捐田租 40 担。除上述公益活动外，村中还建有义仓田、房份田、丁田，子弟班田、图会、桥会、冷酒会等公益性组织和经济实体。

中华人民共和国成立以来，特别是改革开放后，东龙村民发扬乐善好施、热心公益的优良传统，公益活动蔚然成风。如 1990 年，由李接春、李政仁倡议，全村捐资 8 万元修建东龙小学，其中李政仁、李书堂各捐资0.55万元。1994年，修建东龙至小松公路，李政仁捐资2万多元，李贤英捐资0.2万元，李贤赟、李良慈各捐资0.1万元。1995年，修缮李氏宗祠，全村人纷纷捐资，其中李政仁捐资1.6万元。2009年，李良贺捐资6.8万元建造感恩亭。2010—2015年，全村每年捐助修路、造桥、建亭资金均逾10万元。2016年初夏，凌霄阁失火受损，全村捐资110余万元重修，捐资0.3万元以上的村民达53人，其中，李良平、李方崇、李先鹏、李国良、李友欢、李经球、李方生、徐熊奎等捐资逾万元。

义仓田　该田是为防备水旱灾害、赈济本族族民而设的一项专门资产。据李氏下祠十修族谱《宗祠说》记载，清乾隆前东龙已设有义仓，清嘉庆、道光年间（1796—1850）各大房纷纷建立义仓，凡重灾谷贵之年，均从义仓按丁发谷，以解燃眉之急。全村最多时设有义仓10余处，其中记载较为详尽的有4处，均设于清嘉庆、道光年间（1796—1850）：一为坦夫义仓，有田租14.5石；二为草塘义仓，有田租22.5石；三为育斋义仓，有田租101.5石；四为君绪义仓，有田租18石。

房份田与丁田　房份田与丁田是东龙李氏专为子孙后代留下的发展基金，凡其后裔，人人有份。为防止日后财产分散，这类田产均附有“不许分关”等约束条款。村中设2起：一是育斋房李君绪留给后代的租田100石，归其位下3房子孙共有。二是同一大房李在忠留下的田租30石，规定专门补贴其位下新添丁口。

子弟班田　清代，东龙李氏专为村中戏班而设，作为其基本经费，确保村中年节、庙会、婚嫁寿诞和重大活动演出所需，丰富村民文娱生活。东龙戏班以保证村中演出为主，闲时也到周边地方演出。

图会　图会是东龙李氏专门为筹办钱粮赋役而设立的民间公益组织。据李氏下祠十修族谱记载，早在明代，东龙就订有《图会合约》，清康熙四十四年（1705）、康熙六十年（1721）、雍正十一年（1733）、光绪三十三年（1907）曾续订。

据《图会合约》记载，东龙原属宁都县上团里二图管辖，全村下分4甲，由族长承担图长之责。因里役常催，费用告繁，图长独力难以承当，为长久计，东龙图会组织6家有经济实力的殷实户设立股金，6股分别为：四甲李日华户所属李守政、李北江、李静轩（即育斋房中长、二、四房）位下1股；五甲李世昌（又名日兴）、李南畴后裔李三心位下（即李心松、李心竹、李心梅）1股；九甲李三茂（后分为鼎贵、鼎茂2户）所属李草堂与罗源李逢振位下1股；李闲轩、李讷庵（李南窗位下2小房）位下1股；

十甲李殿元所属李思明位下 1 股；李思忠位下 1 股。每股各认精租 10 石（作价银圆 16 元），6 股共得租田 60 石（作价银圆 96 元），以 60 石之现谷现收现粜，生息扩充。清康熙四十三年（1704），以本息之金购得田租 93.38 石，议定“以新买田租六股轮收，即从甲中年李日华收起，甲、乙、丙、丁、戊、己六年由六股所属之房轮收，庚、辛、壬、癸四年则归六股合收贮众”“遇贮众之年，仍佥诚实无私者始终管理，扩充置产”。由此，则 4 个甲的里役便可由图会贮众之谷雇人承担，免去族民劳役之苦。康熙六十年（1721），朝廷实行“拢图并甲，概从民便”政策，东龙李姓原系同宗共图，为便于丁粮追征催收，将分折到一图的李坦头房（名李明陈户）收回本图，与李日华、李鼎贵、李茂盛（李茂贵）等 4 户一起编为二图十甲，取名“李五常”，规定凡里甲当年有公务或大造费，不论各户丁粮多少，俱照 5 股均派，各户“不得以丁粮多寡增多减少，并不得过期推托，否则，即将所欠本利并在各股轮收图会田租中扣除”（因当时李明陈户虽户籍收归二图，但过去为里役聚资所置产田还在一图，故各户里役费用仍照所摊之数各自承担）。清雍正十一年（1733），再将上届未曾收入本甲的李鼎元户（李世昌）丁粮一并收入本甲当差，同时调整图内股份，规定“朔后凡遇大当经催造册，所有费用俱殿元、茂盛、日华、日兴、鼎贵、鼎元六股均派”，其费用来源便是图会贮众之谷。清光绪三十三年（1907），上祠将其所属一个半甲应分田租概行拆去，图会所余租谷为 83.5 石，全归下祠所属各甲所有。

桥会　桥会是东龙专门为维护桥梁所设立的基金。据李氏下祠十修族谱记载，东龙李氏发起成立的桥会有 3 个。

一为五墩桥会。明末清初，李开滟捐资在村西北合溪坝建造五墩石桥 1 座。清嘉庆年间（1796—1820），石桥被山洪冲毁，其 5 世孙李令从、李令新等捐银数百两，在原址西边另建五墩石桥 1 座，并带头捐租谷 5 石，发动全村成立五墩桥会，以解常年维护所需。

二为固厚石桥桥会。清嘉庆十三年（1808），由李泰恕带头捐资发起成立。

三为合溪坝、獭上木桥桥会。清光绪八年（1882），由李宗达带头捐租发起成立。

冷酒会　又称“月子会”。为民间经济互助组织。出现于明末清初，村中多时有会 10 多个。一般由几户或十几户组成一会，参会者每人每月拿出一定数量的钱，集中轮流归一户使用办大事，一月一轮。当值人（轮到用钱者）要请会众喝酒、吃热豆腐，会众则为其出谋划策。这种形式，既解决了急需用钱村民的一时困难，集中集体智慧办事，又增进了族情乡谊。

村民生活

东龙，唐宋时期以传统农耕经济为主，村民生活贫困。明清时期，许多人农商兼顾，甚至把生意做到闽浙等省，经济十分繁荣，并出现一批富商巨贾，大部分人生活较富裕，村中教育发达。清末至民国年间，因为社会动荡、税赋繁重等原因，东龙经济逐步走向衰落，许多人成为贫雇农。中华人民共和国成立后，特别是改革开放以来，教育、医疗、社保等保障制度不断完善，村民居住条件不断改善，生活水平不断提高。

◉ 村民收入

种养收入　唐宋时期，东龙处于发展阶段，以传统农耕经济为主，生产力水平低下，村民生活极其贫困。

明清时期，随着商贸的发展，东龙出现大批富人，他们在宁都及周边七八个县大量购置田产，许多人成为地主豪绅，生活极为富裕，只有少数人过着贫困的日子。

清末，因为社会动荡，东龙经济开始走向衰落。民国时期，因为战乱、土地兼并、税赋繁重、李氏族人中不肖子弟增多，村中贫富不均现象严重，许多人成为贫雇农，生活在水深火热之中。

中华人民共和国成立后，经过土地改革、互助合作、人民公社化、实行农业生产责任制、农业税减免等，东龙种养业获得快速发展。2016 年，全村实现种养收入 800 余万元。

经营收入　明清时期，东龙村民除从事种养外，许多人还开店设铺或从事长途贩运，一部分人将生意做到了“三州”（赣州、汀州、宁都州），有的还将店铺开到江浙、福建一带，商贸非常发达，经济十分繁荣，村中大部分人的生活都相当富裕，并先后出现一批富商巨贾。

清末，东龙商贸开始走上衰落。民国年间，因为社会动荡，东龙商贸活动萎缩。

20 世纪 80 年代起，村中许多人开始开店设厂、开办公司，通过自主创业，发家致富。至 2016 年，村中创业有成者有 80 多人，年收入少者数十万元，多者达数百万元。

务工收入　20 世纪 80 年代中期起，随着农业生产责任制的推行和改革开放的深入，村中富余劳动力开始自发外出务工，有的农忙在家耕种，农闲外出务工，有的则一年四季在外务工。2016 年，全村外出务工人员达 600 余人，收入达 1800 余万元。

东龙村部分年份人均纯收入一览表

表 6

年份	收入（元）	年份	收入（元）	年份	收入（元）	年份	收入（元）
1955	30	1975	60	1993	499	2008	1500
1960	40	1980	70	1995	960	2009	1700
1965	45	1987	282	1998	1100	2010	1900
1970	50	1990	440	2005	1300	2016	3000

◉ 村民消费

服饰

衣着 古时，男女村民基本穿大襟衣、白头大脚裤（又称“凉伞裤”）。男人若穿长衫则配布带缠腰。女人的衣服、裤脚和小孩的衣帽、肚兜另加缝红、绿、黄、蓝等彩色绲边，或绣花鸟草虫等装饰。冬天，男多戴布帽、棉纱帽，士绅多戴瓜皮帽；女戴满额、绉纱，有钱人家满额饰玉片、玛瑙、银片。衣料主要为夏布和棉布，部分有钱人穿绸缎。

民国时期，有文化者多改穿对襟便衫或长袍马褂，公职人员多改穿中山装，绅士喜戴礼帽、柱文明棍。富人、权贵衣料多为绸缎，穷人多为土布或廉价洋布，以青色为主，也有篮底白花纹等。

中华人民共和国成立后，随着时代进步，村民衣着不断演变。20世纪50年代初，多数人仍保持民国时期穿衣习惯，只有一些文化青年和公职人员改穿中山装、列宁装、解放装、青年装等，衣料主要为土棉布、夏布、棉绒布等。60年代至70年代，年轻人流行穿军装，一般群众喜欢北京蓝，以蓝色、青色为主。80年代，青年人中流行连衣裙、夹克衫、滑雪衫、羽绒衫、马甲、棒针衫、运动衫、蝙蝠衫、喇叭裤、牛仔裤、健美裤、西装等，款式开始多样化，崇尚多色、多花、多格，衣料有化纤和混纺的确良、涤棉布、毛料、尼绒、涤卡、腈纶等。90年代，穿衣打扮开始追求个性化，向“轻、薄、短、小”发展，中老年人的衣着款式和颜色也转向多姿多彩。进入21世纪后，衣着服装由“一衣穿多季”变为“一季穿多衣”，不但注重款式、做工，讲究品牌，还追求舒适、健康，年轻人流行淑女装、休闲装、职业装、吊带裤、风衣、文化衫、皮夹克等，儿童的衣着更是五花八门，棉、麻、蚕丝面料成为新宠。

鞋袜 旧时，男人以穿草鞋、布鞋，着布袜为主，妇女多穿绣花鞋。20世纪60年代至70年代，多数人改穿布鞋，少数人穿球鞋、解放鞋、套鞋、大头鞋，普遍着布袜、棉袜。80年代至90年代，夏天流行各式塑料凉鞋，冬天流行皮鞋、波鞋。进入21世纪后，鞋袜四季翻新，男青年中流行皮鞋、旅游鞋、休闲鞋、新式布鞋，女青年中流行高跟鞋、高帮鞋、高筒靴，而且讲究品牌品质，普遍着棉袜、尼龙袜、丝光袜等。

妇女传统服饰（2007 年）

土灶做饭（2007 年）

饰品 自古以来，村中女性流行佩戴玉（金、银）簪、手镯、戒指和金（银）耳环等玉饰和金银首饰，小孩流行戴银项圈、锁和手镯、脚链。进入 21 世纪后，年轻人中兴起戴金项链、珍珠项链、玉吊牌、金手链和名牌手表。

发型 古时，男人蓄发辫，妇女多梳圆形或船形、椭圆形髻子。民国时期，男子多蓄平头、分头、背头，男孩多剃光头（脑门留发一撮，俗称“扎屎尿”），女孩扎小辫，未婚女青年扎长辫，已婚妇女梳髻子。20 世纪 50 年代至 70 年代，妇女多蓄齐耳短发或扎两根短辫、一根“马尾巴”。80 年代至 90 年代，年轻妇女喜烫齐耳卷发。进入 21 世纪后，男青年喜蓄平头、西装头，女青年喜染发、留披肩发，男孩多剪小平头，女孩多蓄短发（俗称“妹子头”）或梳两根朝天辫（俗称“朝天椒”）、多根小辫，少数老人喜剃光头，个别中老年妇女仍梳髻子。

饮食

主食 东龙村民主食自古以来以大米为主，以红薯、芋子等杂粮为辅。20 世纪 70 年代前，平时两稀一干，早、晚餐吃稀饭，中餐吃干饭，遇灾荒歉收则佐以红薯、芋子、糠、菜等充饥。20 世纪 80 年代，粮食充足，改为一日三餐吃干饭，部分富裕人家早、晚餐吃面条、粉干。近些年，面食、粉干已进入寻常百姓家，许多人家早餐既有面条或粉干，也有稀饭、干饭。

菜肴 东龙人擅长烹饪，菜肴品种繁多，制作方法有炒、爆、溜、烧、炸、烹、煎、焖、煨、烩、腊、氽、炖、煮、蒸等，选料严格，制作精细，讲究火候，注重原汁原味，有鲜、嫩、爽、脆、香、辣、酸等特色，兼具南北风味，口味浓，偏重辣。家

三杯鸡

黄焖猪脚

酒糟芋子

常菜以自种青菜为主，荤素搭配，佐以自制倒菜、腌菜、酸菜和霉豆腐、辣椒酱等。待客则需有鱼有肉，讲究色、香、味兼备，菜多，量足，味好。酒席必上鱼丸、肉撮，过去讲究“八碗”（一席8菜）、“十碗”（一席10菜），有“捡菜”（将份子荤菜带回家）习惯，今则一般有10多个菜，十分丰盛，少有人“捡菜”。

饮品 自古以来一般人家多泡茵陈、山楂叶水消暑解渴，仅少数人有饮茶习惯。家常用酒过去主要为自酿米酒（有酒酿、甲酒、水酒之分）或“烧酒”（谷烧），今则多为白酒、啤酒、红酒，待客还讲究品牌酒。20纪世90年代开始兴起喝饮料，不但酒席必用，许多人家还四季常备。

住房 东龙历史上较为富裕，中华人民共和国成立前所建住房绝大部分为风火墙房屋，只有少数墩土墙房屋，几乎无住茅屋现象，“百间大屋”等民居规模宏大，建筑精美，堪称古代客家建筑经典。中华人民共和国成立后，随着村民生活水平的提高，村中先后建起许多民房，格局由“三大间”“五大间”逐步发展成楼房、多层套房或庭院别墅，结构由土砖（墩土）墙房逐步变为砖（红砖）混、钢混、钢混框架房屋，木质门窗逐步变为防盗门、铝合金窗，瓷砖铺地，墙面粉刷，室内吊顶，装修讲究，设施配套，舒适实用。

据统计，2016年，全村共有住房面积5.05万平方米，人均拥有住房面积23平方米。其中，古建筑（含民国时期建筑）1.77万平方米，1949—1979年建筑1.86万平方米，1980—2016年建筑1.42万平方米；土木结构住房3.04万平方米，砖木结构住房0.94万平方米，砖混、钢混结构住房1.07万平方米；平房1.9万平方米，楼

现代新民居（2017 年）

房 3.15 万平方米。

出行 20 世纪 60 年代前，普通人出行安步当车，但旧时富人权贵出行多坐轿或骑马。70 年代，东龙至田埠公路修通，个别人开始骑自行车出行。80 年代，自行车进入普通人家，开始出现摩托车。90 年代，自行车成为村民的基本代步工具，摩托车进入普通家庭。进入 21 世纪后，许多富裕家庭纷纷购置小轿车。

2016 年，全村有家用轿车 30 多辆、摩托车 200 多辆，家家拥有自行车，出门基本坐车或开车、骑车，只有极少数人路近时步行。

器具 20 世纪 70 年代前，村民使用的器具简单落后，生活器具主要有锅、盆、铲等铁器，碗、罐等陶器，床、柜、桌、凳、椅等木竹家具，仅少数富裕人家拥有雕花家具和铜、锡、瓷制品；生产器具主要有镰刀、锄头、犁、耙等铁制农具，以及风车、禾桶、谷仓、箩、筐等木篾用具。80 年代起，随着社会进步、科技水平提高，村民使用的器具不断更新。如今，生活器具趋于电动化、便捷化，电饭煲、液化灶、电磁炉、席梦思床、沙发、组合家具、彩色电视机、电风扇、电话、手机等已

雕花架子床

风车

石缸

成为普通家庭的必备用品，许多人还用上电脑、冰箱、空调；生产器具则趋于自动化，普遍使用打谷机、喷雾器、抽水机、插秧机、机耕机、收割机、碾米机、粉碎机、拖拉机、农用车等。

教育

古代教育 古时，东龙李氏十分重视教育，其族规中虽然提倡官、农、商、学“四民”平等，但受“万般皆下品，唯有读书高”观念的影响，对教育的推崇仍然分外突出，许多人发达后都“倡义学”“设学馆”“置学产”，从而形成一种全民办教育的良好氛围。

明清两朝是东龙教育的鼎盛时期。明弘治三年（1490），尹直在李氏上祠族谱序中曾提到“东龙李氏为虔南巨族，族之谱成，适予族子汤，馆其家”。明成化年间（1465—1487），李草塘（又名春芳）首倡义学，并发动宗族力量在村南永东寺边建学舍10多间，供族中子弟读书讲经。在其倡导下，族中大、小各房及一些有钱人纷纷效仿。清乾隆初年，为方便族中子弟进城赶考，李泰恕在宁都县城建试院1所，专门用来接待东龙赴考子弟。清乾隆十二年（1747），李开翩建造宗祠时，在门首设书馆1所。李盛山18岁开始从事商贸，积累大笔财富后，购买大厦办书馆。清道光二十五年（1845），李茂馨等捐出中门廊祠后享堂，辟为芸窗义学祠。清咸丰三年（1853）六月，州文学生例授文林郎李令镇（又名旭升）“因父弃世，先已设帐教读，即解帐回家，继厥父志经理”。甚至连只有5户人家的小房，也照样办起义学1处。李白峰一人曾连建学堂4座。李一德曾坚辞福建宁化县尹之职，回乡办学……据考证，村中几乎所有祠堂都附办过学堂，供本房本族子弟就读。到清末，村中仍有私塾、学馆6所。芸窗房学馆直至1911年辛亥革命前才停办，办学时间最长。

东龙的古代办学形式多种多样，有的一家延师教读（称“坐馆”或“家塾”），有的宗族捐钱捐田聘师设塾教读（称村塾、族塾或宗塾），有的塾师设馆收费教读（称门馆、教馆、学馆、书屋或私塾）。塾师多为落第秀才或老童生，也有自办自教者，如李白峰、李一德等。学生入学年龄不限，小者五六岁，大者二十多岁，以十来岁者居多。学生少则一二人，多则数十人。教学方法循序渐进，先由学生熟读背诵，再由教师逐句讲解，一般儿童先识“方块字”，识至千余字后教读《三字经》《百家姓》《千字文》等，接着再教读四书五经，最后教读《东莱博议》《古文观止》等古文。除读经典外，还得习字，学习写作八股文。多数订有严厉罚则，学规极严，对学生经常体罚。

除办学外，为解决教学经费，鼓励族中子弟发奋读书、力求上进，李氏宗祠和各房祠、支祠还纷纷设立义学田租，多时全村共有田租3000余石。据统计，到清末时，下祠已有义学田租26起计1500多石。分别为：李介夫54.6石，李屏岳100石，李在忠、李佩芬、李衡士计130石，李君绪52石，李坦夫20.5石，李三峰71.25石，李子若124石，李孚水、李滇水、李亦苏计12石，李介伍5石，李胜岳10石，李成玉3石，李芸窗176.375石，李仁芳66.25石，李翠繁24.5石，李石桥35石，李草塘14石，李讷吾20.5石，李君佑21石，李若癸12石，李胜宾8石，李鸣五285石，李文圃祖57.1石，李运发39.1石，李亮明15石，李程万132石，李伦宣40.6石。即使是小房，最少的也有3石，多者则达285石。

对义学资产，宗族和各房、各支制定严格的管理制度。各起义学资产均由捐助者共同推举的总理、副理、督理（或值事）负责管理，以确保其安全和合理使用。据清道光二十五年（1845）李祝三撰写的《芸窗祖义学田记》记载，芸窗房义学资产管理规定：考试时“生童合课，岁科二试，每年六课，乡试每年三课。课期，生童俱以黎明齐集，课领卷面，不得夹带代替。每年开课之日早午设席，余后，每名给钱100文。课日，文一篇，诗一篇，下午交卷，不得给烛。不完卷者扣除饭食钱。课卷呈送宿学批定，给看卷礼4钱”。奖惩办法为“第一名赏花红200文，二名给花红100文，三名给花红50文。文武童生州试，按每名每场给考费200文。院试，按名每场300文。乡试水程，每名给钱 2 千文。会试公车，每名给钱 20 千文。新进文武生员义学祖堂拜祖，每名给报礼 500 文。新登科甲义学祠堂拜祖，每名给报礼 20 千文。恩、拔、副、优贡义学拜祖，每名给报礼 10 千文。生童无故不应课，生员扣除乡试水程费，童生扣除州、院二试考费”。其余各起学租，也根据自身实际制定了相应的条规。如坦夫房学租规定“合众公议，永拔日后文、武、庠、禀、岁荐科甲者膏火之资。至捐纳者，部照到日即领众送上贺礼 10 千文。自嘉庆二十一年（1816）以后，新进 1 名，独收学谷一载或新进数名共收学租一载，又各领众上贺礼 20 千文，永为定例。到次年仍照新旧文武人名均收”。这些得力措施，使东龙的教育得以蓬勃发展，不但涌现出许多有真才实学的人才，而且许多普通村民也有一定学问。民国年间，高排李绍廉、李学禹兄弟去广昌驿前卖蒜，因为人多，李绍廉忙乱中撞到一位写字先生的书桌，将其正写着的一副对联弄脏了，写字先生大怒，不但要李绍廉赔对联，还要他点烛鸣炮，当众道歉。其弟李学禹气愤不过地说：“不就一副对联吗，谁不会写，值得发这么大的火。”那位先生看李学禹一副农民装束，不屑地说：“哟，看来你有能耐，你来写”。“写就写！”李学禹也不客气，从箩筐里取出一根大蒜，蒜须醮上墨汁，便在红纸上笔走龙蛇，一挥而就，围观者啧啧称赞。写字先生一见，好生惭愧，收拾笔墨纸砚赶忙离去。

历代尊教重学之风，为东龙造就了一大批人才。早在元末明初，东龙就开始有人中榜致仕，到明清时期，东龙的人才培养进入鼎盛时期。据清道光《宁都直隶州志》记载，几乎每岁科考，都有东龙李氏子弟中榜或选为岁、恩、优贡。据统计，明清两朝，仅李氏下祠 26 世前就出过文、武举人 5 名，庠、廪、增生 300 名，贡生 40 名，其中被授予各种官职者 80 余人。还出现过一家几代争先入学求功名的现象。如朴斋房李开莫，自己中选优贡，3 子、11 孙中又有 12 人中秀才。慎斋房李英越（又名介夫）自己授冠带，6 子、12 孙、23 个曾孙中也有 37 人中秀才，其中还有 6 人游太学。对此，当地村民至今还津津乐道，称其为“六子十八庠”。明末清初文学家李腾蛟在《邑庠生震瑞先生七十寿序》中赞曰：“其时，吾家文学士凡四五十人，每宴会班一堂，衣冠甚伟，诸少壮高谈雄辩，往往以意气自豪。”此外，许多人还通过纳捐获取功名，仅清嘉庆末年至光绪年间（1875—1908），东龙李氏 27 世至 30 世中纳捐获得国学生、例贡生者就达 238 人，登仕郎、从事郎、文林郎、修职郎、从四品、从六品、正七品、从八品、从九品及候补知府、知县等各种品秩与虚衔者共 197 人。

东龙早期入仕者，有元至正年间（1341—1368）由人才选授福建闽县主簿的李世宝。明代入仕者有由人才选授湖广衡州河泊所巡检的李存闻、广东雷州海康县黑石寨巡察李存明；永乐年间（1403—1424）由人才授福建县巡检的李世明；嘉靖二十四年（1545）岁贡授广西遂溪教谕，后升南京国子监学录的李一元；由大学授苏州常熟主簿，后升北直虎赉卫经历的李大瞻；由太学初授南京东城兵马指挥司使，后升广西浔阳府通判署桂平县事，崇祯元年（1628）晋奉直大夫的李大受；由太学授国子监典籍的李太宏；由太学任苏州吴县县丞，后升泗州同知的李大亨；由庠生恩贡授监纪推官的李震涫；授礼部儒事的李大雅、李茂藻、李世珍；授抚州东乡县儒学教谕，后升赣州府儒学教谕的李勖承；嘉靖授袁州万载县司训，后升南京安庆府宿县教谕的李一宏等。清代入仕者有由太学授礼部行人司司正，借补通政司经历，拣发贵州同知府事，摄石阡府龙泉县篆、署安顺府通化营通判，题补铜仁府分驻松桃城军民同知，诰授奉政大夫的李泰俊（又名自洁）；由太学授州同知，改授北城兵马司正指挥，升刑部福建司主事，补适湖广司主事，再升本部奉天司员外郎，钦差南新仓监督，推升浙江司郎中，乾隆五十五年（1790）升浙江处州府署理分巡温州兵备道兼督海防水利事务，诰授朝议大夫的李泰伟（又名自凛）等。其中品秩最高者为正四品巡道。举人有清雍正十年（1732）中榜的李謨、乾隆十七年（1752）中榜的李士晋、乾隆三十九年（1774）中榜的李步廷、嘉庆十八年（1813）中榜的李宽、光绪二年（1876）中榜的李嗣扬。著名的学者有明末清初文学家李腾蛟、理学家李大集。李腾蛟弃诸子业，与魏禧等 8 人隐居宁都城西的翠微峰躬耕自学，世称“易堂九子”，其著作有《周易剩言》《半庐诗文集》《易堂三处士稿》等，名入《清史稿·文苑传一》《中国人名大辞典》。李大集著有《性理辑醇》《易经图说》《史论》等，主张“学以践实为归”“不践实，非真儒也”，名入清道光《宁都直隶州志》。

近现代教育 民国时期，东龙重教依旧。1917 年，村中私学就与时俱进，创导新学，讲授新文化、新知识、新观念。一些有识之士则把目光放得更远，不但让自己的子女接受传统文化，而且鼓励他们吸取西方“洋”学。如清末太学生李儒彬，经营布店发家后，不置田建房，而是“倾囊孤注无少吝惜”，支持鼓励其子李友植游学日本 4 年，寻求先进科学知识。1942 年，李大昌在李氏下祠和东山祠内创办东龙国民完小，除招收本村学生外，还面向周边马头、王沙、杉涧和石城等地招生，有学生 100 余人、教师 8 人，实行初小 4 年、高小 2 年“四二制”，课程有团体训练（包括训育、卫生训练）、国语、社会（高年级包括公民、历史、地理）、自然、算术、劳作、美术、体育、音乐等，经费由县国民政府按教师数比照县级公务人员标准拨付。这一时期，东龙涌现出革命英烈李先保，出现了国民党军事委员会测量九队队长、少将李调元，曾任九江地方法院推事等职的李绘文（又名嗣藻）等。

中华人民共和国成立后，教育经费主要由国家负担，东龙教育得到不断发展。1949年年底，政府即接管东龙国民小学，将其改为东龙小学，招生范围拓展到马头、杉间和石城县罗斜。1958年，东龙完小并入马头完小。1966年，设立东龙中小学，开设小学和初中班，面向本村和文明、霄高、王沙排、杉间招生。1968年，贯彻国家“高中不出公社，初中不出大队，小学不出生产队”办学精神，东龙中小学班级增多，为解决师资不足，开始吸收回乡知识青年担任民办教师（又称“赤脚老师”）和代课教师。1973年，东龙中小学被赣州地区革命委员会评为“普教”先进单位。1981年，东龙中小学改为东龙小学，停办初中班。1989年，东龙李氏后裔、台湾同胞李书堂、李接春、李振奇、李政仁、李锦荣、李保生各捐资0.6万美元，在李氏下祠下侧新建东龙小学。1997年，东龙实现国家“两基”目标（基本实现义务教育、基本扫除青壮年文盲）。2009年，国家投资20万元修缮东龙小学校舍。2015年，国家投资15万元整修东龙小学校园。2016年，东龙小学占地面积4432平方米，校舍建筑面积910平方米，各种教学设施齐全，藏书达2200册；实行六年学制，一、二年级开设思想品德与生活、语文、数学、科学、体育、音乐、美术课，三至六年级增设社会与思想品德、英语、信息技术课；全校有学生69名，教师7名。1950—2016年，东龙小学（中小学）共培养小学毕业生3300多名、初中毕业生600多名。1977年恢复高考以来，全村共考取大中专毕业生300多名。近年来每年考取第二批本科以上高校10余人。2013年，村民李罗敏还成为赣州市高考文科状元。中华人民共和国成立后，全村共培养出各类人才100多名，其中，军政界有解放军南海舰队政治部副主任李学南、江西省地方志办主任梅宏等；教育界有全国优秀教师李上海、李贤敏等；科技界有中国科协会员、园艺学会会员李传生，中国土壤学会会员李宗盛；医学界有中医名师梅头明等；博士有李平、李琳、李正友、李正兴、李学荣、李东北、李旭生、李虹等。

◉ 医疗保障

医疗卫生 中华人民共和国成立前，村中只有少数中草药医生，医疗水平低下，村民缺医少药，长期受疟疾、麻疹、肺结核等传染病和地方性甲状腺病困扰，时常发生孕妇难产和新生儿破伤风致死等现象。

中华人民共和国成立后，医疗条件不断改善。1951 年，推广新法接生，先后推行牛痘苗、霍乱苗、白喉类霉素、伤寒、副伤寒甲乙二联菌苗、卡介苗、乙脑疫苗和百日咳菌苗接种。1959 年，开展“六病”（丝虫病、钩虫病、疟疾、头癣、性病、麻风）查治，共查出“六病”患者 26 名，治愈 80%。20 世纪 60 年代，增加小儿麻痹糖丸（脊灰糖丸）和百日咳、白喉、破伤风混合制剂（百白破）接种，开展妇女病普查普治。1961 年，开展营养不良性水肿和妇女子宫下垂、闭经病人防治。1964 年，开展蛔虫、蛲虫、甲状腺种、乙型脑炎、沙眼病查治。1965 年，开展乙型脑炎查治，流脑疫情防治。1970 年，增加麻疹疫苗、流脑菌苗接种。1973 年，“六病”基本得到控制。1979 年，开始实行儿童计划免疫。20 世纪 80 年代末，基本消灭丝虫病（俗称“油筒脚”）。90 年代初，基本消灭疟疾；村中开始配备计划免疫人员 2 名，负责传染病疫情监测与预防、群体健康状况监测、食品卫生管理和儿童计划免疫接种等。1993 年，开展消灭脊髓灰质炎强化免疫活动。2003 年，乙肝防治列入儿童计划免疫范围。2006 年，建立非典型肺炎、艾滋病、人畜流感和结核病管理、转诊、监管督导机制，全面推广传染病预防接种。2016 年，设有村卫生所，有医务人员 2 名；各种计划免疫接种率均逾 90%，基础免疫率达 85%，乙肝疫苗首针及时接种率逾 75%。

医疗保险 20 世纪 60 年代末至 80 年代初，推行合作医疗制度，村中设立卫生所，村民每人每年缴纳 1 ~ 3 元“参合”费，即可享受免费看病，并基本做到看小病、轻病不出村。

2006 年，推行由政府组织引导、农民自愿参加、集体和政府筹资、以大病统筹为主的新型农村合作医疗制度，村民每人每年缴纳 120 元“参合”费，即可报销 30% 以上的医疗费。2016 年，全村新型农村合作医疗覆盖率达 80%，有 1867 人参加新型农村合作医疗，共缴纳“参合”费 22.4 万多元，有 261 人次享受医疗补助计 87 万余元。

◉ 社会保障

养老保险 1993 年，村中推行农村社会养老保险制度。村民视年龄每人每年缴纳 100 ~ 500 元不等的“参保”费，60 周岁后每人每月即可获得 50 元的养老金（2014 年增至 70 元）。1998 年，推行农村家庭最低生活保障制度，为年收入不足 500 元的农户提供最低生活保障。2000 年，推行农村社会“双定补助”制度，对家庭主要劳动力因病残丧失劳动能力、无经济来源的农户，每人每月提供 30 元的补助。2004 年起，视情对特困户每户每年给予 100 ~ 300 元不等的补助。2006 年，农村最低生活保障补助标准调分为 4 档，补助金额分别为 400 元、300 元、200 元、150 元；全村养老保险覆盖率达 72%。2010 年，执行国家长寿补贴政策，为 85 ~ 89 岁、90 ~ 99 岁和 100 岁以上的老人每人每月分别补助 100 元、300 元、1000 元。2016 年，全村有 60 户 106 人享受国家“低保”。

五保户供养 旧时，东龙李氏建有义仓、图会等公益组织，救助孤、寡、老、残和生活无依靠者。清道光年间（1821—1850），李令涟还邀集 5 人在宁都县城创设老人堂，专门收养孤寡老人。

苏区时期，1930 年春至 1934 年 10 月，区、乡、村苏维埃政府分别建有互济会、合作社等互助组织，救困济贫，救助孤、寡、老、残。

1958 年，国家开始对鳏、寡、孤、独、残等无依靠者实行“五保”（保吃、保住、保穿、保医、保葬）。1960 年，五保户补助标准为每人每年 50 ~ 70 元，后逐年增加。1986 年，入敬老院和分散供养的五保老人每人每年生活费补助标准分别增至 200 元、150 元。1989 年，五保老人生活费补助标准再增至每人每年 270 元，另补助粮食 300 千克、食油 3 千克。1991 年，五保金实行乡统筹，人均每年 270 元。1997 年，人均每年增至 600 元。2008 年，集中和分散供养的五保对象每人每年救助标准分别提高到 1800 元、1200 元。2016 年，全村有五保户 7 户 7 人，全部由政府供养。

◉ 新农村建设

2004 年 10 月，赣州市在全国率先进行新农村建设，东龙围绕“五新一好”（建设新村镇、发展新产业、培育新农民、组建新经济组织、塑造新风尚，创建好班子），开始新一轮建设，先后实施五大工程。

环境整治工程 主要内容为“三清三改”（清垃圾、清污泥、清路障，改水、改厕、改猪牛栏）、“四改三治一保”（改厕、改灶、改圈、改院，治弃、治污、治建，保护古建筑）。2004—2016 年，共拆除无人居住的“空心房”80 间计面积 0.2 万平方米，猪牛栏、坑式老厕所 500 多间（所）计面积 1.2 万平方米；开展环境综合整治活动 13 次，疏浚河道沟渠 6 次，共清理垃圾 0.21 万立方米；投资 260 万元，修建垃圾中转站 1 个、标准化公厕 4 个、垃圾池 10 个、污沟管线 700 米，增置垃圾转运车 1 辆、垃圾桶 280 个，垃圾中转站占地面积达 204 平方米、建筑面积达 600 多平方米。

硬化工程 2008 年，硬化东龙至马头公路 9.5 千米。2009—2016 年，硬化景点游步道 5 千米，村中便道 8 千米，公共场所 500 平方米。

绿化工程 2013—2016 年，投资 60 万元，实施绿化工程，“四旁”（路旁、水旁、村旁、屋旁）种植樟、柳、荷、桂花、红叶枫、含笑、黄竹等 2600 株，新增绿化面积 1100 平方米，在村落四周山岭种植松、杉、竹 1000 亩。

亮化工程 2014—2016 年，实施亮化工程，县新农村建设办公室、县扶贫办拨款 65 万元，安装太阳能节能路灯 129 盏。

土坯房改造工程 2014—2016 年，根据国务院《关于支持赣南等原中央苏区振兴发展的若干意见》，东龙实施土坯房改造工程（改土木结构为砖混结构），一般农户危旧土坯房改造每户可获得国家补助 1.5 万元，低保户则为 2.5 万元。全村共获得国家危旧土坯房改造补助资金 320 万元，改造土坯房 210 户计 920 人，占地总面积 1.65 万平方米，总建筑面积 4.2 万平方米，改造面约占全村农户的 50%。改造后的农户人均住房面积增至 45.65 平方米，居住条件彻底改观。

◉ 脱贫攻坚

东龙虽然明清时期是有名的富裕之地，但因其清末已开始衰落，土地革命战争时期全力支援革命战争耗损了大量人力、财力、物力，国民党重占苏区后又遭受了残酷镇压和经济掠夺，加之地处偏僻、基础设施不完善，20 世纪 50 年代已成为贫困地区。20 世纪 50 年代至 2014 年，虽然国家对东龙的交通、水利电力、文化教育、医疗卫生等事业的投入不断加大，但东龙的经济和社会事业发展仍然严重滞后。2015 年，全村仍有贫困户 145 户 471 人，其中低保户 60 户 106 人、五保户 7 户 7 人。根据国家脱贫攻坚部署，省文化厅、市扶贫办、县公安局交通管理大队和乡人民政府派出帮扶工作队（组）进驻东龙村，助力精准扶贫脱贫。省文化厅还成立以党组书记、厅长池红为组长的定点帮扶工作领导小组，组织下属 10 个单位参与帮扶，并选派工作队员 5 名，其中处级常驻队员 2 名。2015—2016 年，东龙在省、市、县有关部门和乡人民政府帮助下，为脱贫攻坚采取了一系列举措，使贫困户 75 户 321 人脱贫。

产业扶贫 重点发展白莲、湿地松、毛竹种植和淡水养鱼。2015 年，市扶贫办扶持成立华龙肉牛养殖专业合作社，入社农户 37 户，其中贫困户 14 户。2016 年，全村种植白莲 500 亩，其中 56 户贫困户种植 200 亩；种植湿地松 400 亩，其中贫困户种植 250 亩；种植毛竹 50 亩，其中贫困户种植 40 亩；淡水养鱼 40 亩，其中 4 户贫困户养殖 25 亩。华龙肉牛养殖专业合作社养殖西门达尔肉牛 46 头。

文化扶贫 2015 年下半年，采取垫资方式建成村综合文化服务中心，占地面积 130 余平方米，内设图书阅览室、少儿图书阅览室、电子阅览室、老年活动室；省财政拨款购置摄像、照相等设备，省体育局资助健身器材 1 套。2016 年，省发改委资助村综合文化服务中心建设资金 26 万元；省文化厅资助扶贫专项资金 50 万元，干部职工资助困难群众捐款 2.22 万元、捐物折款 24.3 万元，扶贫工作队队员资助困难群众捐款 0.5 万元；省财政厅、文化厅资助社区文化中心文化活动室建设专项资金 5 万元；省群众艺术馆资助“百姓大舞台，大家一齐来”文化活动资金 5 万元、扶贫专项资金 2 万元；市文化局资助非物质文化遗产传习所建设资金 10 万元；省赣剧院捐赠价值 4 万元的音响设备 1 套；省图书馆捐赠村文化服务中心桌椅、书柜 10 台（套）；江西省画报社捐赠《江西画报》《江西旅游》《人文江西》等刊物数百册并配报架；省、市、县文化部门和驻村扶贫工作队多次组织召开座谈会，挖掘整理凌霄阁庙会、玉皇宫醮会 2 项非物质文化遗产，申报省级非物质文化遗产名录；新建标准篮球场 1 个。这些扶持措施，不但使东龙的文体设施得到改善，村民文体生活更为丰富，为东龙的旅游发展增添了活力，而且为贫困户提升智力和技术能力提供了条件。

旅游扶贫 立足中国历史文化名村优势，在省文化厅等帮扶单位帮助下发展文化旅游，2015 年东龙村被国家列为旅游扶贫试点村。2015—2016 年，先后完成游客服务中心、生态停车场和供水、安全保卫、山林林相改造、景区绿化、环境保护设施等工程项目建设。旅游服务设施改善后，游客增多，贫困户年均增收 500 元。

就业扶贫 在发展旅游业和公共服务业中，优先安排贫困户就业。2015 年，在新开农家乐中安排贫困户 6 人，户均年增收 1.44 万元；安排贫困户担任保洁员 8 人，户均年增收 0.6 万元。

整合资源扶贫 2015 年冬，动员鼓励全村无劳动能力的 84 户贫困户，将农田、山林、水塘等资源通过出租或入股等形式转让给其他农户经营，从中收取租金或股权分红增加收入，户均年增收 0.5 万元。

古村保护

东龙人历来重视古村保护。据不完全统计，自清中期至2005年，民间筹资先后恢复古迹6处，修缮古迹20处。2006—2016年，县、乡人民政府将古村保护提上重要议事日程，围绕生态、环境、古迹“三大保护”和基础设施建设，制订古村保护规划、修建性详规和建设项目详规等，国家和各级政府共投入资金1.15亿元，其中，用于古迹恢复、修缮1200余万元，恢复古迹6处，修缮古迹16处；用于修路、通水、景点打造、改善文化设施等基础设施建设1.03亿元。

◉ 生态保护

旅游规划 2006年，田埠乡第十四次党代会上提出“产业富民、兴工强乡、商贸活市、旅游旺乡、和谐平安”发展思路，将东龙作为旅游旺乡品牌，提上保护议事日程。2007年，宁都县人民政府制定《宁都县旅游发展总体规划（2007—2020年）》，将东龙列为重点旅游、重点工程建设示范点和新农村建设点，提出东龙旅游发展策略和规划目标；田埠乡人民代表大会作出“巧打东龙牌”战略部署。2010年9月，聘请浙江大学城乡规划设计研究院、杭州景观园林建筑设计有限公司制订《宁都县田埠乡东龙村历史文化保护规划》。2013年9月，聘请杭州市城市规划设计研究院、杭州景观园林建筑设计有限公司制订《宁都县田埠乡东龙历史文化名村修建性详细规划》。2016年12月，聘请青岛市建筑设计研究院制订《东龙历史文化名村保护利用实施项目详规》。

这些规划对东龙古村旅游发展战略、景区定性定位、总体布局、旅游区和重点项目、旅游产品和线路、旅游基础设施和旅游服务等作出详细安排。将东龙村定位为“集完整的相融于自然的古村落格局、严格遵守的传统礼制体系、独特的客家宗祠文化为一体，具有重要的历史价值、人文意义的客家历史文化名村。功能结构为‘一轴三心’‘一街五区’的古村落格局及生态水体保护带、生态农田保护区、生态山林保护区。‘一轴三心’即以古村落格局为主轴的以宗祠为中心的祖先祭祀区；以村西南的玉皇宫、村西北的胡公庙（凌霄阁）为中心的神明祭祀区；以村东南房祠、民宅为中心的人居空间（含集会、休闲、商业）区。‘一街五区’即客家风情街和旅游服务区、休闲区、民俗文化体验区、文化展示区、古迹观光区”。根据东龙旅游资源特征，市场定位设计出“以历史建筑与古祠堂、古庙、古塔等古迹串联为一体的古村古迹观光游；以田园、茶园、豆腐坊、美食等农耕文化为主题的古村文化体验游；以村域四寨、七隘、梯田、瀑布为主要景点、以登山游为主的古村山水绿园观光游；以东龙特有的生态环境、田园风光、架上金盆、洞天福地为主，品味其静谧、安详氛围的古村休闲度假游；以正月闹花灯、舞龙灯、搬桥梆灯、四月太公庙会、七月拔河、三坛醮会为主的古村节庆活动游”。并制定古迹保护详规，对村中重要宗祠、庙宇、古建及其环境进行科学调查、勘测、鉴定、登录、修缮，使其结构保持原样，保证内外风貌具有历史真实性；对保存较完好的建筑进行日常保养，防护加固，现状修整，重点修复，保持其原有风貌；维修改善要对历史建筑和历史环境要素进行不改变外观特征的加固和保护性复原，对其内部布局设施进行调整完善；对与古村历史风貌有冲突的一般性建筑、构筑物采用整修改造方式改变立面外观，或降低建筑高度、改变造型；拆除或更新质量差的房屋和对村内景观有影响的建筑。要求对古迹实行分级保护，将有独特性、代表性的建筑列入核心保护范围，有文物价值的建筑、古迹、古物列入文保保护规划；等等。

同时还提出，禁止在保护区范围内开山、采石、采伐等，以及占用保护规划区确定保留的园林绿地、河溪水系、道路等，在历史建筑上刻画、涂污，在保护区范围内改变园林绿地和溪、河、塘水系等自然状态，在核心保护区范围内进行其他影响传统格局、历史风貌或者历史建筑的活动。在保护区建设控制地带内进行工程建设，不得破坏保护区的历史环境风貌，工程设计方案应当根据保护区的级别，经相应的文物行政部门同意后，报城乡建设规划部门批准；使用不可移动文物，必须遵守不改变文物原状的原则，负责保护建筑物及其附属文物的安全，不得损毁、改建、添建或者拆除不可移动文物；对核心保护区不得进行新建、扩建活动；禁止构筑一切与保护区无关的新建筑；拆除或搬迁保护区内有影响遗迹保护或观瞻的新建筑，严格遵守《中华人民共和国文物保护法》和其他相关法律、法规要求，不准私自改变建筑物原状和周边环境；除日常维护外，不

东龙景点分布示意图

得施行任何修建、改造、新建工程及其他任何有损古建筑物及其环境风貌、有碍旅游观瞻的项目；在对保护区建筑物损坏部分实施必要的整修时，对其外貌、内部结构体系、功能布局应严格坚持以旧修旧、不改变原貌的维修原则，并做好消防安会保护设施。

2014 年 6 月，中共宁都县委、县人民政府发出《关于切实抓好田埠乡东龙古村保护与建设工作的通知》，成立宁都县东龙古村保护与建设工作领导小组，明确东龙古建筑群保护范围、保护措施、维修原则、保护责任等。

2016 年 12 月，聘请青岛市建筑设计研究院制订《东龙历史文化名村保护利用设施建设项目》。

环境保护 自古以来，东龙李氏十分重视自然生态环境保护，认为“来龙水口，必蓄松柏，以为护荫望气者，其郁葱有兴象焉。龙鳞古柏，屈曲蜻盖，耆老之征也。青枝翠叶，亭亭力长，童儒之征也”。并将种植和保护房前屋后、村庄周围、山径隘口树木的有关规定载入族谱，要求族人共同遵守。清康熙年间（1662—1722），全村又订立《东龙岭荫路松合乡禁议》，规定：“设诸山主或毁前念，据为私业者，有禁；在山至之子孙，失前人美意而视为己物者，有禁。四邻近属擅自砍伐者，有禁。倘有犯禁之辈，合乡共攻，决不瞻狗”。1995 年《宁都东龙李氏十修族谱族规》则订立第十款“蓄林木”一条，提出“林木可防水旱灾害和水土流失，浓荫绿葱，美化环境，望气兴焉。任意滥伐，林木不可胜用，法理不容”。充分体现出东龙人对保护、美化自然环境的重视。除倡导植树护林外，东龙历史上还进行过 4 次大规模的生态建设：一是自宋代起便修筑池塘，明清时期全村已有池塘百口，对防火抗旱、调节小气候、美化环境起到了重要作用。二是明代在村西三溪汇聚处修筑拦水坝，并于坝上修建玉虹桥，旁植树木，这一建筑既是水利工程、“风水”工程，也是景观工程（“虹桥锁水”）。三是明代在村西水口旁修建文峰塔（后改建“狮山”），在接龙桥旁兴建文昌阁（又称蛇阳庙），既满足村民祈盼镇妖孽、昌文运的心理需求，又为东龙形成“塔映湖心”的壮美景观。四是明代在村前屋后种植大量樟树，清代在村东北通往石城小松、马头的 5 千米古道两旁种植松、杉林带，既保护水土、装点古村，又可为行人遮阳挡日。为防范兵祸匪乱，清咸丰年间（1851—1861），又在进入村庄的 8 条道路险要处设立隘口 8 处，在四周险峰修建寨堡 4 座，既保护村民人身、财产安全，又确保村庄生态环境不招致破坏。

经过一代代人的努力，到 20 世纪 50 年代初，东龙已成为一个山清水秀、古树掩映、环境优雅的大村落。但 20 世纪 50 年代末至 80 年代，先后因为“大跃进”“大炼钢铁”、

"红卫兵"破"四旧"、修路建桥、毁林开荒、农田水利建设、乱建房屋、乱砍滥伐等无序活动，村内古树名木基本被毁，山上植被遭到严重破坏，不但让东龙风景不再，而且一度还出现荒山秃岭、水土流失。

20 世纪 90 年代起，各级人民政府和东龙村民开始注重古村生态保护，制定绿化规划，每年均开展植树造林，部分地方退耕返林，东龙的生态环境又逐步得到改善，千年古村出现盎然生机。

◉ 古迹保护

古迹修缮 东龙人历来重视保护祠堂、庙宇、桥梁等古迹，村中建筑几乎座座都进行过修缮，多的整修过四五次，为维护村内外桥梁还专门成立了桥会。2005 年前，修缮资金多由民间自筹解决。2006 年起，国家、省、市、县开始投入资金，不断加大古村古迹修缮力度，至 2016 年，累计投入修缮资金 1000 余万元。

东龙村历代古迹修缮情况表

表 7

古迹名称	修缮（重建）时间	投资情况	备注
李氏上祠	清乾隆十八年（1753）	上祠后裔集资	李令传督修
李氏下祠	清乾隆二十三年（1758）	下祠后裔集资	修缮
育斋祠	清乾隆三十二年（1767）	李泰懿捐资	修缮
李氏下祠	清道光九年（1829）	下祠后裔集资	修缮
享堂改祠	清咸丰三年（1853）	李运璋、李令镛捐资	改建
南窗祠	清光绪四年（1878）	李凌云捐资	修缮
李氏下祠	清光绪十九年（1893）	下祠后裔集资	修缮
李怀能宅	清光绪年间（1875—1908）	李儒润捐资	修缮
守政祠	清代	李守政后裔集资	修缮数次
思忠祠	20 世纪 50 年代	李思忠后裔集资	修缮
佩仪祠	20 世纪 70 年代	李佩仪后裔集资	修缮
宿南祠	20 世纪 80 年代	李宿南后裔集资	修缮
经达祠	20 世纪 80 年代	李经达后裔集资	修缮
靖轩祠	20 世纪 90 年代	李靖轩后裔集资	修缮
绍昆祠	20 世纪 90 年代	李绍昆后裔集资	修缮
君佑祠	20 世纪 90 年代	李君佑后裔集资	修缮
慎斋翁祠	2000 年	李慎斋后裔集资 0.8 万元	修缮
育斋祠	2004 年	李育斋后裔集资 5 万元	修缮

续表 7

古迹名称	修缮（重建）时间	投资情况	备注
用我祠	2005 年	李用我后裔集资	修缮
芸窗祠	2006 年	李芸窗后裔集资	修缮
虹口锁水	2006 年	国家投资	修缮
文峰塔	2009 年	中国传统村落保护中央专项资金	修缮
隘口凉厅	2009—2015 年	中国传统村落保护中央专项资金	修缮 8 座（处）
古井	2010—2016 年	中国传统村落保护中央专项资金	维修 7 口
南窗祠	2011 年	李南窗后裔集资 10 万元	修缮
“百间大屋”	2014 年	国家投资 160 万元	修缮西苑、绣楼
君绪祠	2014 年	李君绪后裔集资 5 万元	修缮
俊人祠	2015 年	李芸窗后裔集资 20 万元	修缮
古池塘	2015 年	国家投资 55 万元	整修 2 口
外立面改造	2015 年	国家投资 120 万元	改造民居 110 栋
乔中祠	2016 年	李乔中后裔集资	修缮
“百间大屋”	2016 年	省财政投资 60 万元	修缮东圃、绣楼
李氏上祠	2016 年	省财政投资 50 万元	修缮
李氏下祠	2016 年	省财政投资 90 万元	定于 2017 年修缮
慎斋翁祠	2016 年	国家投资 50 万元	定于 2017 年修缮
胜瑞祠	2016 年	国家投资 48 万元	修缮

说明：本表信息为不完全统计

古迹恢复　东龙古代建筑众多，有的因年久失修或天灾人祸曾一度被废毁。为保护村落风貌，留住历史印记，东龙人历代以来都十分重视恢复废毁古迹。2005 年前，古迹恢复资金多靠民间解决。2006 年起，国家、省、市、县开始投入资金，恢复部分古迹，至 2016 年，累计投入古迹恢复资金 200 余万元。

东龙村历代古迹恢复情况表

表 8

古迹名称	修缮（重建）时间	投资情况	备注
文峰塔	清雍正五年（1727）	全村李氏集资 759.35 两白银	整体重建
将军庙	清乾隆二十年（1755）	村民捐资	整体重建
忠孝祠	清道光十年（1830）	李令涟捐资	整体重建
玉皇宫	1942 年	李英士捐资	重整体建
令德祠	1978 年	李令德后裔集资	整体重建
南窗祠	1993 年	李南窗后裔集资	重建上栋
龙岗古隘	2009—2010 年	国家、乡财政各投资 10 万元	整体易址重建
池塘	2010—2016 年	村民投资	修筑池塘 42 口

续表 8

古迹名称	修缮（重建）时间	投资情况	备注
三仙庙	2015 年	村民捐资	整体重建
景观河堤	2015 年	国家投资 50 万元	修建“双涧抱村”景观
凌霄阁	2016 年	国家投资 26 万元、个人捐资 110 余万元	整体重建
相公庙	2016 年	村民集资	正在重建

说明：本表信息为不完全统计

基本建设

东龙因为山高地偏，经济落后，交通、电力、通信、文化等基础设施建设一直严重滞后。1969 年，始开通电话、有线广播，用上电。20 世纪 70 年代，始修通至田埠公路，结束外出安步当车历史。1998 年，打通至石城小松断头路 3 千米，始有第二条通往外界的公路。1999 年，始开通程控电话。

进入 21 世纪后，在各级党政重视下，东龙的水、电、路、房、通信和文化教育等各项基础设施建设得到快速发展。2005 年，开通移动通信。2007 年，新建村委会办公大楼，启动村中游步道建设。2008 年，改造硬化东龙至马头、东龙至石城小松公路。2009 年，改造东龙小学。2012 年，建立卫星地面接收基站，开通互联网，实现移动、联动、电信信号全覆盖，电视网络覆盖率达 80%。2012—2013 年，新建停车场 2 个，可同时停车 100 多辆。2015 年，新建村综合文化服务中心、垃圾中转站，改造饮用水管道，安装电子监控系统。至 2016 年，国家和各级财政共投入基本建设资金 1.03 亿元，其中交通建设资金达 8000 多万元，东龙的基础设施得到大大改善，砖混结构住房率、道路硬化率、农户通电率、安全饮水普及率、通信信号覆盖率均达 90% 以上。

东龙自来水厂　位于穿水龙。2009 年 10 月动工兴建，2009 年 12 月建成。日产规模 50 立方米。铺设供水管线 3000 米，有用户 480 户。总投资 80 万元，全由县水利部门解决。2016 年，精准扶贫挂点帮扶单位省文化厅决定投资 50 万元对其升级改造，2017 年实施。

东龙至小松公路　1998 年，打通东龙至石城小松断头公路 3 千米。2008 年，改造硬化东龙至石城小松公路 4 千米，路宽增至 5 米。总投资 130 万元，其中国家投资 100 万元、其他投资 30 万元。

东龙至田埠公路　20 世纪 70 年代修建，总长 19 千米。2008 年，改造硬化东龙至马头段 9.5 千米，路宽增至 5 米。总投资 210 万元，其中国家投资 165 万元、其他投资 45 万元。2016 年，省、市、县公路部门决定投资 8000 万元，对其全面改建，2017 年实施。

村综合文化服务中心　位于中村组。2015 年 10 月动工兴建。2016 年 10 月竣工。占地面积 120 平方米，建筑总面积 260 平方米。总投资 445 万元，其中国家投资 45 万元。

李氏下祠停车场　2008 年 6 月动工兴建。2008 年 11 月竣工。面积 1000 余平方米。国家投资 30 万元。

村综合文化服务中心（2016 年）

村口停车场 2013年8月动工兴建。2013年11月竣工。面积1100平方米。国家投资50万元。

东龙牌坊 2012年兴建。宽3门计10米，高13米。总投资26万元，由精准扶贫挂点单位县公安局交通管理警察大队解决。

游步道 2009年启动，当年修建通村小组主干道600米，路宽扩至5米，卵石铺面。总投资45万元，由国家解决。2010年3月至2016年12月，县新农村建设办公室、发改委、扶贫办公室、城建局、交通局等部门立项投资200万元，修建贯通景点游步道总长5000米，路宽2～4米不等，卵石铺面。

小型地面并网光伏发电站 2016年，省文化厅决定投资50万元，在村西北山上兴建此项目。规划占地面积5亩，装机容量107.9千瓦，年发电量约9.7万千瓦时。所发电力通过村中100千伏安升压变电器将电压升高至10千伏后“全额上网”。拟于2017年动工建设。

村委会办公楼 2007年兴建。占地面积560平方米，其中庭院面积200多平方米。2层砖混结构，建筑面积256平方米。总投资15万元。

农家宾馆 村民李开生投资140万元兴建。2015年5月建成。占地面积500平方米，建筑面积300平方米，有床位20张。

艺文杂记

东龙发达的教育造就了大批文人，独特的景观吸引了无数名士，许多当地文人和慕名前来观光览胜、寻朋访友的名士留下了美文佳作。这些美文佳作和东龙自古留传的许多美好传说一起，多角度展示了东龙鲜艳夺目的风采。

◉ 诗歌

岘山秋日

〔清〕李腾蛟

茅屋数椽，维山之巅。
白云结牖，液下流泉。
日月升沉，荡影摩肩。
兹屋兹山，金精之间。
群石角出，我处独闲。
白露晨流，明星夜然。
多病成慵，于物无因。
帘静风微，雨过泉新。
抱瓮汲水，饮我来宾。

山庄值月

〔清〕李腾蛟

野兴随樵牧，行歌归渐昏。
疏林争宿鸟，落日失孤村。
客子犹闲立，农家早闭门。
忽然山月吐，疑是在东屯。

怀彭躬庵

〔清〕李腾蛟

卜子西河日，犹然叹索居。
以予多谬误，那得恃诗书？
别后情如昨，秋来心易虚。
前村赤叶下，知是故人庐。

过水庄访魏冰叔

〔清〕李腾蛟

山泉渴已甚，见此即情依。
况复多乔木，同来坐古陂。
桑阴迟主客，潭水出鸬鹚。
安得随渔子，一篙任所之？

东岩歌

〔清〕李腾蛟

同辟荒，兄弟荷锄对夕阳。
耦而植，长幼饭牛随朝夕。
看浮云，鄙宁戚。
素心追欢，日月衣冠。
少可怀，老亦安。

金精怀古

〔清〕李腾蛟

项羽弑义帝，衡山固首戎。
神山自忠孝，岂为悦己容。
虞歌尽垓下，戚舞归厕中。
此女独不嫁，魂魄为雌雄。
至今祠金精，直与黄石同。

金精坐月

〔清〕李腾蛟

金精待岁老，石破自天开。
不知天开时，月照几人来？
漫漫长夜去，浞浞水萦回。
皎兮月上水，古色延青苔。

李屏岳先生七十有一百韵联句诗

屏岳李先生盛德君子也，前壬癸间偕内君登六秩，临川大士陈子洎，荐绅大老感削词为寿。越十年又壬癸时，六十而登古稀年，愈尊而德愈高望愈隆而誉益洽，其六嗣蒸鬱起行，业日进交游日广，于是其社盟之子若侄，咸愿伸颂祷盛为先生祝，先生逊辞谢诸子，诸子毕谋于应搏，且谓搏于伦社为盟长，尤当决趋成事，遂分韻属词人，授其一或赓歌于同堂或邮名于千里，缉成百韵联，为大章视柏梁则多乎其句，似城南则广有其人，虽寿诗之创体乎。先生惟其盛德君子，多创于末世矣，敢不亦出其创以相颂耶。

天子昭阳运，人间纬宿缘。　黄金榜
岁守东方朔，神官第五元。　刘日佺
河北闻名士，陇西出大贤。　易学实
阳气先倪老，阴凝后妙然。　曾祖诏
七十诚希古，三单可纪年。　谢子燕
仁者惟能寿，山人即入仙。　陈大邵
考卜河图数，水神日影鞭。　彭士观
老子顺连丐，婴儿足上肩。　苏衡儁
如达传丹顶，犹龙主素轩。　邓履中
六子兼三两，五伦总百篇。　刘日价
夫妇羲皇上，神仙日月边。　李维岳
展礼王人重，引举国典专。　刘泰兆
平格胡能让，斐文不可谖。　谢大蕃
双星已会极，南斗坐经天。　朱之诤
三才人足贵，五福寿为先。　贺贻孙
敦祥皋月旦，困顿毕辰躔。　甘士兰
去年符紫曜，来复冠黄铨。　杨文徵
菖蒲吹节序，蓂荚载云烟。　陈孝威
三台县玉阙，五老集玷垣。　黄　震
玉楼通一无，银海毓双泉。　邱维宁
明霞奇孕矣，珠李一灼焉。　颜若愚

先生有朕兆，后学在斯传。　魏　书
谢兰殊有后，窦桂岂无前。　温先程
龟龙为寿古，箕翼应星圆。　梅贲英
在天衡武曲，从地断文辕。　魏任禧
从心祇学孔，补脑亦如钱。　叶　芊
云母深山老，星精南汉编。　何玄洁
元礼声名重，长庚福寿延。　温德伟
八秩行开第，九龄梦与爰。　欧冰湛
金草留李白，灵芝遇谢玄。　曾同旦
椹实扶桑国，瓜期莒石边。　任师尹
礼让庭闱洽，友于家国便。　余正垣
声气从诸子，文章启幅帧。　邱肇西
黄耆人恒敬，青眸世所怜。　陈舜历
君子东主国，人情古帝田。　曾祖诰
息志曾投笔，能安未佩弦。　庐　寅
盐虎三阳徒，木鸡五德全。　邱维垣
昼接宜三晋，仰探深九乾。　温　萼
日面殊青异，云根诞本原。　汤　运
老者曾为瑞，善哉能自宽。　曾文饶
四印堪持赠，九环藉使连。　苏朝迎
庆老堂多尤，养生主自研。　邱　鲸
云物呈苍狗，瓜李赋白猿。　杨　斗
玉版书龙血，铜人问鹤涎。　温　兰
石奋惟恭谨，老聃称圣禅。　沈圣嫡
夫子当乔岳，元君在女娲。　陈巍阶
我辈通家子，恭逢瑨珠筵。　蔡邦挺
东龙多地方，西马入天渊。　邱维翰
仙人洞入八，佛界数千千。　谢三捷
荐桃冬夏正，积忝坎离诠。　彭　选

龙山形鬱鬱，东岳叶芊芊。　温　瑄
令郎咸杞梓，大寿合椿萱。　李乔原
彬彬饶古意，秩秩在斯干。　彭　税
知愚宜饮食，州里挹寒暄。　刘太常
义方仍植树，仁术亦忘筌。　曾师昌
春王归大界，夜气豁灵坚。　蔡　纬
读书兼博约，千卦得蓍荚。　温弘绪
统琴无肉好，嗜蜜有中偏。　邓光曙
错行依皦日，方至寓知川。　张兆兰
人传丙子出，星与戊申巡。　管上默
洪图十八子，道德五千言。　陈　画
金圭可独铸，铁杖欲相镌。　吴　兆
松枝清秘妙，泉液内丹蠲。　汤来赓
太飞可梦得，上寿自心颛。　苏　迁
伏毛岂锁锁，吐故但戋戋。　廖搏秋
齐家有令正，寿国必长生。　杨复开
齐眉以有敬，两足幸无蹇。　邱　汉
焚香依角亢，执酹上彭笺。　陈　畴
钟鼎人家盛，圭璋子弟妍。　康范生
麟脯陈仙馔，羊脂设厚饘。　黄土缙
福履承休重，高堂燕语欢。　马天俊
爱日亲闱幙，承欢起豆边。　温朝缙
天意开云汉，时光始旭烜。　颜　峻
酌酒祈三醉，烹羊贯庶膻。　陈名夏
暴背欣当日，商谈许侍穐。　黄立龙
乐豫人情发，仪多轨物嬗。　卢　第
状履扶飞鸟，冠缨贴绿蝉。　伍　谷
相序为宾主，赓歌襟管弦。　叶永圻
颐养原归正，谋稽更在谧。　李又芳

自古谋人重，今时寿者难。　曾从高
小子儿童社，丈人保传宣。　熊尊德
愿借风声木，聊存月影瑄。　邱　桓
托物耶将喻，陈诗谨服虔。　彭　任
徵角君臣乐，倡酬子弟员。　魏际瑞
鞠躬忝进退，拭目仰周还。　刘斯陆
问安犹亹亹，祝咽效平平。　涂　柏
笙歌拥白发，肌理悦红绵。　李日茂
四朝皆寿耇，三代亦高骞。　温应拔
太和疑有象，知识已无援。　管调元
椒荷可作颂，芹草愿为蹇。　陈孝逸
报歌心款款，奏鼓级鼓鼓。　叶永垓
鹰行排几席，兜触伏梧棬。　徐朝彦
衣巾堪阅礼，辐辏大如辏。　卢士暹
盈庭何殖殖，蹲舞欲跹跹。　艾斯期
乞言当献老，求教愿承安。　曾　筠
三朋徵白里，四皓及东园。　章登岸
甄陶思就器，樗久为扰边。　谢述玄
菲仪已不及，元吉是其旋。　张钟龄
谷神传倒柏，汉祝比鞦韆。　邱维屏
徵音惟可颂，韵员合长笺。　温应搏

皇明崇祯十六年癸未五月谷旦
社小侄温应搏顿首敬序并书

跌水磜瀑布（2016 年）

水墨东龙（2016年）

水墨东龙[①]

周小林

东龙在东
东龙非龙
东龙似龙
一座客家千年古村落
似乎萦绕着如纱的薄雾
又或许
为了映衬其水墨一般的风韵

一座座气派的祠堂
一幢幢繁复的府第
一处处精致的亭台
山作诗荷塘做青画清溪入怀
黑白是魂
黑得坚决白得透彻
一种朴素的大美
平和的姿态
掩映自然风采
融入生活百态
静静地搁置在
清雅如画的灵山秀水之间

一种与生俱来的钟灵毓秀
一种难以言说的宁静幽远
一株五百多年的古树
见证的又何止是东龙的兴衰

① 原载《今日宁都》2016年1月16日。

易堂九子之一的李腾蛟
出自李氏下祠
全市文科状元李罗敏
也在古树下的小学教室里
打下扎实的根基

一座古老的村落文风荡漾
徜徉在东龙幽长的环村小道上
望着古旧的文峰塔
宁静的光阴
在四起的炊烟中袅袅升腾
东龙——这座千年古村
它曾经是何等的辉煌
尽管一度被世人所遗忘
如今又被世人所追寻
但它始终以它那诗意古老和朴素宁静
从容地经过四季更迭
从容地看淡人生离合
从容地接受往来的过客
和他们所带来的不同情怀

◉ 散文

李太学屏岳老先生偕配王老孺人六一寿序

〔明〕陈际泰

余少时常从武平抵临川道出石城，有山蔚然深秀，万瓦参差，如一大都会，则东龙李氏在焉。世力虔州冠冕之美秀，而文者以十为一，则顿五指而屈之而复归之，而不知其尽也。既而与年兄杨一水、曾君无择与门人曾云：岳李因其交习李氏事，弥晰因其固其族也。陈子询李子之盛，乌乎至曰：女德实为之。余骤听而骇。夫男虽贱，犹为其家，阳女虽贵，犹为其国阴昔志之矣。以李氏之盛而独归功女德，抑独何欤？今秋以事入赣，由石城过宁都，闻东龙李屏岳先生为尤贤贤，其子六人性似父故过是。而文者莫不勖以领袖之寄，许父青云之期。余不宜独异，至城日已在，曾泉犹升其堂而访焉。晤开明力负而后谒屏岳先生，明交接有渐之道所以礼先生也。然私自刻怪一门父子称诗说书，动多中礼，虽极称鼎盛而宛然左辟，多虚乏之。邑有贵而不恃，有文而不恃，两不恃者积焉要非苟。然者李氏重于虔南，而先生父子重于李氏，不知其然有然之者矣。恩思向时一水诸子之言，真所谓系于女德者欤则六子之母王孺人者是也。孺人为名门之女，而归名家，骄与逸之至也，岂必期之，而妇德妇功蔚为女宗，上下内外皆斩斩称吾孺人贤无所往。而德之事，舅姑以孝闻事先生，以顺闻待娣姒，以贞睦闻待奴隶，以慈明闻先生事母赖太安人，于孀事兄可斋，君于家督人，称为孝子悌弟。孺人比德焉而能使姑与伯安之，曰："吾儿妇贤，吾弟妇贤，则所谓无所往而得之者也"。可斋君官南都东城，迎大夫人就养，大夫人曰："吾不能舍王新妇夫也，即孺人恋恋，吾奈何远离吾姑"。则谓先生曰："盍就南雍乎，偕夫子往伯氏母子亦得母，而余复得姑子与伯之母，予之姑亦复得子与媳，无损子之学。而骨月如故，虽远游抹陵犹没离东龙一步也。"于是先生改籍南雍。先生苦学，孺人篝灯囊萤，以十指佐读。时李泾阳先生舒碣石，先生号文章宗匠，矜慎许可，孺人闻其，赏先生之文喜甚，谓先生曰："凡评文而可自信者，必视其人，其人不明白与其人不真，其失均也。闻二公眼光气生，真其言如是，子必勉之"。既而先生屡试，而屈而神伤，孺人反其前术，宽譬白："至公无苦，有子六人，莫慰父心，理所亡，有子之代成，与身之自成，岂有异哉！"于是子代父位，而孺人亦母代父位，昼荻和熊身，自教儿宾礼名贤，又使人代教儿以慈卫之，又以义督之。凡为孺子而来而能振其过、成其微者，杂佩无敢爱也。而诸子亦遂裒然见矣。大儿孔文举、小儿杨祖德一斯迈。而一斯征夷，齐兄弟能让国而不能让名。其于赴功名之会，如齐人之井饮者相萃也。日见诸行非徒门业不坠而已，而先生始开口笑曰："吾有子也，既而推其所以致此之由"，曰："吾有妻也，焚香烹茗，优游书史之闻，虽三公之贵，不与易也，而况三公之贵，捉鼻恐其不免也哉"。然则孺人之有功于仁义，亦既效矣，此孺人贤之大，端而李所由盛之大也端也。夫君子之称，人也举其大端而已，犹春秋之法，善不胜书，将以一书而已，所以从重也。孺人之善与孺人相先生为善之善，更仆未易数，如财用以节而能尽之于礼饮，人从和而不能与之以私，董正祀规培植形势，置祭田以安恤祖先，革乡弊以静一流，竞凡所创造其量百世而劳费，正等皆不遗力以让人。然此皆先生之细，孺人辅先生之细也，故略之如此。今为孺人六十悬帨之辰，族之秀士数十人谋所以觞，孺人而请余数言为序。夫福之兴必由于阃内观孺人之贤，可以卜李氏之所以隆，予亦安能异乎！诸子之所称李者，以序孺人也哉。

明崇祯乙亥岁十月吉日

里居志

〔清〕李腾蛟

距邑治东七十里为仁义乡之东龙，广二里，袤三里，地界石城。东距石城小松十里，北距石城桐冈十五里，东南距石城曾坊迳五里，东北距石城南桥岭三里，西北距石城罗輋五里；而南距田埠十五里，西距马头十里，则皆仁义乡也。其形势，高峰四面攒簇，中成村落，面临塘池数十区。村分东西二排。有小涧二：一从东南溯流而西；一从北溯流而南，而汇归于西。东有古隘，有将军庙，有博济庙。西北有凌霄阁。西有兴龙桥，有妙觉庵。南有永东寺。西南有二大土围。村之中则有大小宗祠，有书院，有乡约所，有龙城会馆。计田千百十亩，塘大小百十口。所居户千百十户，口千百十口。异姓附居者十户，口百十口。自韶州司户参军翊俊翁太府君，于宋乾德丁卯，由石城半迳徙居本里，历今二十七世，计年七百有奇。聚庐而处，皆公子孙。其分徒者，在本邑则居上西关老学背，居南关宗祠。在本乡则居马头，居黄沙，及小板、小坪、杉板岭、黄冈下。在下乡则居五十四都中明村。在石城则居罗輋、罗家砾、大坪溪。在瑞金则居本邑及九堡、官仓下。在广昌则居金沙里、曾坊及驿前。在福建则居汀州之黄连。凡十有八处。春秋祠祀，皆归而拜于祖庙。故附见焉。

论曰：庚寅而后，庐舍焚毁，寇贼充斥，乃建守土之议。练乡勇数千百人，而推一人以统之。则有从侄文止名彬者为之倡。贼至辄与搏战，屡挫其锋，贼始不敢犯吾境，岂非捍御功哉！既东西筑二大土围，共相保聚，然后家室得完。其所以固吾圉者，亦既艰且备矣。夫正人心，厚风俗，则守土之至计也。语曰："犬吠不惊，是谓金城。"永保祖宗之基，克大其后，厥有本哉！

读杜小言

〔清〕李腾蛟

三百一十篇而下，诗之可以怨者，楚屈子、唐杜甫而已。乃学士家于屈平，独推为词赋之祖，且推其忠。若甫，则仅目为诗人之雄。甫无乃少没乎？唐以诗名一代。天宝之际，君臣将相戏浪笑傲，黜《雅》《颂》之徽音，崇郑、卫之淫乐。海内人士，翕然向风。倡子和女，多效闺中燕昵。迨至范阳一变，二十四郡，几无一人，何其靡也！以妾妇多而丈夫少耳。少陵野老，毅然一男子，身遭安史之乱，悲家伤国，怀友念君，对城郭而唏嘘，过山川而咏叹，或增感于荒陵残阙，或寄托于戍子征夫，哀绪危情，不至呕出心肝不止。其于屈子行吟泽畔无以异也。《小雅》“怨诽不乱”，屈大夫不得独擅千古矣。间尝取而读之，如秋江夜月，风肃冰寒，驾扁舟，凌万顷，凄然箫声自远而至；又如坐塞外，听胡笳，令人魂销肌栗。人知骚为变风，孰知杜为变骚矣？余阅其诗，得若干首，虽不足尽少陵，而近尽也。今日之乱，甚于安史，而余才不逮少陵，虽欲怨而不可得。乃世卒无有能怨者，少陵其绝唱乎！

李官玉先生七十有一寿序并诗

〔清〕邱维屏

李官玉先生，县之祭酒，吾党之敬事笃慎君子也。万历甲午岁先生生，于今七十有一年。好览古书，手未尝择卷，乃延河东邱维屏，持经与史为其子林孙师。一日，讲诗国风毕，使林孙质诸先生曰：按诗诸国十有一，唯毗鄘魏桧徒存国名，其后魏仡以晋卿列为候。始于文候后又三年，子夏年已百有八岁，而为文候师何哉。元城刘氏曰：先儒以魏毕公高，之后故辛寥曰，公侯之子孙必复其始，言将复其封也。孔子于诗存四，既亡之国，犹之春秋之存陈，而独魏之子孙能复其国。子夏盖尝闻之而序诗，此所以不辞，夫文候之师与先生笄而颔之，曰将无然。他日及史记万石君列传，又使质诸先生，史记繁而志寡，司马迁纪黄帝至汉武帝时，孝弟笃让，独此传一篇。盖自有周仲尼以前，曾闵之行游夏，斤斤之所言，间繁多而不必志，而晚周秦楚孝弟之风息已久矣。万石君传，其录其人亦录其世也，先生又笑而颔曰。然八月十有三日，先生诞日，吾党皆将寿先生，吾党先趋俟诸维屏之馆门，问所以寿先生者，于是维屏曰：吾县孝友称东龙李氏、低街魏氏。魏自吾外舅魏征君，顾已后先生生三年矣。李氏则先生父子也。子夏曰，事父母能竭其力，事君君能致其身，先生同产者六人与维屏同。而先生为之长，怡怡然率以事其亲，而其文学与子夏同其生又同则。自慈三十有八年，为岁辛巳，固魏文侯师子夏段干木，而以西门豹、吴起为将之岁也。先生当子夏之任，宜复笑而不辞矣。吾党皆笑曰。然而又各以其意，寿诸先生以为诗如左云。

纪事篇

〔清〕李登龙

遍览从前诸修，笔载详悉，无容妄为增损。惟纪事一法未备，诚恐后人无所遵循，今特从识之。尝思不偏谓之中，不易谓之庸。中庸之道，历代帝王相传之心法也。而继其统者惟孔孟。孔子曰，索隐行怪，吾弗为之。又曰，攻乎异端，斯害也已。孟子曰，能言距杨墨者，圣人之徒。又诗云，戎伙是膺，荆舒是惩也。他岐惑人，孔孟之世所不免正，孔孟之世所不容由。孔孟而来至于今，君明臣良，行仁让，永享升平，岂不休哉。奈世道靡常，人心不测，分门别户，间有异端潜出，有不知非而谬附之者，有明知其非而故从之者。惟其厌常而喜新，不免见异而思迁。即有操持坚定不为所动，然或说以利害，或挟以威势，鲜有不中其迷。彼陈相与其弟辛背陈良而师许行可见也。本朝嘉庆八年（1803）斋匪之变，名曰白莲教，始其事于广昌驿前、兆坊，播及宁、瑞、石，人心震动，从违莫决。究竟从者祸而违者安。未及半载，各大宪驾临，督令剪除。越咸丰七年丁巳（1857），又遭红头之乱，更非汉时黄巾可比，名为千刀会，又名仁义会。十余年前登坛结盟，日散夜聚，势渐凶猛，见者敢怒不敢言。适有伪天德王洪秀全，伪太平王杨秀清，伪翼王石达开等庚戌年（1850）在广西起乱，诡计入江南，因从而附和之，遂成为污合，各省、府、州、县遭毒不浅。七年（1857）二月十六，石城入寇。不二日，田勇合力攻之，弃城而遁。到二十二日，寇入城，日复日增，不计其数。石邑赖兼万等率田勇攻城不下，勇大溃。东龙文庠李照春等率田勇往田头堵御，亦大溃。其故何也。田勇未经训练，又无军令约束，败，其宜也。闰五月下浣，寇乃空城而去。委系黄陂匪魁谢福兰等为外导，城内曾广序、封老三等为内应，城复，皆获诛戮。自是或一年一至，或愈年一至。蒙大兵镇守，不复窜入州城，惟沿途滋扰乡里，叠遭淫掳焚杀之惨。巢穴现在南京、浙江等处。同治三年（1864）春，两江总督曾国藩统兵大破之，又窜入州城各邑。三路并驱，石上、田埠、石邑是也。经过半月有奇，近属扎驻者攻城甚急。潮勇已暗约入城，相传胡太公显神，梦报省垣抚宪刘：宁都有急，宜速救。次日即谕鲍师统兵倍道入援，重围立解，斩首以

李氏下祠门外石狮

万计，石城小天王，即洪秀全之子捆送献捷。扰攘经年，至是咸赖以安。凡寇至，四处搜捕，几无潜藏之地。计惟有采择崇山峻岭，照丁派工，建立石砦，如城一般，以法守之。各备粮食柴火以安家身，共备枪炮、辗石以御贼寇，方保无虞。凡迎接进贡之说，皆非良策。他如弥勒教、孟兰教、回子教、天诛教、英雄会，其名不一，其实皆趋邪背正而不得善终者。紫原奋朱之正，须识本真莠实，乱苗之阶，宜严非种。天下之人情即目前之人情，未来之成局即已往之成局，前车为后车之鉴，守法可免犯法之忧。吾家谱牒尚笔削，重褒贬，直并董狐，严同斧钺。窃愿凡我同支，父勉其子，兄勉其弟，一切聚党成群，结义拜会，持斋诵咒以及窝赌盗窃、败伦败俗者，尚其勉之，慎勿蹈之。思患预防，尝怀临深，薄之恐循规蹈矩，自免生今反古之行，上下千百年间，或赠为清白世家，或推为忠孝全人，非有他道也，亦惟出入礼门义路而不越乎中庸焉尔。

同治八年己巳岁仲秋月

东龙[①]

张品成

去过东龙的人都很喜欢那个古村。那年，为找电影的外景地，我和制片人马宁带了外景组在赣南诸县奔波。电影反映的是苏区时期红军的故事，当然是要合适于那个年代的背景，一些村庄老屋和新房掺杂，一些地方搞的红色景点，就跟现在的某些演员一样，虽然也穿了当年红军的衣服，但一出场就不是那么回事。

怎么会那样呢？是化妆师工作做得不细？不是。是演员表演不到位？好像也不是，有人说：是缺少精气神。这话是有道理的，后来搭建的红色景点，表面看去是老屋子，周边也有那么些当年的老树，但田野没了，菜园子没了，铺了草地，种植了花卉，砖缝瓦檐都收拾得天衣无缝。原始的味儿没了，弄得公园不像公园，乡村不像乡村，何谈精气神？

东龙不一样。一直在乡间公路上盘绕，那地方是山区，路很不好走，绕了一座山又绕一座山，正在疲惫时候，突然眼前就豁然开朗，一些老房子高高低低错落有致地分布在眼前。他们告诉我，那就是东龙。

东龙有保存得很好的老房子，现在老房子似乎一下成了宝贝。老房子如果完整成

① 原载何建明主编：《发现宁都——中国名家看宁都》，作家出版社，2014 年。

片，就会被冠之古村落，成为游客蜂拥而去的地方。重要的是，老房子凝集了数百上千年的人气，有种只可意会难于言表的东西，那就是精气神吧！

精气神皆足的还有李良锦先生，他是东龙小学的退休老师，老先生把自己自嘲“东龙疯子”，所谓疯子，就是见有游人来东龙，必要作业余讲解，不厌其烦。他是东龙人，从小在这长大，且有心研究家乡的历史。对于东龙的一草一木、一砖一瓦如数家珍。口若悬河，滔滔不绝。

当年剧组来东龙看外景时，就是李良锦自告奋勇陪同我们解说指点的，后来我又来过东龙几次，也都是他义务解说。他的解说声情并茂，看得出他对家乡充满了感情。

下面的这些文字得益于老先生的讲述，其实我只是作了点归纳和梳理。

东龙的老房子有具体的数字，其中祠堂四十八座，书院、义仓各两座，古塔一座，庙宇三座，凉亭五座，石桥、寨堡各四座，店铺和居民建筑共一百四十多间。这些老房子，都保留着我国古老的传统建筑风格。

东龙坐落在江西宁都县与石城县交界处。村人中大姓是李，李氏先人自北宋年间迁居东龙。李氏先祖中肯定有高人，砌屋立柱前，一定进行仔细勘察细致的规划。一切都很有讲究。客家人讲究龙胧，他们在众多山岭中选择了来路最长、山势最雄伟的东龙岭和南桥岭作为村庄的两大龙脉，依照其走势，一处建民宅，另一处建宗祠，与宗祠对应处则建神庙，他们刻意精心，把那些建筑弄成人居、祭祖、敬神三个相互独立的空间。

你如果注意那些阡陌道路，你会发现这也有精心的设计，人居、祭祖、敬神三个相互独立的空间就是用阡陌道路串联起来，看似零散，实际统一。村子里有一百多口池塘。一般的人以为掘塘是为了养鱼，赣南山区，年节的鱼产品多是水塘养供。但东龙的池塘主要功能为了村庄的旱涝调节和防火。

东龙在风水大师们看来确是有风水的，竟然南北两面的高山之上有溪，东龙先人巧妙地引来那两条清溪，让其像两条盘龙，弯弯曲曲从村边流过。这就是古人称绝的山环水绕。也像珠宝上的串线，把风光和建筑天衣无缝地串联了起

美女照镜（2007 年）

来。使“以人为本”的村落布局与“天人合一”的建筑理念更加得到充分体现。

东龙明清建筑最集中也最有代表性的当属“东里一望”，这一望的“望”字应该是动词“看”吗？这么说当然说得过去，往东一望，望见的是鳞次栉比成片老屋。黑瓦青墙、气势宏伟，因由祠堂廊房厢房绣楼仆人房庭院等一百多间房屋组成，人称“百间大屋”。“百间大屋”的大门朝东，所以，我在想，“东里一望”应该解释成东龙里的一旺族更恰当。当然，人家那是望字哩。可古时李家先人因了某种难言之隐故意将“旺”谐音成“望”，也很是难说的事情。东龙李氏的兴旺，是从其留下的百间老屋而可见一斑的。

王勃所著《滕王阁序》，有名句“人杰地灵”，说的是有杰出的人降生或到过的地方必沾其灵气成名胜。而地灵呢？我觉得地灵也必出人杰。李氏的后人李良锦先生很自豪地告诉我，东龙聚山水之灵气，在明清两代，仅李氏下祠就出过文、武举人5名，庠、廪、增生300名，贡生40名，其中授予官职者80余人。这些人当中，最杰出的代表就是清代理学家李大集和著名文学家李腾蛟，清顺治三年（1646），宁都“三魏”——魏际瑞、魏禧、魏礼三兄弟邀朋呼友，上翠微峰结庐办学，隐身山野的九人中就有李腾蛟，史称“易堂九子”。

后来，我的那部系列电影在东龙拍了两部，剧组本来还想坚持多利用东龙特有的山形和老屋，但后来，一场意外结束了剧组的拍摄，一直以来，剧组的工作人员很怀念那个地方。

那部系列电影在电影频道播出，很多人问起电影的外景地，我跟他们说到东龙，有人说你一定要带我去看看。我没食言，带了很多朋友去过东龙，去过的朋友没有一个不叫绝称奇的。

他们都说一定还得来，我说的是，你们来，我一定陪你们再来。

东龙神韵[①]

郑汉明

伴着一阵阵春风，和几场淅淅沥沥的春雨，东龙村满山遍野的杜鹃竟然都红了。

我记不清是第几次来这里了。这个跌落在赣南深山皱褶里的小山村，无论是地理位置还是气候条件，都没有什么特别的例外，但却处处显示出神奇和魅力。先不说村子的

① 原载《光华时报》2007年5月29日。

环境和地理，就是李屋宗祠前的那两棵枝叶繁茂、几人都合抱不拢的古杉，就够让人咋舌的了。是的，村子是以古老闻名的，一幢幢青砖黑瓦的明清建筑，一栋栋飞檐翘角的古老祠堂，一对对威风凛凛的麻石雕狮，让人惊叹不已。

东龙古村，有着千年的历史。它坐落在宁都、石城两县交界处崇山峻岭间一个盆地里，四周山势奇险，里面却阡陌纵横，风光旖旎。两条潺潺的小溪，把村子分割成上、中、下三部分，虽隔溪相望，但鸡犬声仍然清晰相闻。

村里最著名的古建筑群要算“百间大屋”了，顾名思义，这栋大宅有100间房间。远远望去，这座黑瓦白墙的古宅，即使掩映在繁茂的树枝当中，仍然气势宏伟。古宅大门朝东，一走进去，一对张牙舞爪的石狮分立左右，两旁便是哨房。再穿过一块约二三百米的庭院，“西苑”“东圃”就跃入了眼帘，里面分有上下正厅，而两侧都是厢房，一扇扇门窗上的雕花木刻极为精致，都镀有薄金，灿烂耀目。古宅里面生活用具一应俱全，应有尽有，即是喂养牲口的石臼，槽口和水井坊，也极有气势，就连宅后的护墙，也有四五十米长和七八米高，让人叫绝……整座古宅占地4300多平方米，连成一片，建筑格局错落有致，出奇的对称。据村民介绍，这座古宅的主人原是康熙皇朝的儒林郎、布政司，因为思乡，告老回归故里后，就建造了这么一栋大宅，最后在此圆梦。我想这位官员不过是想在老家安度晚年，但没想到的是，却给后人留下了一笔丰厚的历史文化财富。

东龙村人都姓李。明末清初文学家、“易堂九子”之一的李腾蛟便是这里人，他留下了许多蜚声海内外的诗文著作。村里当年的学风非常浓厚，所以出人头地的也就大有人在。翻开李氏族谱，可以看到，这里曾在朝廷里任职的官员多达5人，而被授予各种地方官职者可就比比皆是了。村人介绍，村里至今存留的近百座古祠，当年都曾是每一房李氏子孙的私塾。那座气势宏伟的玉皇宫里，至今还供奉着儒、释、道三家神位，神龛上有一只木箱，里面据称装放着“儒经”，为的是让后人永世传诵。可以想象，这个小小的东龙村，当年兴教的程度是何等的旺盛。

走在东龙村里，一座座古老的明清建筑令人惊诧不已，但能够感受到的，不仅仅是丝丝清凉的古意，更多的是能感受到有一种浓郁的文化气息，客家人传统的“耕读”精神在这里得到了充分的光大和提升。当你驻足在一座座古祠前时，你会看到的是东龙村灿烂辉煌的历史；当你站在小溪旁时，你会觉得，那溪里流淌着的其实就是历史的跫音。是啊，历史曾经何等的青睐东龙，厚待东龙，这个历经千年繁盛之久的村落，在赣南又能有几个？悠悠岁月，洗涮的只是历史尘埃，而留下的却是充满玄机、令人值得沉思的东龙神韵。

千年历史，就浓缩在这种神韵里。于是，原本封闭的山旮旯里，如今公路修通了，现代气息也进来了。于是，过去的事我们且不再说了，仅改革开放以来，从这里走出去的，现供职于全国各地的科级以上的干部就有 100 多人，而且还有 100 多人考取了大学分布在全国各地。这究竟是风水还是人文？实在值得深思。一个仅有 1700 多人的东龙村啊，不能不算是个奇迹！

当我再一次离开东龙村时，站在山冈隘口处，望着满山遍野的红杜鹃，心里说，这就是东龙神韵！我相信，我这心声，会被春风传送到好远、好远……

冬雨寂然[①]

谢晓亮

秋收冬藏，天气由凉渐冷，北风萧飒，冬雨绵绵飘飞，如缕不绝。那年的雨和风，怦然侵入我的情感深处。

冬雨来时，天地阴灰静穆，烟雨蒙蒙，浓墨了远山，淋湿了田畴，也打湿了一代文豪李腾蛟的诗乡故里东龙。

那年毕业以后，我便来到东龙教书。古村坐落在宁石两县交界的高山盆地之中，中间田地深沃，间或明镜似的池塘，倒映着山色残阳，播放着永不逆转的光景。远远近近，几十间祠堂散散落落，飞檐迎空，深巷中鹅卵石铺就的小路在高墙间游走，远山艾艾，文峰塔顶枯草风摧，形单影只，和村落一样，衰败而又落寞。

心由物表，这是我当年的心境。我和同学坚从繁华的都市来到这偏远一隅，自有一种天堂地狱之感。那时学校教学办公都在祠堂，当老校长用那暴着青筋枯瘦的双手推开那厚重的祠堂大门时，一声“吱呀”，心突地瑟缩一下，一种无底的绝望在青砖灰瓦中扩散开来，令人窒息，恨不得逃离，幸好有同学八年的坚陪着，真说不出那时有多恓惶。

感觉那年晴少雨多，长时的阴郁压得你喘不过气来。我和坚白天教学，晚上办公，一天一天重复着这样的光景。闲时看盆形天空的灰色发呆，晚饭过后，百无聊赖，我俩无语，目光顺着祠堂天井的缕缕雨丝，雨飘零落下，心也沉沉落下。

---

① 原载《光华时报》2017 年 1 月 10 日。

坚教数学，我教语文，一些课文里的诗词常触动我的心绪，上《九月九日忆山东兄弟》一课时，惦念起县城的那些同学，带读“遥知兄弟登高处，遍插茱萸少一人”，前排的学生看见了我的泪光，课后问我：老师为什么哭了，问得我窘迫。此后我们把心思全放在教学上，以转移情绪上的不适，度过难挨的时光，期待这样的日子不会延续多久，能尽快结束。寒假结束时，全乡考试排名，我和坚教的科目均排在前两位，有一种小有成就的喜悦。

偶尔，我们顶雨在幢幢祠堂边漫步，经年的祠堂从未修缮，门前荒草萋萋，萧条破败。有时，闪出一个豆腐或水酒作坊，里面有两三个顾客，围一张老旧的四方桌，沽一壶水酒，来一碗水煮豆腐，一碟花生米，一边聊天，一边咂巴着水酒，在静得生厌的小巷里，有滋有味的享受着曼妙的时光。好几次，我发现老校长也在其中，眼镜后面消瘦的脸通红，只有在这个时候，他的脸色才会好看些。

村中的大门市是古村最集中的地方，也是议事中心，大小新闻都会一早在这里发布，谁家媳妇偷了男人，什么农作物涨价跌价都能第一时间在这里得到消息。一条青石板路的两边有几个杂货铺，屋檐下摆了几张卖猪肉的屠案。每天早上八点以前，有一个“早早市”，大多是青菜、豆腐及猪肉，村子里的人早早地交易，又早早地退市，早饭之后，不耽误一天的劳作。这里做豆腐的多，吃豆腐的也多，高山好水，做出来的豆腐就是特别，我和坚都很喜欢。学校的一日三餐也以豆腐为主，或煎或水煮或油焖，无论哪种做出来都对胃口。早上早起时，我便和坚提着菜篮到大门市采购，日子久了，和当地人也熟络起来。

老校长课后经常到大门市喝水酒，一喝就红脸，脸红回来，我们就知道他喝了酒，脸色成了他喝酒的晴雨表。有时老校长会沽些水酒回学校，晚上办公之后，从碗橱里倒一盘花生米就咂巴上了，只要在学校喝，必定把我们也拽上。

一次老校长显然是喝醉了，便说起了自己的身世，他说自己十九岁高小毕业就开始代课，当民办教师，20 世纪 80 年代转了正，娶了个邻村姑娘，她美丽高挑大方，经常挽着他的胳膊在村子的小路上依依漫步。说到这里，我便看到老校长的幸福羞涩之态。他端起碗喝下一口酒，然后“咯蹦”一粒花生米，接着说，他俩相爱成家，后来有了孩子，媳妇很理解支持他，担起了家里一应的事情，他才能一门心思地教书，那时感觉自己是天底下特幸福的人，可后来——老校长叹了一口气，开始无语，接连一口一口地喝着闷酒。我从村里老校长的酒友那才知道后来的故事，那时的他一个人上了一至三年级的复式班，整天连轴转，家里大小事全由媳妇包揽，媳妇怀二胎时，临产还在地里干活，因劳累过度引起早产，失血过多，发现时已经晚了。老校长心里有愧，也没有再娶，媳妇的死成了他永远的痛。

老校长是县乡年年的先进，我特意留意过他的住房，没发现挂一两张奖状或荣誉证书什么的，同事告诉我，他的那些红本本都烧了，每年清明烧在他媳妇的坟前，他这样做是要让媳妇高兴，证明这些荣誉是他们两个人的。

那年的冬雨下得特别长，我和坚也陪着老校长喝了特多的酒，在酒酣耳热中度过漫漫的时光，在这恍如隔世的地方，排解掉孤独和寂寞，在无休无止的冬雨中，和老校长一起启蒙着山里孩子的未来。

多年以后，我和坚如愿以偿，调离了这个地方进了县城，在繁华和喧闹中日复一日。前不久，我以游人的身份回到了东龙，又回到当初那个地方，古村自然是打造一新，祠堂已不再是学校，我明知老校长早已驾鹤西归，心里仍设想在古村的某个小巷深处能发现他的背影，以问候是否安好，当心里否定这一切的不可能时，便怀念那时和老校长一起在一场无尽的冬雨中，敞开心扉天南地北地聊天，不设防地喝酒。我自此再没体会一场无休无止的冬雨来得那么寂静自然，原汁原味。

◉ 碑记

建塔碑记

吾乡昔传十景，东则有巽峰插天、龙岗古隘、双涧抱村；南则有玉栋擎云、虎嶂乔峦、永东古刹；北则有七星环冢、凌霄胜阁；西则有虹桥锁水、塔映湖心。但诸景之设，成天成人，不无兴替，皆各与实俱。惟水口之塔建于正统甲子，未几颓废，历今百有余载，无有绍前而复举之者。时雍正丙午秋闱，邑中隽者六人，吾乡应选之士皆摈而不录。族侄叔且拊掌而言曰，诸公才名扬达，蔚然人望，凡岁科小试，往往首拔多士，见赏司衙不一而足，至赴科场则灭寂无闻，揣摩之末，抑亦地脉之不灵。形家言云，吾乡巽丙矗起，所缺陷者惟辛峰而是。

前辈建塔之举，宜极修复之，爰是集诸族众前后辈皆翕然而议，慷慨乐输，佥举杰士分任董理，命族侄力臣迎会昌地师乐先生，定塔场于水口左峰，折桥宇为塔前。

文昌阁选雍正丁未年正月十八巳时起工，至十月而嵬峰特起，夕阳斜辉，波景上下，焕然复新，诸景争胜矣。是后也。总理而始终厥事者有于月、叔且、圣能。分层而督造者有公肃、元济、于先、月照、相馆、际位、侍西、亮才、学周、尔绚、顶瞻、殷臣、企千、沐隆、靖献、越昭、德崇、德也、荆山、丕彰、次昭、英先、文明、国卿、字一、邦怀、若衡、敏事、海瞻、帝赉等。工师有历三等，一皆早夜勤劬，同心协力数月，即景观厥成。少白谨识。

皇清雍正年丁未岁十二月吉日　陇西合族立

祠宇志

〔清〕李师迁

吾族自翊俊公传至十一世至十三郎公兄弟始盛，是时三房相等迨教传后。而十三郎公子姓尤倍加蕃衍祠宇之建。长房捐资专力为之。十四郎、十五郎二祖同列昭穆享祀。其子孙于春秋与祭拜焉。自明以来，祠宇两建，数百年来未有异也。祠之巽向，坐乡之西，广四丈，深六丈，覆瓦十万，负栋之柱，架梁之椽皆大木，朴素无雕刻，丹漆一准旧制。中有堂，左右有间，上有建寝室，室内有坛，坛不用木而用石，贵坚朴也。坛阶三级，奠牌位必以次先后之，序不可紊也。中立十三郎公牌位，下溯初祖。翊竣公牌位下逮卅七郎、卅八郎以及有功有爵者，报有功尊有爵者也。左右各立两房历世考妣牌位，后以世局变迁频繁，祖牌被焚，神台拆废，在十修族谱其间，本族裔孙重建神台为五级，复立牌位令朝夕礼祀，各展孝思尽诚敬也。寝室中有匾曰“孝思堂”示子姓，入事思孝也。堂有阶，子孙跪拜必阶这下礼，在则然也。中有石甃方墀，春秋主祭者立此，严对越也。墀前有照壁，壁外有余基，壁内植古杉数株。隆冬岁寒不改，柯易叶取诸此也。仕进竖标者，必于此重阀阅也，此祠以外之规模也。祠左下栋空地，东山祖所捐地基。乾隆三十一年，东山祖项下构造上栋，为东山祖私祠，又出银两修建下栋。其上栋一厅一廊，左右两间系东山祖位下子孙私照，其下栋一厅一廊，左右两间永为十三郎祖位下厨房。卅七祖、卅八祖两房子孙共掌修建费用。东祖项下合议，日后无庸，另寻邦补，敦和睦也。祠右墙外有巷，巷右有会馆，卅八祖位下建造，其一房子姓城居旋乡者居此会馆，所由立也。

乾隆四十五年庚子岁季夏月重修

一九九五年乙亥夏月十修族谱裔孙重修识

明敕封承德郎进阶奉直大夫初任司城可斋李先生去思碑记

尝闻之贾生曰：夫移风易俗，使天下回心而向道，类非俗吏之所能为也。况夫陪京，为四方云集之地，亦甚纷而难理矣！当是时持法者，严厉而骏肃。犯法者相望于桁扬孰非，地厂则有不让之塿，人众则有不人齐之风俗也哉。于此而有道焉，以治之能使讼狱衰息，囹圄空虚，乃可安上而全下，以明事使之皆臧也，则逾难自。李使君下车以来，平白莲之乱而不烦一兵耶。

皇陵之盗而不扰一民，爱育黎庶，洁己冰操，民怀其德而服教畏神，于是不载而至，民无社鼠，三岁中皆见邑有悬鱼。民行聿兴，万口起颂。李使君尹兹东郊，渐摩西被以暨朔南人，皆以为风会之隆，而不知使君之治。以襄皇猷之化理，有以阴驱而潜率之也。其他补苴罅隙，更足多矣！即如库址之尾，注司城之署形，家者弗善也，已任者多悔吝，就选者多隐避。使君乃革故而鼎新焉。既而缙云氏之库乃址而兴之，使得不圮，昔之勿矢注，今之为案屏，昔之为怪征，今之为福履。似此为鸠工一事，处之有方，庶几开出身加民而转移之权，为所欲为而无弗获者，大小该有如此爰是。

五台有会荐之章，神君效孔迩之，载其所表见于朝野者，固非时贤所得，而颉颃也岁在癸卯，使君骧道畿甸考满，反任报升广西浔州府别驽，陪京绅士沐恩雅化，虽感公车之荐，剡而悲去位之难留，群相鼓舞，趋事勤励，诚有以入其怀来感激，所至更何如，其欢呼也是足见使君之德化民也。捷于令矣，余固乐得而扬其休焉。

文英殿大学士经筵侍讲谢廷瓒山子氏撰

皇明万历三十一年癸卯腊月谷旦　金陵绅士耆民立石

襄玉公重建忠孝祠碑记

州旧有忠孝祠在学宫傍，形家以为不利人文神，亦不歆其祀学博。熊君骏善风水说，如之余因卜葬叶总戎至其地，始知祠临界水气塞否而不通学宫，如人之有身左右两手类鸟之张翼，右则舒展，左则闭遏，闭遏则风痺不知痛痒，不知痛痒安望其能奋飞也！哀哉忠臣孝子，天地之桢干也，处麻木不仁之地，虽洁粢盛备，肥腯神其吐之矣，是非有以，疏之不可。州之好义急公者固不乏人，而龌龊径鄙之辈亦复不少，非平日留心忠孝之人，虽激而劝之不发也。

李君廷献都阃荣昌之父也，谆谆以忠孝训其家，闻事之有裨于名，教者毅然为之无所吝，因以迁徙忠孝祠为己任，谓都阃曰：召伯循行南国，虽一棠之微，人犹爱之，以其能劝忠而劝孝也。忠孝劝于上，雀有角而不能穿屋，鼠有牙而不能穿墉。速狱速讼无从生也。故其时化行俗，美室家和，平女无厌露之行，士有委蛇之咏，南涧苹藻羞鬼神，而荐王公其风讵不可追欤忠孝祠者，所以励不忠不孝而归之忠孝也。尔其为我急修之，都阃以其言述之吾，吾曰："是真能知大体而扶人伦者也"。都阃移孝以作忠备，国家干城之选，公候将必好仇，而腹心之燕翼子贻孙谋吾于。

封翁之言：卜之以斯举也，俾闭者舒之遏者展之，人文有不鹊起者乎！鬼神有不歆其祀者乎！是人人有士君子之行，而忠孝于是乎劝谓非牧民者之所厚幸哉。

赐进士出身诰授奉政大夫知宁都直隶州事汉槎王泉之谨撰

感恩亭碑记

李辉荣

我邑东龙，古名东屯，位于州之东南，田埠乡境内。乃千年古邑，省级历史文化名村是也。观其形如扬帆巨舟，察其貌似蜿蜒卧龙。十五平方公里沃土，阡陌纵横，清溪环流，祠庙林立，水塘如镜。春来山花烂漫，秋到红叶满山。人称架上金盆，又谓之桃源洞天。

邑之历史，源远流长。宋乾德五年，李氏先祖俊翊，创业开基，繁衍生息，终成旺族大姓。至明后期，有户籍八百，丁口五千。屋宇千幢，田产十万。物丰民富，商贸昌盛，自古繁华之埠；人文荟萃，俊彩星驰，从来藏龙卧虎之地。

灵秀独钟有十景。绿水泻银生紫烟，峰峦叠翠披霞衣。竹影婆娑，掩映三五茅舍；曲径通幽，惊现琼楼玉宇。佳处不胜看。更有百间围屋，雕梁画栋，流光溢彩。客家风情，古韵悠悠……物华天宝有三珍：东龙蜜枣，山孕奇果，驰名宁广石瑞；东龙鲩鱼，水育珍肴，畅销闽粤湘赣；东龙白莲，贵为贡品，曾为皇家席上珍。民风淳朴而乐善好施。置"学产"以助学；设"义仓"而济贫；建"老人堂""保婴局"，救孤老弃婴。架桥铺路，捐资造亭，德披桑梓，惠及子孙。州县褒奖，帝王封赠。

山川钟灵毓秀，俊彦历代辈出。明有李大集，潜研理学，著《性理辑醇》《易经图说》《史论诸书》，遂成一代名儒。清有李腾蛟，与文豪魏禧诸九子，结庐翠微创易堂，有《周易剩言》《半庐诗文集》《易堂三处士稿》传世。《清史稿》中留文名。士绅崇儒教，房族兴办学。吟诗词歌赋，读四书五经。寻立身之本，求做人之道。每岁科考，榜上有名。明清两朝，中举者五人，贡生四十，庠、廪、增生三百人也。呜呼，文星璀璨，独居州县之首；华章锦绣，映我文苑星空。

风光绮丽，佳景宜人，人文深厚，风情独特，引四海鸿宾纷至。探幽揽胜，有五州名流沓来。国际著名汉学家劳格文博士，称邑之古建“十分罕见”。香港中文大学博导谭伟伦，云邑之古村落为“传统文化结晶”。

然沧海桑田，日月轮回，战争烽火，自然风雨，人为因素，致使邑之景观多有破损。道路狭窄，阻碍通行，环境紊乱，有碍观瞻。欣逢盛世，国运天心。重塑东龙，势在必行。整治环境，美化村容。扩充道路，筑巢迎凤。君不见党政斯民，协力同心。专家学者，出谋献策。各行各业，鼎力资助。乡贤宗亲，慷慨解囊。托祖宗洪福，感八方支持，诸多工程，今已完竣。看今日之东龙，仙源灵境，如诗如画。明清古建，更显风韵。汗水心血，铸就亮丽之新村；粉墙黛瓦，装点我邑更妖娆。

饮水思源，筑此小亭，记千秋之盛事，铭万世之恩德。

公元 2009 年

◉ 研究文章

试论东龙古村落的文化价值[①]

梅宏

2014 年，宁都县田埠乡东龙村荣获第六批中国历史文化名村称号。东龙位于宁都县东南边陲，与石城县的小松镇接壤，是一个具有千年历史的古村落，被誉为宁都早期客家摇篮里的一颗璀璨明珠。东龙古村落具有很高的文化价值，主要表现在建筑文化、和谐文化、环保文化、教育文化、安全文化、民俗文化、旅游文化、堪舆文化、寺庙文化、饮食文化和服饰文化等诸多方面。这些丰富的古村落文化，不仅在过去有极高的人文和艺术价值，而且对于研究、保护古村落和当今建设和谐新村，都具有较高的参考价值。

建筑文化价值

东龙的建筑是典型的客家建筑，具有极高的建筑文化价值。大凡去东龙村参观的人，都是首先通过对其古建筑的感受，来赞叹其千古一村的。

① 原载《江西地方志》2014 年第二期。

古建筑品种繁多。该村始建于北宋乾德五年（967），历经千年发展，成为集客家宗祠、房祠、民居、书院、义仓、寺庙、宝塔、石桥、石亭、隘口、寨堡等等于一体的建筑宝库。可谓是一个巨大的天然客家建筑博物馆，具有很高的研究价值。

古建筑数量众多。东龙村的建筑以宗祠和神庙为中心，房祠和住宅连片成群，遍布全村的每个角落，真可谓鳞次栉比。鼎盛时期，全村有100多座祠堂。目前，遗存下来的有500余年历史的古塔1座、古寨堡4处；至今保存比较完好的明清建筑有：48栋祠堂、120余栋民宅、3座庙宇、2处书院、2座义仓、5座石亭、7处隘口等。大凡古村落都有祠堂建筑群，而数量像东龙这么多，极为鲜见。难怪浙江省东方旅游规划研究院经过调研，将东龙村建设定位为中国宗祠文化旅游第一村，是有依据的。东龙的祠堂，堪称中国祠堂建筑的典范。

古建筑高大奇特，蔚为壮观。该村的古建筑，无论是祠堂还是民房抑或是庙宇，都有一个共同特点，那就是高大壮观，气势非凡。我去过很多古村落，这些古村落的建筑与东龙村相比较，有的精美有过之而气势不及，有的气势相似而数量相差甚远。东龙的古建筑则不同，不但数量众多，而且在气势上无村庄可与之相比。由于建筑高大威武，其门庭自然又高又宽，其进深、天井自然也大，以至于建筑规模宏伟绝特。村中祠堂均为三进以上结构，也有四进、五进的，最多的达七进，堂内空间巨大，犹如宫殿一般，可容纳千人，办酒席50桌以上，这在祠堂建筑中是鲜见的。

古建筑艺术精湛，别具一格。设计独特是其一大特点。所有宗祠和众多的房祠，其大门前都雄踞一对巨大的石狮子，衬托着祠堂的威严和高贵典雅；每个祠堂的大门都是以整块的巨大条石构建，气势非凡；一部分祠堂前还建有牌坊，牌坊前有大石坪、停马场、系马石；主体建筑都是砖木结构（外墙为青砖，内部均为木结构），在木结构中，竟然一颗铁钉也不用，全靠木榫接头，悬梁斗棚，雕梁画栋，令人赏心悦目，惊叹不已。一座座祠堂建筑，包含着众多的建筑元素和艺术元素，是一座座饱含中国古代建筑文化韵味的艺术宝库。

古建筑的综合性能强。祠堂往往是族人聚集祭祀之处，而东龙的祠堂则与众不同，除宗祠只做祭祀外，大多祠堂是溶祭祀、生活于一体综合建筑。它是族人的生活场所和心理纽带，更是团结和力量的象征。更有一些建筑，与其说是祠堂，还不如说是万能古堡。比如，占地4300多平方米的“东里一望”，是东龙最大的建筑群，它融祠堂、住房、绣楼、学馆、仓库、门楼、围墙、碉楼、花园等为一体，有房屋100间，人称“百间大屋”，其围墙高达 7 米多，厚达 2 米，比故宫紫禁城的围墙还高还厚，是客家围屋的代表之作。

古建筑群布局科学、合理。全村的建筑十分讲究整体布局：外围由防御系统构成，内部由生活区（含祭祀区）和生产区构成，各区域功能明确，但又相互联系。村内建筑群分为布头、店下、中村、排上、高排、西坑、南坑等若干部分，各个建筑群体基本傍山而建，这就极大地留足了村中央的地段建造良田和池塘。

东龙古建筑堪称中国古建筑一绝，与其一度成为封建宗族社会繁荣昌盛的典范是极为匹配的。李氏先人遗留下来的这座古建筑宝库的丰富建筑文化价值，等待着人们去考究，去认识，去发掘，去弘扬。

环境文化保护价值

东龙先人十分注重环境保护。曾几何时，东龙的环保文化是那样的令人赏心悦目，那样的令人流连忘返。在我孩童年代，整个村落古木参天，池塘遍地；清风徐徐，水光潋滟；空气清新，鸟语花香；骄阳艳丽，彩虹常现。一旦雨后，云开日出，霞光万道，真乃一片人间仙境!

东龙人特别重视种植和保护房前屋后树木。东龙人将种植和保护房前屋后树木的有关约定写进族谱，要求族人共同遵守，并一以贯之。经过一代代人的努力，整个村落掩映在几百棵古樟、古杉、古柏、古松之中。全村古樟在古树中数量最多，它长年绿色，香气宜人，具有驱蚊杀虫之功效。特别是这些樟树高大，枝繁叶茂，需要几个人合抱的古樟不下百棵。在我家的附近不到 50 米的地方，有一棵古樟需要 15 个大人才能合围。可惜的是如今风景不再，仅保留下祠屏风内巨大古杉等为代表的少量古树。

东龙人也极度保护村周围的环境。东龙通往村外有五条古道，即通向小松、马头、杉间、王沙、梗田。以东龙村为中心，大体扩散到周围十数公里，都视为“环保范围”。尤其值得一提的是，从东龙到小松镇的五公里道路上，沿途全是参天古松。古道、古松、古亭，组成一幅古色古香的美丽图画。那时，我到小松中学去读初中，对于途中美丽的环境和感受，至今记忆犹新。因沿途全是古松，抬头看不到天空，一阵清风吹过，松树群发出奇特的呼啸声，一个个松蛋从松树上跌落古道，掷地有声；偶尔，一个松蛋落在我身上，令我一阵心惊肉跳，煞是害怕。古道之外的地面，植被很厚，几乎看不到地面。那时，我正在读《林海雪原》的小说，小说中描写林海景象是“抬头仰面不见天，低头俯首不见地”，当时东龙通往小松的整个地段，就是这般景象。

东龙不仅重视树木的保护，而且还十分重视水的充分利用。为调节东龙的小气候，在全村开挖了 100 多口池塘，遍布于整个村落之中，有的池塘连片成群，有的池塘夹杂在祠堂或道路之间。成片的池塘，水光潋滟，与村周围翠绿的群山和村中众多的古树、祠堂交相辉映，真乃湖光山色，风景诱人。特别是，众多的池塘，调节了气候，使得东龙夏天不热，冬天不冷，气候宜人。可见，东龙人十分重视山水的综合利用，重视环境的自然协调和人为保护。

由于砍伐古树、填塘建房和修公路等，东龙的环境遭受了严重破坏，这是一件非常令人痛心疾首的事，值得每一个东龙人深刻反省。“文化大革命”前的东龙，与今天的东龙相比较，其环境相差甚远。尽管如此，我们可以通过今昔对比，来留恋古代东龙人的环保意识和田园生活，来创造绿色家园，实现人与自然和谐相处。

和谐文化价值

东龙的和谐文化是积淀千年的丰厚遗存，突出表现在宗教和谐、人文和谐、人和自然和谐等方面。

在村东南，有一座古建筑叫玉皇宫。这里是全村的神灵崇拜中心。它是一座溶道教、儒教和佛教于一体的民间宗教活动场所。东龙人每年都要在这里举行隆重的庙会和念经活动。玉皇宫的“三教合一”表明，宗教也并不是相互排斥的，不同信仰的人们，可以在一起交流融合，在社会大家庭中和平共处。我们知道，一些不同宗教派别之间，经常出现相互排斥甚至冲突。而东龙的这一独特文化现象，给我们对于如何正确处理不同宗教之间的关系，共同建设中国特色社会主义和谐大家庭，提供了历史借鉴和启示。

人文和谐是东龙村的又一和谐文化现象。《辞海》是这样解释人文的：“今指人类社会的各种文化现象。”为此，我们可以这样理解，人文应该是重视人的文化。东龙自古具有重视人的优良文化传统，主要表现在重视人的培养教育。教育兴村，成为古代东龙人的一个科学理念，至今留下众多学馆建筑便是充分证明。各宗祠、房祠还设立义学田租，以鼓励族中子弟奋发读书、扶持贫困家庭子女上学。正因为重视人，以人为本，才使得东龙走向兴旺和发达。历代尊教重学之风，为东龙造就了一大批人才。早在元末明初，东龙就开始有人中榜为官。到明清时期，东龙的人才培养进入鼎盛时期。随着东龙的发展，文化亦呈强盛之势。以明末清初著名文学家、“易堂九子”之一的李腾蛟、理学家李大集等为代表，可谓名流辈出。古代东龙人教育兴村的理念一直沿袭至今。村民们哪怕家里再穷再苦，都要让儿女读完初中高中。正因为奠定了文化基石，才使得村中人才辈出。经统计，现在全村担任副科级和获得中级职称以上者达 100 多人。这在一个村落中是鲜见的。

族人和谐，是东龙和谐文化的突出表现之一。一个小房族的人，都居住在一个房祠内，形成一房祠为一小房族的居住格局，是东龙人贯以古今的居住特点。这些族人虽然分家却不分心，他们和谐相处，互相帮助，互通有无。有好吃的，相互馈赠；有困难时，大家共担。为了维持这种和谐氛围，在过年过节的时候，一个房族的人，都要在房祠内共同行祭祀之礼，孝敬祖先，并通过族人之间的拜年（恰似今日之团拜）、共进新年第一餐，增进房族之间的了解和团结，化解平日里的矛盾和恩怨。

和谐文化，也表现在人和自然之间的和谐。东龙人自古重视保护环境，形成了人与自然和谐相处的良性格局。前面在环保文化价值中已阐明，这里不复赘述。

安全文化价值

东龙的安全文化价值，主要体现在古代东龙人具有很强的安全意识，它们设计和创造了足以 保证村民安全的居住环境、防偷防窃防外敌入侵的防御建筑等，具体说来：

其一，修建古隘口，在各个隘口上派人把守，以保证村内安全。由于东龙村地处高山之上，村内海拔 500 余米，四周的村落都远远低于它。为了抵御外敌，古代东龙人借用其地理和山势，在村里的各个出口，巧妙设计了防御工事，用巨石修建了坚固的隘口。隘口居险修建，具有一夫当关、万夫莫开之功能。只要守住了村里通往外地的 5 个关隘，便能阻止外敌的入侵，保障村内的安全。

其二，所有的宗祠和房祠建筑都具有防偷防盗功能。东龙的古建筑群都是客家建筑，虽然不像闽西、赣南一些地方的客家围屋那样建成城堡，也许因为整个村落已经建筑了抵御外敌入侵的安全设施，所以，村落里的建筑有别于客家围屋的堡类建筑，但同样具备了各自的安全性能。大多祠堂都只有一个大门进出，把大门关好，就能防偷防盗，居住在整个祠堂里的族人，都能休养生息，安然无恙。即便有小门，也建筑得十分坚固。

其三，修建古寨堡。为了防止外敌攻破隘口进入村里伤害村民，古代东龙人又在村四周山顶上修建了 4 座古寨堡。位于东南面的叫尖峰寨，位于西边的叫玉尖寨，位于西北边的叫龙公寨，位于北面的叫鳅篓寨。古寨围墙高耸坚固，寨中建有房屋，供村民居住。全村族人分为 4 个片区，一旦敌人进入村内，族人按照划分的片区，在比较短的时间内，就能分别进入预定的古寨堡。古寨堡上除有族人吃、住的条件外，还有自制的防御武器，如鸟枪、大刀、梭镖、滚石等，以应对来犯之敌。只要守住寨门，敌人无法攻入。今四寨中房屋早已塌废，而坚固的寨墙依然保存完好，见证着古代东龙人的防御历史。

以上三点构成东龙的物质安全屏障。此外，古代东龙人还构筑了一道精神层面的安全屏障。在村东入口处，建有“七仙庙”“将军庙”；在村南入口处，建有“永东寺”；在村西入口处，建有“塔下寺”；在村北入口处，建有“八角庙”（凌霄阁）。这些寺庙中，有众多“将军”把关，任何“妖魔鬼怪”都入不了村内。

综观全村的安全布局，从古隘口到古寨堡，从村落祠堂到众多寺庙，既有物质层面又有精神层面的多层次安全保护措施，可谓层层递进，层次分明，保障有力，安全无虞。

民俗文化价值

千年悠久的东龙历史，积淀了丰富多彩的民俗文化。每逢过年过节，真是热闹非凡：闹花灯、舞龙灯、搬桥梆灯、唱采茶戏、演傀儡戏，举行庙会、游神、拔河比赛、群众文艺演出，其民俗文化内容之多，活动之频繁，参与人们之众，令人心旷神怡，耳目一新。其中，最热闹的要数元宵节的搬桥梆灯和四月初八的庙会。搬桥梆灯是全村性大活动，从正月十四日开始，延续三天。十六日晚进行全村性规模的大游行，各房族族人按序参与。只见鞭炮震天，鼓乐动地，千灯闪烁，万头攒动，村民们群情振奋，热情高涨。四月初八的庙会，是全村性重大祭祀活动，祭祀东龙的守护神。现今的庙会，参与者突破了村民的局限，周围方圆百十里的人们，都蜂拥而至。东龙的民俗文化活动，具有极大的历史和现实意义。对村民来说，它丰富了文化生活，增进了相互了解，加深了族人感情，促进了社会和谐；对今天的新农村建设来说，提供了历史借鉴。

笔者对东龙群众文化活动，可谓是具有亲身实践和切身体会的人。我参军离开东龙之前，一直就热心地参与村里的业余群众文化生活。即便退伍考上大学之后的寒暑假期间回到村里，也同样是村里群众文化的积极参与者。我读高中之前，正值“文化大革命”期间，毛泽东思想文艺宣传队在小学、大队（当时不叫村委会，叫大队）里十分流行，我既是小学校里毛泽东思想文艺宣传队的队员，又是大队里毛泽东思想文艺宣传队骨干，积极参加文艺宣传演出和各种群众文艺活动。大队里的毛泽东思想文艺宣传队，可以演出大型京剧《红灯记》《智取威虎山》《沙家浜》《杜鹃山》等诸多节目。东龙群众文艺不仅在当年红红火火，而且一直延续到现在。我现在之所以能玩很多种类的乐器，就是当年在毛泽东思想文艺宣传队里打下的基础。由此可见，东龙群众文化活动的参与面之广，积极性之高，效果之好。

东龙的民俗文化既有俗的，也有雅的，可谓雅俗共赏，雅俗共存。古建筑大门上的许多门牌、提款，厅堂中的众多对联、匾额，都是功力深厚的精美书法作品，令人叹为观止。也许由此沿袭下来，形成东龙人热爱书法的文化传统。以至今日，东龙人无论老幼，大多都能写出一手很好的毛笔字，并由此远近闻名。每当春节或是红白喜事，家家户户都张贴出一副副精美对联，似乎是要比赛似的。

堪舆文化价值

堪舆文化即风水文化。中国人讲究风水，注重风水学，也称之为堪舆学。堪舆文化价值在东龙也是十分的显要。李氏先人之所以选择在东龙开基创业，其最为直接的原因，应当是看中了东龙这个地方风水好，是块风水宝地。

风水学主要看重山和水两个元素。如果某个地方的这两个元素对合人们风水认知和要求，就认为那个地方的风水好。那么，东龙的风水好在哪里？笔者试从山和水两个方面来解读。

从山的角度看，东龙全村的格局，由其北部的武夷山脉余脉，再分出两支山脉，分别构建了东龙的基本格局：一支余脉向东南延伸，形似“东边之龙”，称为“东龙岭”；另一支余脉向西南延伸，形成“东龙峰”。所谓的“架上金盆”，其实就是这两支山脉在海拔 500 米处形成的一个椭圆，重重围拢，成了基地拱卫，中成小盆地，村落建于此间。这便成了一块风水宝地。除开大的格局外，村中诸多小山，也形成若干风水：南有“凤山”，西有“狮山”，北有“象山”，与东边的“龙山”呼应，龙气十足。东龙的地名就包含了山的元素，来之于山。东龙十景之一“虎嶂乔峦”中的虎嶂，指的就是“龙山”。东龙原名东屯，后来为了对应“东边龙山”的风水之理解，李氏先人便把东屯改为东龙。

从水的角度看，东龙全村的格局，由三支水脉构成。村主体中有十景之一的“双涧抱村”，两支水流由东向西，至宝塔山下的水口，与另一支由南坑流来的小溪汇合。三支水流或依山而行，或穿村而过，泽润全村。

有了山的龙脉，又有水的活力，东龙一直被李氏先人视为形胜之地，是一块不可多得的风水宝地。然而，白璧也有微瑕。古代东龙人不仅能很好地识别这块风水宝地，而且能够很好地开发这块风水宝地，以补风水之不足。古代东龙人在补风水之不足方面的可贵创造主要有：

一是修建百口鱼塘。在风水学中，水主财，水聚财。为了不让三支水流在村中白白流过，李氏先人十分重视水的积聚，分别在全村开挖鱼塘100口，或连片而成，或点缀在祠堂中间，形成“高山之巅”的水乡绝景。众多的鱼塘不仅是李氏先人对风水理解，而且还具有非常大的实用价值。它调节气候，灌溉农田，还可以大量养殖各种鱼类，为村民提供新鲜的鱼类食品。这种无污染的高山水源养殖的鱼，味道十分鲜美。东龙由古一直传承下来的繁殖鲩鱼苗种，可谓闻名遐迩。

二是修建“虹口锁水”工程。全村三支溪流至村西口汇合后倾泻而下，对村落的聚财十分不利。于是，古代东龙人在此处修建了一座拦水坝，并在拦水坝上修建了一座石桥，取名为“接龙桥”。因为，它把东龙峰和东龙岭两条龙脉连接起来了，使整个村落的龙脉得以贯通。“虹口锁水”工程留住了三溪之水，是继池塘聚水之外的又是一次聚水，也许是寓意聚财之后再聚财。明代晚期，村民还在水口周围遍植杨、柳、桃、梅和梧桐等观赏树木，经过这样的精心改造，不仅把水口遮盖得严严实实，而且还把这里建设成为村中最好的景观之一。

三是修建宝塔。李氏先人认为村西边水口没有山的围拢，形成一个空档，容易被“邪气侵袭”，同时，此处在风水罗盘上属辛位，按照风水学说，辛位上若有山风峻峭，可多出文才。为争其势，明代正统年间（1436—1449），东龙人在村西水口旁空档处的小山上修建了一座七级宝塔，取名文峰塔。宝塔不仅能起到“镇邪护卫”、多出文才的作用，并且通过村内水域的映照，形成“塔影湖心”的壮丽景观。

三大工程，巧妙地补充了东龙风水宝地之缺陷，使之更完美。

旅游文化价值

旅游文化价值是从东龙自身文化价值延伸出来的一组价值概念，也是我们今天之所以探讨东龙文化价值的重要目标指向。

东龙景色迷人，如诗如画。在这个令人陶醉的古村落中，美景随处可见，可谓美不胜收。它的美，不仅体现在庞大的古建筑群，也表现在自然景观、田园风情上。

自然景观中，有著名的东龙十景：龙岗古隘、巽蜂插天、虎嶂乔峦、七星环冢、双涧抱村、凌霄胜阁、虹桥锁水、永东古寺、玉栋擎云、塔映湖心。每个景致，独立成篇，分布在村的四面八方。观看东龙十大景观，如同进入一个人间仙境。

田园风光，更让游人如痴如醉。由于东龙整个村落四面环山，村内阡陌纵横，鸡犬之声相闻，小桥流水，古木参天，配之以规模宏大的古建筑群，古塔、古道、古树、古屋，古色古香，其田园风景堪称中国乡村之典范。清康熙十二年（1673），孔子裔孙、翰林院学士孔敏英对东龙的田园景致做过这样的描述："其形胜则四面皆山，高峰顶上中开大段，豁然平旷，良田美池，阡陌交通，步履所至，湛然如大明镜，肖子曰：架上金盆，诚似也……两沽清流，一隘疆分，文峰东秀，御屏西峙，金星尚桥，玉堑天马。龙峡高耸，翠巍嵯峨，阁建凌霄，桥巩文昌，屋舍俨然参差者，万瓦康庄。衢辟曲径者，四路贞松挺翠，绵亘数里。桃、梅、梧、柳、绿竹成荫，如虬如龙，似画似图。鸡犬桑麻，都非恒境，宏信者屡矣，每当旋归，流连不忍去之。予听之，不禁击节曰：桃源洞欤，仁厚里也"。这般描写，与"桃花源里可耕田"的意境有什么差别呢？只怕是有过之而无不及。

东龙，是一个过去未曾被人们认识的旅游王国，是一个正在被人们认识的旅游王国，也是一个正在得到开发，游客日益增多的旅游王国。继去年 11 月江西省人民政府经过考察审批，将东龙古村落列为"江西历史文化名村"之后，今年 4 月，东龙又被中国民族建筑研究会评选为"中国民族优秀建筑——历史文化古村镇示范项目"。特别值得我们关注的是，东龙古村落正在被一批国际显学所重视。著名人类学家、世界客家学研究专家、美国哈佛大学博士、法国远东学院教授劳格文，在参观东龙后这样评价："东龙，一个有着清新空气、古隘、宗祠和美丽小山的村庄"。香港中文大学教授、博士生导师谭伟伦参观东龙后这样题词："难忘宁都东龙，文化古村落，传统文化结晶，遗迹愿永存"。

除开上述，东龙古村落的文化价值还体现在寺庙文化、饮食文化和服饰文化等方面。比如，古代一直沿袭下来的每年农历四月初八的东龙庙会，方圆百十里的人们都蜂拥而来，热闹非凡；东龙的饮食在客家中独具特色，不仅有客家大餐，还有很多著名小吃，去到那里，大可一饱口福；东龙的服饰，以中国传统的对襟衫为主，男长女短，男女通用等等。

文化是最具生命力的东西。东龙古村落的文化价值，是引导人们认识、重视、保护和开发东龙古村落的根本。然而，东龙古村落的文化价值，并非一篇文章能够详尽。我衷心希望本文能够起到抛砖引玉的作用，期待更多的人来研究它，保护它，发掘它，利用它。

华中和华南的三宗个案（节选）[①]

〔法〕劳格文 〔英〕科大卫

刘劲峰研究的东龙村是个单姓村，位于海拔 500 米的盆地，盆地周围的山脉，大

① 节选自《中国乡村与墟镇神圣空间的建构·序论》，社会科学文献出版社，2014 年。

致上由东向西，从赣东、赣中逶迤至于闽北。东龙盆地东部的山口，由将军庙和七仙庙守护，盆地背面的“后山”，则直到19世纪中叶，才因抵御太平军而建起一座堡垒。在后山山脚至东龙村北端一带，有两座祠堂即上祠和下祠，分别属于东龙村两个李氏宗族。从这里离开东龙村，沿通往宁都县县城的路往北走不多久，就来到东龙村的主要庙宇——胡公庙，胡公庙旁又有三仙庙。东龙盆地有河，河向西流，其支流汇入主流处，就是“水口”。这里必须有点布置，以便收聚社区的好运气，不使外泄。因而，在河流离开东龙盆地的水口，被象鼻山和狮头山挤压。但是，河流经水口流出村外后，就急剧滑落十多丈深的峡谷，如同瀑布。为抗衡瀑布，在16世纪上半叶，李氏宗族的一位女婿兴建了一座文峰塔，辈分比他小的李氏后人又建了一座石桥，名“迎龙桥”。在上游的“小水口”，有一座始建于明嘉靖四十五年（1566）的社公庙，附近又有杨公庙。据当地传说，文峰塔由于距离东龙村太远，反而让附近的王沙村得了好处，王沙村因此出了个进士。因此，清雍正五年（1727），东龙村两个李氏宗族听从风水先生的建议，把文峰塔移近东龙村，改建于“狮山”上，又在迎龙桥上加建亭阁，供奉文昌。东龙村最大的庙是玉皇宫，位于村内东北角。玉皇宫在东龙村村民的礼仪生活中地位显赫，但却是晚至清朝中叶才建立的。在东龙村南面和西面的小山上各有一座佛寺，从前由尼姑住持，如今则住着“斋婆”。除了玉皇宫，东龙村所有庙宇都建于村外，以其神力环绕护卫东龙村。

刘劲峰指出，东龙村主要的诞会，举行于胡公庙和玉皇宫。这些诞会的举办方式，体现了当地的各种组织原则。胡公是宁都地区最著名的神灵，又被称为“太公”，据说是南唐的胡雄，有盗贼攻打宁都，胡雄坐在城墙上，把他们吓跑了。胡公庙据说是宋徽宗赐匾的第一所庙宇。在东龙村本地传说中，胡公原本是马头村人，为东龙村李氏做长工。附近另一宗族曾意图盗占胡公庙现址，胡公托梦给李氏族长示警，李氏才保住这块地。农历四月八日为胡公诞，村民抬着胡公神像游村。负责举办胡公诞的是11个“甲”，每甲由30名村民组成，每年轮流由一甲举办胡公诞。举办胡公诞的“甲”这个字，往往让人联想到明清时期官府户籍制度即里甲制的“甲”。胡公诞的“甲”的成员，并不限于东龙李氏，而可以是任何村、任何姓之人。就这一点而言，庆祝胡公诞与庆祝玉皇诞很不一样。庆祝玉皇诞的方式是打醮，祭祀各方掌管生命和财富的神明，醮会每年正月或七月举行，分成儒释道三坛，头七天同时诵经。佛坛、儒坛只用木鱼之类的小道具，称为“静念”；道坛则是锣鼓喧天，称为“响念”。到了诞会最后一天，还要布施孤魂野鬼。与胡公诞不同，玉皇诞只许李氏成员参加。

东龙李氏文书相当清楚地显示：下祠修建于李氏头两次修谱期间，即明正统九年至弘治三年期间（1444—1490）。弘治三年修的族谱，收录了下祠平面图，其中可见祖先神灵以木质牌位代表，始祖位于最高列；但是，这下祠并不符合“家庙”的形制，这种“家庙”，是要到16世纪20年代开始，才允许平民百姓建立的。至于上祠，据说始建于明初（14世纪），但看来并没有什么证据支持此说。有确切年份的重修，开始于18世纪，意味着上祠的创建比下祠晚得多。上祠李氏和下祠李氏都可能保存明代以来的族谱，因为刘劲峰近年到东龙村做田野调查时，村民告诉他，东龙村有五十一座支祠。而刘劲峰搜集到的各个族谱显示，它们头十八代的谱系都相同，也就是说：它们都能够追溯到大概活跃于16世纪中叶的祖先。由于分房牵涉财产分配和住宿限制，而东龙李氏同一房派子孙却又共同居住，结果在东龙村内出现了以字辈分房居住的现象。各房不仅有自己的支祠，还有田地。

东龙和其附近地区一样，庆祝农历新年时，必定包括“游灯”的环节，即在木板上安置三盏到五盏灯笼，是为一架灯，去年添了多少男丁，就扎多少架灯。把一架架灯连接起来，敲锣打鼓，游走舞动，是为“游灯”。这个活动把整个宗族和当地所有庙宇都动员起来。村民从正月初二起，在胡公庙扎灯。正月十四、十五两天，各房把灯放在各自的支祠内过夜，以便“向祖宗报喜”。正月十六晚，游灯开始。游灯队伍第一站是开基祖住下来的地点，然后到各房所在之处（刘劲峰也称之为“村”），连接起该房的灯架。当队伍走访了所有房派、连接起所有灯架后，这条长达七八十架灯的游灯队伍就会进入祖祠，敬拜开基祖。之后，游灯队伍大部分成员回家。但是，新近添丁的成员还要先到自己所属的支祠敬拜支祖，再回到祖祠吃夜酒。最后，村民们在杨公庙前拆毁灯架，将之点燃，扔进河中。刘劲峰发现，游灯路线和胡公游神路线是一样的。这就引发一个问题：正如前文所述，胡公诞的举办者不限于东龙李氏，那为何游灯却只限东龙李氏？一个可能性是东龙村名为单姓村，但实际上有李氏以外的其他姓氏居住。例如陈氏，虽然只有三十多人，却据说是清乾隆年间（1736—1795）迁来东龙村，专门负责鼓吹和做木偶戏。另一个可能性是外姓人的参与，是近年来李氏宗族财产制度受到破坏而必然出现的新现象。

刘劲峰又发现，从16世纪中到18世纪末，东龙李氏在科举方面非常成功。除此之外，东龙村因祠堂建设而产生什么变化呢？对此，我们似乎找不到多少。但还是有一条线索，这就是李氏早期祖先以“郎”命名的现象。这个现象，见于明弘治三年（1490）族谱有关下祠李氏的描述中。郎名载族谱的使用，是闾山派过渡仪式的后果。随着儒家文化渗透，以文字编纂谱牒、于祠堂祭祀祖先这套制度，取代了闾山派制度，郎名因此消失。在东龙村找不到佛教寺院传统被改造的痕迹，但在宁都县内并非没有这样的情形。整体而言，东龙村很像华南地区从广东到福建的许多乡村：宗族以单姓村形式出现，占据附近的地理和礼仪空间。

◉ 传说

“东龙”村名的由来

据说东龙原叫龙东。李翊峻受神灵的指点，到此开基创业。当时，这里满目是崇山峻岭，无一块平整的地方。为建起美好的家园，李氏始祖率领子孙在山上伐木搭棚，开始艰苦创业。他们不管是严冬酷暑，还是风霜雨雪，每天挖山不止，但收效甚微。尽管如此，他们仍坚持不懈。年复一年，他们挥洒的汗水从山头流进山涧，竟汇成奔腾不息的溪流。这条由汗水汇成的溪流冲破九曲十八湾的险阻，融进奔腾的江河，最后流入浩渺无边的东海。

这天，东海龙王正在水晶宫召集大臣们议事，忽然一股强烈的气味冲来，熏得大家泪水鼻涕齐流。东海龙王大声问：“这是什么气味，怎么这样刺鼻？”值班的龟大臣连忙禀报说：“大王，这是远在千里之外的龙东村流来的汗水味。”东海龙王说：“怎么有这么多汗水啊？”龟大臣答道：“这是龙东村李氏代代创业者汗水的汇聚。那里山高林密，为了开辟一块生存的土地，他们每天挥汗如雨地劳作，可惜人力有限，至今成效不大。”

东海龙王听了，深受感动地说：“这样的开拓精神可敬可佩，我们不如帮他们一把，让他们早日实现开基创业的宏愿”。“好哇。”众大臣连声附和。于是，东海龙王率领自己的三个儿子，化成四条金光闪闪的金龙，飞到龙东村上空。正在挖山的人们看见四条金龙，一下子全惊呆了。东海龙王忙对大家说：“你们不用怕，我是东海龙王，是来帮助你们移山造田，建设家园的。”说完，立即作起法来，霎时间雷电大作，地动山摇，天地间一片漆黑，耳边风声呼啸，接着大雨倾盆如注，山洪奔驰暴泻……片刻，风停雨

东龙景观一角（2016 年）

住，人们惊喜地发现，彩虹飞架的丽日蓝天下，崇山峻岭已不见踪影，脚下一块坦荡平整的土地如架上金盆。大家扑通一声一齐跪倒在尘埃中，齐呼：“感谢东海龙王赐福！”为铭记东海龙王的恩德，大家当即决定将龙东村改名东龙村。

智遣异姓

相传东龙在唐宋以前便已建村。当时村里只有曾、刘二姓，居住在中村西南约一里的南坑。

北宋乾德五年（967）的一天，东龙村出现了一位体格健壮、英姿飒爽的年轻人。此人名叫李翊俊，曾任韶州府司户参军，居住在石城县半迳村。这天他因狩猎来到这里，见这里山清水秀、土地肥沃、地势险峻，实乃居家过日子的风水宝地，遂萌生了迁居此地的愿头。不久，李翊俊即举家徙东龙，曾、刘、李三姓开始相互依靠生活在这片土地上。

数年后的一天，村中忽然来了一位风水先生。他见东龙的山川形势特别好，便有意在此住下。他先是投靠到刘家。刘家开始对他不错，但不久发现他整日无所事事，不是与人闲聊，就是沉湎于青山绿水间，一副不务正业的模样，便对其冷淡下来。他见此情景，便改投曾家。但曾家也认为他好吃懒做，亦冷眼白视。无奈，他只好又投奔李家。李家刚来东龙，虽不发达，但为人善良宽厚，见风水先生虽不善农耕，但知书识礼，便热情相待，视为上宾。

一晃三年过去，有一天风水先生突然前来辞行。临行前，他把李家主人的儿子带到村边一个叫“倒插金钗”的地方说：“你父亲不久将要仙逝，如能葬在此处，日后李家必将大发”。接着又带其到名叫“凤形”“鹅形”“美人照镜”“带胎蛇形”的这些地方，告之曰，“这些地方都属福地，可留与后人丧葬”。李姓儿子后来即遵嘱办理。说来也怪，从此，李家真的开始发达起来。很快“人丁繁衍到数千，财富积累到百万”。而曾、刘两姓则人才渐衰。据说，这位先生就是风水大师杨救贫。后来，村中李姓为纪念杨救贫，便在村中建起一座杨公庙，让其永享祭祀。

俗语说“人无千日好，花无百日红”。已发达起来的李姓，为独占东龙这一风水宝地，便联合起来，采用“笑面带刀”的做法挤兑曾、刘两姓。他们每天轮流请曾、刘两姓人吃饭，并待以上宾之礼，使曾、刘两姓人深受感动。但按当地习俗，有请便要有回，日子一长，并不富裕的曾、刘两姓觉得难以还清这笔“人情债，”只好一个个先后将家业转让给李姓，离开了东龙。到明代中期，东龙终于成了李姓的一统天下。

聪明的“子昧婆”

“东龙府，南坑县，甑箅岭上有金銮殿。”这是东龙自古流传的一首民谣。关于这首民谣，还有一个美丽的传说。

古时，村里有一小伙子名叫李子昧，娶了一个能干的老婆，人们叫其“子昧婆”。她具有无边的法力，不管是谁的东西，凡是她想要的，只要念动咒语，就会自动跑来家中。她公公是个穷秀才，一生都想考举人中进士，然后当个官，能进京城，看看金碧辉煌的宫殿。可惜时运不佳，每次考试都名落孙山。自从“子昧婆”嫁到家后，家境有了很大变化，可就是心中的愿望一直没能实现。一次闲聊，他伤心地说出了自己的心事：“我已老了！这辈子什么都不遗憾。遗憾的是不能去京城看看，哪怕是见见皇帝用过的东西也好”。“子昧婆”听后，笑道：“去京城是难，要见见皇帝用过的东西容易，你就等着吧”。当晚，她念起咒语，真的把皇帝用的金凉伞变到家中来了。公公看着金光闪闪的金凉伞，非常高兴，便把金凉伞竖于村后的甑箅岭上，口呼“万岁，万岁，万万岁”，参拜起来。

再说，第二天皇帝早朝，发现自己的金凉伞不见了，龙颜大怒，命令臣子们马上把金凉伞找回来，可查来找去，没有眉目，众大臣只好请教主管司天监的天师。天师掐指一算，对皇帝说：“此伞被东龙‘子昧婆’所偷”。皇帝立即下令，发兵进剿东龙。

得知朝廷已派兵来剿，全村人急得如热锅上的蚂蚁团团转，直埋怨“子昧婆”不该动皇帝的宝伞，以致给村里招来大祸。然而，“子昧婆”却不慌不忙地对大家说：“你们别着急，我自有退兵之法”。她闭目一算，已知官兵第二天将从东龙前隘口进兵。次日，“子昧婆”化装成一个老太婆，手提一桶“风叶扁”（一种身体扁平的淡水鱼），肩扛一条草鞋凳，来到东龙前隘口打起了草鞋。这个隘口地形险要，有一夫当关、万夫莫开之势。中午当官兵来到隘口时，只见一个老太婆正聚精会神地在打一只足有一丈多长、二尺多厚的大草鞋，感到非常奇怪，便上前问她：“老人家，这么大的草鞋做给谁穿呀？”“子昧婆”答：“谁都可穿，我们东龙人个个长得高大，人人力大无比。”又指指桶中的“风叶扁”，“你们看，这里隘口这么小，连鱼儿通过都会挤扁，如果不是力大，能挤进村来吗？”官兵们听了她的话，看了桶里的“风叶扁”，吓得伸出了舌头，赶紧收兵返朝。

官兵一走，“子昧婆”随即念咒作法，把金凉伞送回了皇宫。皇帝听说东龙险要难打，又看到金凉伞已被送回，也便作罢。而东龙甑箅岭有金銮殿的传说却一直流传至今。

聚宝盆

明朝年间，东龙有位名叫李思常的人，为人诚信，心地善良，不管谁有困难，都尽力热心帮助。

一天晚上，他突得一梦，梦见一面容姣美的姑娘款款来到床前，跪下对他说：“我有十八个姐妹遭遇不幸，请你明天赶到屋背坨子脑上去营救她们”。李思常素有善心，见姑娘相求，忙慨然答应：“姑娘放心，我一定去搭救”。姑娘说声“谢谢”，化作一缕轻烟飘去。

第二天，李思常带上斧头，一大早就赶到坨子脑上去守候。可是等了一个上午，什么人也没有看到，直到晌午已过，才看见一个老渔夫，背着一具鱼篓，踽踽而来。李思常一见，赶紧上前打听："老人家，你看见十八个姑娘吗？"老渔夫答："没见过，十八只大青蛙我这鱼篓里倒有，你要买吗？"李思常想，姑娘叫我来救的是十八个姐妹，现在十八个姐妹没见到，却遇见了十八只青蛙，莫非青蛙就是我要救的姐妹们？不管是不是，先买下放生再说。于是，也不讲价，买下了十八只青蛙，待老渔夫走远，转身放入水田中。

这天晚上，李思常又梦见了那个向他求救的姑娘，姑娘对他说："你今天救了我十八个姐妹，我一定要好好感谢你。你明天到村头合溪坝去，那里有一个宝贝，只要你得到了这个宝贝，这辈子你就吃穿不愁了"。第二天，李思常遵嘱来到合溪坝，但只见溪水在静静流淌，整整一天，什么也没发现。太阳落山时，他正准备离开，忽见溪中逆水浮来一样东西，他走过去拾起来一看，原来是个缺了口的烂土钵子，于是顺手扔回了水中，谁知那钵子一入水又浮回到他脚边，而且几次三番扔之不去，李思常便把烂钵子捡回了家，随手放在屋角。

李思常的妻子看见后，抓了一把米糠放在钵中，准备明天用来喂鸡，谁知第二天一早起来，怪事出现了，一把米糠竟变成了满满一大钵，她赶忙告诉了李思常。当晚，李思常试着往烂钵里放了一个铜钱，第二天起来一看，结果铜钱变成了一大钵。至此，李思常方知自己拾到的是一个聚宝盆，这是青蛙姑娘对他行善积德的回报。

有了这个聚宝盆的帮助，李思常成了富甲一方的财主。于是，出资主持建起了李氏下祠。后人为记其功，尊其为"东山公。"

宝塔镇狮山

据说东龙村的文峰塔原建在水口处小山上，是后来移到村西边"狮山"的。这是什么原因呢？

传说许多年前，东龙村西边的深山密林中出现了一头巨大无比的猛狮，它凶猛无比，昼伏林海无踪影，而一到夜晚，便窜入村中，见人咬人，见牲畜咬牲畜，村人对其毫无办法，闹得全村人心惶惶，一到傍晚，家家就关门闭户。

一天，一名道师路过东龙村，眼看日已西坠，便来村中借宿。谁知进村后却见家家户户大门紧闭，心中颇觉奇怪，现在天色并不甚晚，怎么就关门了呢？他敲开一户人家说："我路过贵村，不知能否借宿一晚？"东龙人素来好客，主人立即热情地请其入屋，并奉茶奉饭。饭后，道师问起村中早早关门闭户的缘故，主人便以实情相告。道师听完主人的话后，便说要出去会会这头畜生。主人一听急了："不可，不可！万一狮子伤了先生，岂不是我的罪过。"道师说："你放心，我自有法子降它。"说完，不顾主人劝说，开门而出。

道师来到村西。这时，天早已黑，一轮明月升上了东山，照得山野一片朦朦胧胧。突然，树林里传来一阵沙沙声，接着只听一声惊天动地的吼叫，一个眼如铜铃、脚如芒棰、长毛飘飘的庞然大物，张开血盆大口扑向道师。道师见状，口中急念咒语，伸手一指，一声霹雳从天而降，猛狮顿时被钉在地上不能动弹。

第二天，道师制服猛狮的消息传遍全村，众人兴高采烈，燃炮庆贺。道师却告诫道："此狮乃狮子精，经千年修炼而成，我不过暂将其制服而已，过若干年后，它又会复生再祸害人。""那怎么办？有没有办法使它永世不得翻身？"众人齐问。"办法倒有一个，就不知大家同不同意。"道师说。"有什么好办法你快说吧？"大家恳求着。于是道师将移塔镇妖的办法说了出来。搬塔镇妖能永保村子平安，大家自然同意。当下赶紧请道师作法。道师来到宝塔边，口中念念有词，片刻大喝一声"起"，宝塔果然升起于半空，道师再用手一指，大喊一声"停"，宝塔便稳稳地压上了狮身。从此，人们便称村西这座山为"狮山"，山与宝塔连在一起，便称"宝塔镇狮山"。

警世石

东龙村村中有一座气势恢宏的围屋——"百间大屋"。围屋大门前，有一块数米长的麻条石，它一半埋在土中，一半露于土外，虽历经岁月沧桑，但依然坚硬如旧，村里人称其为"警世石"。

为何称这块石头为"警世石"？据说这块麻条石是"百间大屋"的主人李仁方从外地买回来做大门槛的。李仁方名光恕，生于清康熙四十七年（1708），殁于乾隆四十三年（1778），国学贡生、赠儒林郎、布政司经历。他在外做官多年，年纪大了遂告老还乡。回乡后便开始筹划建造东龙第一大屋——"百间大屋"。建大屋需要大量的砖头木材，特别是建大门需要一块数米长的条石做门槛，但东龙村当地均为土山，没有这样的石材，于是李仁方公便派家人从外地买回了一块一尺多宽、三米多长的麻条石来做大门槛。

当天，家人将麻条石放在大门前的空坪上。谁也没想到的是第二天一早起来一看，

警世石（2016 年）

空坪上的麻条石竟然不翼而飞了。麻条石哪里去了呢？家人们议论纷纷，一个家人说："这是村里人眼红我们造大屋，故意来捣乱"。众人都说有理。另一个家人分析说："一块一千多斤重的麻条石，一个人是搬不动的，至少要十多个人搬运才行，我看这块麻条石肯定藏在附近不远的地方，我们分头去找吧。"可是找了大半天，家人连麻条石头的影子也没见着。"我看还是报官吧，让官府派人来查。"主事管家说。"对，我们老爷与当今县官交情甚好，一定会尽快处置。"又一家人说。这时李仁方得知石材被盗也来了，他忙拦住说："不可，不可！一块麻条石，值不了几个银子，不必小题大做。我看还是出个招领告示，贴到村中，告示上写明，只要将麻条石送还，按原价奉送银子酬谢"。家人听主人这样说只好照办，告示贴出不久，便见十几个人嚷着"找着了，找着了"，抬着麻条石送回来了。李仁方笑笑，即让家人按告示承诺兑现了银子。

麻条石依然放回到原处，这回该没有人来偷了吧，家人们安心睡了个好觉。谁知第二天一早起来，家人们又大吃了一惊，原来是昨天刚送回的麻条石又失踪了。这下家人们火了，大家说："仁方公宽宏大量，这些人不仁不义，恩将仇报，实是可恶，不可饶恕！""对，我们报官去，让这些家伙知道马王爷头上有几只眼。"李仁方又拦住家人说："这些人并不是真要偷我们的石头，他们是想借此事为难我们，让我们知难而退，建不成大屋，我们只要大度点，村里人是会理解我们的。"于是，他又让人出了一则招领告示，上书"将麻条石送回者，谢银加倍奉送"。当天，麻条石又被十几个人抬着送了回来。李仁方二话不说，即让家人加倍奉银相谢。

家人想，这回该不会有人再偷了吧，再偷就没人味儿了。可是第二天早上起来一看，麻条石又不见了。是可忍孰不可忍！义愤填膺的家人，摩拳擦掌找到李仁方说："这些人一而再，再而三，是不是看我们好欺侮？今天我们坚决要求报官，让官府来惩治这些不法刁民"。但李仁方还是不从，他说："大家同住一个村，同饮一条溪水，同在一块田里讨生计，都是乡里乡亲的，为了一块石头，惊动官府抓人，闹得四邻不安，伤了乡亲和气不值，我们就是做起了'百间大屋'，但失去了人心、乡情，也没什么意思。我看还是照上两次的办法处理为好"。于是，他再次出了一则招领告示，上书："将麻条石送回者，愿以原价的三倍奉送银子酬谢"。

当天下午，家人们正在屋场劳动，突然耳边传来一阵噼噼啪啪的鞭炮声，近了，发现来的全是村里的乡亲们。乡亲们敲锣打鼓，披红挂彩将麻条石送了回来。李仁方忙上前去连声道谢，并火速吩咐家人取来酬谢银两。这时从人群中走出一位年长者说："李大人，我们不是来领酬谢银的，以前是我们做得不对，今天我们是来谢罪的。"说罢叫人将上两次的酬银也一并归还给了李仁方。原来是李仁方的宽厚、大量、不吝钱财、与人为善的品德感动了村里人。村里人自觉此种做法不妥，逐前来赔礼谢罪。家人们也从这件事中，明白了宽仁大度是消释人与人之间嫌隙、打动人心的最好良药。

后来，李仁方没有用这块麻条石做门槛，而是将它安放于"百间大屋"的大门前，用以警示家族后人：不可依仗权势和有钱欺人。因此后人又称其为"警世石。"

李仁方宽容大度的人格品德也得到了代代赞颂。

胡太公护东龙

东龙村里有座太公庙，庙里供奉的是被东龙人视为守护神的胡太公。据说胡太公名叫胡雄，生于南唐，生前曾有恩于李姓。故李氏在东龙开基后，塑像祭祀之。

传说东龙富甲一方后，引起了远近匪徒的垂涎，不时遭到匪徒的侵扰，均被东龙百姓击退。但匪徒并不死心，经过一番密谋后，他们联合起来，组成了一支数千人的队伍，又气势汹汹向东龙村杀来。为保卫家园，东龙人不管男女老少，老弱病残，一齐上阵抵抗。经过几天几夜的浴血奋战，虽然匪徒被打死了不少，但东龙人也死伤很多，元气大伤。然而匪徒并没有因进攻失利而放弃，反而展开了更为疯狂的攻势。在匪徒潮水般的攻击下，眼看村庄就要渐渐地被攻破了。正在这千钧一发之际，突然，只见三个巨人从天而降，为首者手握大刀，其余二人一执金锏、一执利剑杀向匪徒，挡者披靡，眼尖的村人立即认出是太公庙的胡太公和他的左右二将。

“胡太公显灵助我们杀敌来啦！”人们立即欢呼起来。

原来太公庙中的胡太公眼见东龙危在旦夕，便与左右二将商议：“我等被东龙人尊为守护神，年年享受供奉，如今东龙遭难，我们相助一臂之力如何？”左右二将齐声赞同。于是，胡太公即率二将前来助阵。

胡太公显灵助战，使全村人斗志高涨，勇气倍增，直杀得匪徒尸横遍野，血流成河，哭爹喊娘，抱头鼠窜……东龙村终于保住了。

战后，全村人敲锣打鼓，抬着胡太公和他左右二将的塑像举行了盛大的庆祝游村活动。所过之处，家家秉烛焚香，顶礼膜拜。后来，这一活动便演变成为东龙年年四月初八都要举行的太公庙游神活动。

泰山石敢当（2007 年）

接龙桥

很多年以前，村里有个善良的采药老人。他每天都上山采药，借此为生，也以此拯救那些无钱治病的穷人。一天，老人上山采药时，发现了一条受伤的小蟒蛇，奄奄一息地躺在路上。老人见了，觉得怪可怜的，便为它敷上草药，放进药篓中带回了家，精心护理起来。一个月后，小蟒蛇的伤口好了。老人便把它带回当初捡到它的地方，对它说：“你的伤口已经好了，回自己的家去吧”。老人将小蟒蛇放回山上后，又去采药了。傍晚，当他回到家中时，却又惊讶地发现了那条小蟒蛇。原来。小蟒蛇对自己的救命恩人已有了感情，舍不得离开老人，所以又悄悄地回来了。老人膝下无子，只有一女也已出嫁外村，平时很感孤单，见小蟒蛇愿来陪伴，很是感动，便把小蟒蛇留了下来。

一年又一年，小蟒蛇在老人的呵护下长大了。这天，小蟒蛇看见老人回家后闷闷不乐，感到很奇怪，因为老人平日总是有说有笑的。小蟒蛇就问老人：“大爷，您今天怎么啦，遇到什么不顺心的事吗？”老人抚摸着小蟒蛇的身子说：“蛇儿啊，我的事说了你也帮不上忙啊。”小蟒蛇说：“您说吧，说不定我能帮上忙呢。”于是，老人就将事由告诉了小蟒蛇。原来是老人的小外孙被毒蛇咬伤了，女儿捎信要老人快去用药相救，但通往女儿家必经之路上的一座桥被洪水冲毁了，想尽一切办法也无法通过。老人不禁唉声叹气起来。

听完事由，小蟒蛇对老人说：“您放心，我送你过去”。“你能送我过去？”老人有些怀疑。“对，我能帮您过去，咱们快去吧。”老人半信半疑，与小蟒蛇来到断桥边，只见小蟒蛇一跃腾空，落下时便变成一座桥。老人不禁愣住了。“救命如救火，快去救您小外孙吧。”小蟒蛇催促老人说。老人激动地踩上了小蟒蛇的身躯……小外孙得救了，但小蟒蛇却因元气大伤，再也无法变回原样了，时间一长便化成了一座石桥。这座桥后人称其为接龙桥。

高山水乡的来历

有一年，东龙遇到百年不遇的大旱。久旱无雨，造成山泉枯竭，村中唯一的水源——小溪河几近断流。面对龟裂的土地、枯萎的禾苗，全村人心急如焚。为了全村人的生存，族长组织人，亲自带领四处寻找新的水源。

这一天近晚，族长带人找水又毫无收获而归。刚走到村口时，发现一人僵卧在路边。众人走过去，一看是个中年男人，用手摸其脉搏，还在跳动，看来是逃难路过饿昏的。族长忙吩咐众人将其抬到家中，喂以水饭。待中年人吃饱后，又让人安排在客房睡下。第二天一早，族长去看望中年人，谁知已人去房空，只发现桌上留有一卷纸。打开一看，只见纸上画着许多房屋，房屋周围画着一个个方格。族长不解其意，便随手揣在兜里，又带人外出找水了。

晚上族长又无功而返。没找到水源，族长心情不好，胡乱吃了点饭便上床睡了，朦朦胧胧中，他看见一人如风般飘至床前，对他说：“你不是要找水吗，我带你去找”。族长定睛一看，正是自己昨天相救的中年人，于是，起床跟随中年人而去。他们走呀走啊，不知走了多少时间，最后来到了一个高山盆地。只见这里山清水秀、作物葱郁、如诗如画，族长不禁陶醉在这迷人的山水中。“这是什么地方啊？”族长问那中年人，可是回头一看，那中年人却正向着云雾中走去。“你别走，快告诉我啊！”族长高喊着追了上去，谁知一脚踏空跌进了深涧……“啊！”他大叫一声醒了过来，原来是南柯一梦。族长回味着梦中的情景，忽然有所醒悟，忙从兜中拿出中年人留下的那幅画揣摩起来。

哦，梦中的高山盆地不正是自己赖以生存的家园东龙，图中的一个个方格不正是一口口水塘。挖塘蓄水抗旱，这不是神人在点拨自己吗！

第二天，族长立即组织全村人在房前屋后的空地上开挖水塘。说也奇怪，他们每挖好一口塘，只要过一夜就会水溢满塘。经过全村人的努力，很快就挖成了百口水塘。塘水淙淙流进田野，干裂的土地滋润了，枯萎的禾苗返青了，人们的愁眉舒展了。自从有了这百口水塘后，东龙就真正成为高山水乡，再也不怕旱魔了。

救命的擂茶

客来茶当酒，这是宁都东龙客家人的待客习俗。据说东龙擂茶还救过太平天国天王洪秀全之子——幼天王洪天贵的命呐。

清同治三年（1864）6 月，洪秀全病逝，幼天王洪天贵继位。7 月 19 日，湘军轰塌天京太平门附近城墙 10 余丈，蜂拥入城。天京城破后，李秀成带幼天王突围出城，清军紧紧尾随其后追杀，战乱中洪天贵与李秀成失散。7 月 22 日，李秀成被俘，8 月 7 日被害。洪天贵在江苏东坝与洪仁玕相遇，经浙江进入江西，清军紧追不舍，洪仁玕部又被清朝大军击溃，混乱中洪天贵与几名侍从侥幸逃出。为了逃命，一行人不分昼夜，拼命奔走。清军在大路小路设伏拦阻，他们就攀山逃窜。经过几天几夜的奔波，终于逃出了清军的围堵圈，进入宁都州境内的田埠东龙村地界。

东龙村是宁都与石城县交界的一个高山村落，四周山峦高耸，绿树遮天，交通极不便利，外人很少到此。洪天贵一行逃到此地后，累得再也走不动了，全瘫倒在村边的一座林子里。这时肚子也咕咕咕叫起来了。原来他们只顾逃命，几天来还没吃过一顿饱饭。

一贯养尊处优的洪天贵这时饿得肚皮贴背脊，他有气无力地对侍从说："我们进村找老乡弄点吃的吧"。

"这村子安全可靠吗？"一侍从担心地说。

"天王，我先去村里打探一下，如安全再作决定。"一侍从说。

"好，快去快回。"洪天贵说。

"遵命。"侍从得令离去。

一会儿，打探的侍从回来了："禀报天王，村里很安全，没有清兵团丁"。

"好，那我们进村吧！"洪天贵说。

一行人来到一户人家，这户人家人进人出，很是热闹。原来这户人家里今天来了亲戚，客来茶当酒，正在煮擂茶招待。东龙村人都是姓李，非常热情好客，一家有客至，全村凑份子，所以热闹非常。

“老乡，我们是外地客商，遇到土匪打劫，如今身无分文，几天没吃一点饭，能不能给口饭吃？”为了不暴露身份，一名老成侍从编了个谎话。

一听是遇难客商，这家主人忙说：“好好好！”

来的都是客，主人把洪天贵一行引到亲戚坐的首席（即客席），吩咐家人给他们打来热气腾腾的擂茶，芳香扑鼻的擂茶引得他们食欲大开，一下子干了三大碗。

洪天贵是吃过山珍海味的人，但此刻，他觉得任何山珍海味都比不上这擂茶。他感慨地对侍从说：“这真是咱们的救命擂茶啊！”。

吃饱喝足后，临走时，主人又包了一大包茶泥赠送他们，并说：“这茶泥是做擂茶的原料，只要烧上开水一冲便可食用，很方便，既可充饥又可长力”。

“多谢了！多谢了！”洪天贵一行千恩万谢，告别这家主人又踏上逃命之路。据说一路上，他们就靠着擂茶活命。

但是洪天贵最终还是没能躲过死亡的命运。这年 10 月，洪天贵在离东龙很近的石城县被俘，11 月在南昌遇害。

擂茶（2016 年）

◉ 歌谣

海枯石烂伴我郎

竹枝竹笋竹鞭长，折枝竹竿送我郎；
大火烧山竹不死，海枯石烂伴我郎。

做人长工蛮可怜

做人长工蛮可怜，日出做到日落山；
笼糠蒸饭塞肚皮，一皮菜叶食三餐。

黄金难买少年时

高山顶上栽杉树，今不努力等何时；
黄竹焦尾年年老，黄金难买少年时。

有吃有喝唱开心

唱歌不是快活人，不是受穷就单身；
有吃有穿懒得唱，有吃有喝唱开心。

不让哥哥打赤脚

新打草鞋四条索，打双草鞋送哥着；
只要哥哥不忘情，不让哥哥打赤脚。

妹子洗衫赶日头

哥哥撑船站船头，妹子洗衫蹲码头；
哥哥撑船赶早水，妹子洗衫赶日头。

歌带妹心天边行

妹子声音像鸽鸣，唱歌当得鸽伴铃；

鸽子戴铃云中飞，哥带妹心天边行。

后生爱唱恋妹歌

高山嵊上好放歌，搬块草皮来垫座；
老人唱的牧牛谣，后生唱的恋妹歌。

日出唱到日头落

高山顶上打铜锣，邀你老妹来唱歌；
你一只来我一只，日出唱到日头落。

托三托四要人工

一树杨梅半树红，作田哥哥冒闲空；
你有事情当面哇，托三托四要人工。

洗衫要洗长流水

行路要行路中心，两边大树好遮阴；
洗衫要洗长流水，污泥浊尘冲得净。

不怕曹操百万兵

山歌越唱越热心，敢唱山歌吾怕人；
我哥好比诸葛亮，不怕曹操百万兵。

恰似红莲并蒂开

大路迢迢过着妹，打声哟嗬快过来；
情哥情妹肩并肩，恰似红莲并蒂开。

黑衣洗成白衣裳

妹妹门前一口塘，等妹出来洗衣裳；
手拿衣衫慢慢洗，黑衣洗成白衣裳。

有情阿哥老妹爱

新打钯子好挖地，透风杉树好做犁；
有情阿哥老妹爱，日夜揣在妹心里。

哥哥莫要砍树蔸

好久冒到斫柴窝，窝里杉树大得多；
哥哥莫要砍树蔸，留下两人当凳坐。

东龙山水（2017 年）

名人与名村

东龙，钟灵毓秀，人杰地灵，“江山代有人才出”。明清时期，曾出过文、武举人5名，庠、廪、增生300名，贡生40名，其中被授予各种官职者80余人。理学家李大集著作等身，名播州县。文学家李腾蛟，与魏禧等9人结庐翠微峰，创设易堂，世称“易堂九子”，名载清史。现当代，东龙更是人才辈出，涌现出革命先烈李先保、人民解放军南海舰队政治部副主任李学南，2名全国优秀教师，2名国家级协会会员，8名博士等一大批优秀人才。

东龙独特的魅力，自古以来吸引过无数名人。明代刘三吾、罗伦、陈勉、尹直，清代方以智、孔毓英等曾为东龙李氏族谱作序。20世纪初，劳格文、何培宾、刘劲峰、梅宏等曾对东龙进行深入研究，多方推介。近几年，全国作协副主席叶辛、何建明，书记处书记、主席团成员白庚胜等曾分别率中国作家采风团到东龙深入采风，进行宣传……

◉ 人物传略

李翊俊 ［北宋乾德年间（963—968）在世］东龙李氏开基祖。原住石城县半迳，曾任韶州司户参军。北宋乾德五年（967）因打猎来到东龙，看到这里山清水秀、物产丰饶、土地肥沃，形如高山盆地，状如架上金盆，是安居乐业的福地，遂由石城县半迳迁至东龙开基创业，成为东龙李氏始祖。

李思常（1392—1465） 又名胜，号东山。明代东龙人。擅于商贾，富后热心公益。明正统年间（1436—1449），岁遇饥荒，慷慨赈粟周济；流寇入侵，散发家财，组织村人御卫村境，保境安民。明正统九年（1444），与其兄李思恒（号静斋）主修李氏下祠首部族谱，并出资兴建李氏下祠。历经李思常、李思恒兄弟及其子孙 3 代 47 年努力，至明弘治四年（1491）才建成李氏下祠。清乾隆三十一年（1766），东龙李氏念其功德，特许其后人在李氏下祠左侧共墙兴建东山祠，永享祭祀。

李育斋（1448—1498） 又名华、春莅，号育斋。明代东龙人，李思常之孙。才识练达，热心族中公益事业，视族内事务为己任，不吝财物，慷慨乐助，多次担任总理，处理李氏族务。明弘治四年（1491）首倡捐资，不辞辛劳，督修李氏家谱，深受族人爱戴。卒后，众谥赠“上善若水，厚德载物”。清乾隆三十二年（1767），东龙李氏为其建造享堂，后取名“育斋祠”，永享祭祀。

李春芳（1486—1522） 又名菱，号草塘。邑庠生。明代东龙人。博览群书，尤精易学，颇具远见卓识，特别推崇教育，认为要使东龙李氏长盛不衰，必须重视教化。为此，他捐资在村南永东寺边建学舍 10 多间，供族中子弟读书讲经，成为东龙首倡义学者。受其影响，东龙李氏大、小各房的有钱人纷纷兴教办学，开创东龙李氏历代重文的先河。

李英华（1488—1577） 又名珂，字心松。明代东龙人。才思敏达。明嘉靖四十年（1561），纂修李氏草谱，捐资百金修缮宗祠。平时乐好善施，“凡饥者必施之以粟，寒者必施之以衣，孤死者必施之以棺”，深受世人称赞。义行闻于府县，三举乡宾。进士梅贲英曾为其作《怀李心松先生诗并序》。邑进士、广西布政使谢士章（又名石渠）为其作《耆禄焉铭》，赞其曰：“姜被冷矣，花萼久荒。我怀哲人，令德馀芳。世态奔竞，否将偏藏。识高伯乐，枥下骥扬。邈哉古风，山高水长”。

李一德（1519—1585） 又名汝敬，号白峰。明代东龙人。品行高洁，淹贯经史，精澈心理。弱冠补石城弟子员。明隆庆元年（1567）荐任德化训导。明嘉靖年间（1522—1566）升寿州学正，复荐宁化县尹。后辞职还乡，在村中黄古虔开设学馆，四方从学者众多，人称“东谷先生”。卒后，赐进士、中书吏科给事卢逵为其作《白峰翁李先生偕配赖孺人墓志铭》。

李大集（1529—1589） 字蒙泉，号照山。明代东龙人。郡廪生，理学家。为诸生时，师从王守仁高足、于都举人黄洛村，深得其喜爱，李大集获益匪浅，充然有得，曾深有感慨地说：“学以践实为归，若薛文清之主敬，王文成之致良知。譬如舟李各适，而总赴于京，不践实，非真儒也”。对黄洛村“力主实践”的观点非常感佩。生平著有《性理辑醇》《易经图说》《史论诸书》。被“东林党三君”中的邹元标赞为“理学醇儒”。事迹载省、府、州理学人物志，清道光《宁都直隶州志》将其列为理学名人。

李大受（1564—1632） 又名梦阳、可斋。明末清初东龙人。由太学授南京东城兵马指挥司使，任上“厘奸剔弊，澄清郊圻，政行卓异”，大司马孙广委缉盗陵巨奸、大司空丁宾夏委以修渠节廨，均出色完成。后升广西浔阳府通判署桂平县事、补云南澂江府通判督理楚雄府表罗厂务、委署府缘及河阳县事，无不“锐意图治，化被边隅，载道口碑”，封授承德郎。明崇祯元年（1628）晋阶奉直大夫。

李大宏（1573—1645） 字屏岳。明末清初东龙人。辛未诏举文行应征为国学典籍。不但博学工诗，文采横溢，好结交文朋诗友，而且慷慨侠义，热心公益，急人之难，不惜千金。游南京国子监时，许多名人争相与之交往。六十岁生日时，临川“四大才子”之一的陈际泰为其“感削词为寿”，称其文章学识过人，“而文者莫不勖以领袖之寄”，赞其“盛德君子，为尤贤贤”。七十岁生日时，“易堂九子”中的彭任、魏际瑞、邱维屏等宁都县内外百名文人为其联句赋诗贺寿。甲申世变，悲痛异常。有人问他：“子非责臣，何如此？”答曰：“草莽独非臣乎？”最后竟悒郁而死。事迹详载省、府、州志。

李腾蛟（1609—1668） 字力负，号咸斋。明末清初东龙村人，东龙文人中的杰出代表。李腾蛟出身名门望族，从小聪慧过人，过目不忘，四岁时便能识卦象。后随父迁居宁都县城，拜宁都大儒、杨世用长子杨一水（又名文彩，字治文，号一水）为师，人品学问精进。其为人纯朴，喜性读书，与临川陈澄泰、罗万藻，宁化李世熊等常以文会。好论《易经》，兼攻诗文。其诗慷慨激昂，铮然有声，多发兴亡之恨。

明亡后，李腾蛟誓不与清廷为伍，毅然放弃秀才身份，将名字从县学名册上销去，与魏禧、魏际瑞、魏礼三兄弟和彭士望、邱维屏、林时益、彭任、曾灿等隐居金精山翠

李腾蛟石雕（2017 年）

微峰，创设易堂讲学，世称“易堂九子”，其中李腾蛟年纪最长，为人恭惠淳厚，不言人短，众人皆以兄相待。

清顺治九年（1652），李腾蛟从翠微峰“力负居室”迁居三巘峰，筑“半庐”并赋诗曰：“茅屋数椽，维山之巅。白云结牖，液下流泉。日月升沉，荡影摩肩。”在此设馆授徒。此馆与邱维屏主持的易堂学馆、魏禧主持的水庄学馆并称为“易堂三馆”。李腾蛟在三巘峰 30 多年，从不穿流行衣服，和学生们一样穿古代宽大的长衫，戴笋壳制作的帽子，早晚吟唱诗歌。进入课堂，师生依古人礼节入座，教室里一片和睦的儒家氛围。对人谦和仁厚，别人冒犯他也从不计较，始终保持一种长者风范。其学生中有一人喜欢谈论《易经》，李腾蛟很赏识他的一些观点，但这位学生有一坏毛病，喜欢指责古人，与人意见不合就开口大骂。李腾蛟教育他说：“你这样下去，终究是学不好易学的。”后来，这个学生非常惭愧，终于认识到自己的错误。

清康熙七年（1668），李腾蛟病逝，葬于宁都城西里面村。他逝世那天，穿着白衣、戴着白帽前来吊唁的人络绎不绝，痛哭的声音震动瓦屋。众人议其生平，魏禧曰：“先生当乙丙间除诸子籍，二十年非法之物勿服也，非法之人勿见也，可不谓贞乎？性诚厚爱人，与人熙熙然惟恐伤之，虽子弟门人犯之勿较，可不谓惠乎？”众深以为然，遂私谥其“贞惠先生”。

李腾蛟一生既教书育人，也著书立说，著有《咸斋诗文集》《周易剩言》《易堂三处士稿》等，并有作品收入《豫章丛书》。其名载《清史稿·文苑传一》《中国文学家大辞典》《中国人名大辞典》。

国学大师、历史学家陈寅恪在《赠蒋秉南序》中指出："以著名文学家魏禧为领袖的包括李腾蛟、彭士望、邱维屏、林时益、魏际瑞、彭任、曾灿、魏礼等名家在内的、'易堂九子'，是我国清初颇负盛名的文学集团和教育集团，亦是一个具有高尚爱国气节的集团，数百年来一直为世人称道。'易堂九子'自李腾蛟最初生（1609）至彭任最后卒（1708）前后经历明万历、泰昌、天启、崇祯，清顺治、康熙各朝，整整达一个世纪。这是一个风云变幻的大动乱的世纪，社会的变乱、相近的遭遇使他们走到一起。他们结庐翠微易堂，学伯夷叔齐之节，躬耕自食，不事清廷；他们出游天下，目的在于结交天下非常之人，以为非常之寄；他们潜心造士，则期冀培养能继承志节。"对以魏禧为领袖、包括李腾蛟在内的"易堂九子"的民族气节给予了高度评价。

李希彬（1609—1692） 字实君，号文芝。明末清初东龙人。郡增生。通晓兵法。顺治七年（1650），寇扰东龙，村人惊恐。李希彬越众而出，召集勇者，发给枪矛，编甲训练，设防守御，激起全村斗志。后寇攻至，李希彬指挥乡勇御杀寇10余人，夺其旗帜，缴获器械无数，令寇慌乱败走。数月后，寇驻兵小松，伺机侵犯，意欲寻仇。李希彬亲率乡勇严守各路隘口，于险处设伏，并月夜纵歌，迷惑贼寇。寇见其有备，不敢入境，全村得以平安。

李茂修（1621—1691） 又名权修，字心泰。明末清初东龙人。性喜清淡，所交朋友皆文人雅士。心怀宽厚，谈吐有长者风。因时事纷乱，弃取功名，毕生倾力于诗书。70岁卒，县旌"德重乡评"，族谥"恭慎勤协"。廖季义为其作诗曰："水西李翁，德冠群宗。溪红鱼育，老子犹龙。龙蛇各别，蛟虺攸同。惟兹李翁，力田督佣。诛茅造塾，缙书启蒙。教子成人，课孙作公。亦或忝禅，愧杀儒鸿。素珠一串，万法皆空。"

李勖承（1625—1713） 派名希柄，字叔谋，号无释。明末清初东龙人。郡廪生。清康熙三十年（1691）岁贡。曾任抚州东乡县儒学训导掌教谕事，赣州府儒学教谕。卒后恩加一级。生平著有《儒学敷言》《四书自携集要》《竹轩诗文稿》《志道篇》《历试文草》《凌霄阁课艺》等。

李士晋（1713—1789） 又名泰科，字谏六，号昭亭。清代东龙人，李腾蛟从曾孙。清乾隆十七年（1752）恩科举人，授饶州德兴县训导，后任赣州府教授。端师范，勤督课，门下士子多有成就。后获荐知县，分发甘肃候补。因继母年老告归奉养。当时，宁都县内士多奢靡，李士晋联合年高有德者，以礼法表率后进，迎人衣冠必整齐，出入言动必勤谨，非经义古诗文辞绝不淡，学者皆赞仰之。州牧陈云章赠其“儒林名宦”匾。年 76 岁卒。事载清道光《宁都直隶州志·儒林传》。

李令涟（1771—1847） 又名延献，字襄玉，号松茂。清代东龙人。国学生，因子李荣昌赠昭武都尉，敕赠儒林郎、布政使司理问。一生热心公益。清嘉庆八年（1803），因捐资御匪有功，赐建“盛世干城”坊。清嘉庆二十一年（1816），被推为东龙李氏五修族谱总理，并于石城蛇颈岗在阶岭捐建石桥 1 座。清道光元年（1821），为修《宁都直隶州志》捐银圆 100 块。道光十年（1830），捐资在宁都城重建忠孝祠，知州王泉之为其撰《襄玉公重建忠孝祠碑记》。道光二十二年（1842），为义仓捐谷 150 石，钱 30 千文。道光二十六年（1846），又为义仓捐谷 150 石。道光二十七年（1847），邀集 5 人各捐钱 50 千文，在宁都城兴建老人堂，抚贫恤老。获房旌“孝义谦惠”、族旌“和穆明练”、乡旌“方正圆通”，知州刘丙赠“急公好义”匾，陈云章赠“乐善好施”“义均养民”“义均养老”等匾。

李调元（1885—1952） 字叔和。东龙村人。江西省测绘学校毕业。北伐战争时曾任国民革命军第 14 军参议。1927 年任江西省土地测量队队长。1930 年任国民党军事委员会军令部江西省陆地测量局局长。1946 年任军事委员会测量九队上校队长，1947 年任测量九队少将队长。1949 年 5 月任宁都县民众自卫委员会委员。1952 年被人民政府镇压。

李先保（1904—1936） 又名云贵。东龙村人。出身贫苦，从小饱受欺凌，其父被地主活埋，妹妹被强卖，自己遭受过地主的捆绑、毒打、线香火烧身等残酷折磨。悲惨痛苦的经历，使李先保形成不畏强暴的性格。1930 年，怀着刻骨的仇恨，他参加中国工农红军。同年，加入中国共产党。参加过中央苏区第二、三、四次反“围剿”战争。每次战斗都冲锋在前，因骁勇善战，累立战功，先后升任连长、营长、副团长等职。1933 年 12 月，在攻打黎川上南村时负伤。1934 年 10 月中央红军主力长征后，留于宁都、石城两县交界处坚持游击斗争。1936 年 9 月，不幸被捕，英勇就义，年仅 32 岁。

李嗣藻（1905—1931） 又名会昌，号绘文，字子良。东龙人。从小聪慧自励，心志远大。幼时肄业于松茂小学。17 岁省立第九中学毕业后，赴洪都心远中学就读。后毕业于北京国立政法大学。1925 年，转入江西章江政法大学（本科）学习，毕业后又入南京中央法官训练所学习。曾任江西省政府会计股庶务、芷江罡卡龙南县司法委员、九江地方法院推事。病逝于九江法院官邸。

李学南（1913—2008） 又名学楠。东龙村人。1933 年 5 月在宁都县城参加中国工农红军，历任红军通讯员、班长和连副政治指导员、政治指导员，参加过中央苏区第五次反“围剿”的温坊等战斗。二万五千里长征途中，参加了直罗镇、山城堡等战斗，因作战勇敢、不怕牺牲，1935 年 6 月加入中国共产党。1937 年 8 月任八路军 115 师 343 旅 85 团保卫股长，同年 9 月随部参加平型关战役。1941 年“皖南事变”后，任新四军第 3 师 19 团政治处主任，和战友率部转战江苏湖垛、盐河、程道口、淮安等地，深入发动群众，大力发展抗日武装，粉碎日军多次“大扫荡”。1945 年 8 月 30 日晨，为开辟大部队挺进东北通道，李学南所在的先头部队与苏联红军的一支小分队一起发起山海关战斗，经 4 小时激战，将这颗被日军强占了 12 年之久的“钉子”拔掉，让“天下第一关”重新回到中国人民手中。中华人民共和国成立后，1949 年 12 月任解放军 42 军某师政治部副主任，进驻北大荒屯垦，参加经济建设。1950 年 10 月 19 日改任中国人民志愿军 42 军某师政治部主任。1953 年 7 月奉调回国，入中南军区高干文化速成班学习。1955 年 4 月任解放军汕头水警区政治委员，为加强部队政治思想工作和组织建设做了大量工作。1970 年 6 月调任南海舰队政治部副主任，他经常深入舰艇、边防、海岛调查研究，为基层排忧解难，赢得了广大官兵的尊敬。因贡献突出，曾荣获三级八一勋章、二级独立自由勋章、二级解放纪念勋章、二级红星功勋荣誉章、抗战胜利 60 周年纪念章和抗美援朝三级国旗勋章。

李学南

李学南生前情系家乡，曾多方联络广东、海南等地农业专家，给家乡人民传授水稻杂交、自繁、育种等技术，提供汕优 2 号等优良品种。1995 年 5 月，李学南回到赣州，看到正在热火朝天建设中的赣州火车站时，不禁心潮澎湃，眼眶湿润，激动地喃喃自语："我们赣南总算有火车了！" 拳拳乡情，让人动容。

2008 年 10 月 27 日 7 时 20 分，李学南因病医治无效在湛江逝世。

梅头明（1935—2016） 又名相麟，小名海水。中医名师。1935 年 10 月出生于江西南城县城中医世家。5 岁时为逃避日军侵略，随父母迁居宁都县田埠乡马头村。自幼聪明好学，初中肄业后仍发奋自学，博古通今，多才多艺，精擅琴棋书画。因才华出众，19 岁时先后被选为宁都县固厚区工商所、县工商联文书。后为承父业，转入固厚卫生院随父从事中医。1961 年，只身回南城县人民医院工作。数年后，全家迁居石城县罗溪，虽靠租房、出卖劳力度日，但仍坚持钻研中医，先后被聘为石城小松新坊大队、桐江大队和小松乡卫生院乡村医生。1973 年转为正式医生。1974 年举家迁居东龙。此后，先后在广昌县尖峰卫生院、赤水中心卫生院、驿前中医联合诊所、驿前中心卫生院行医，并先后任驿前中医联合诊所所长、驿前中心卫生院医生。2005 年退休。2016 年 2 月 7 日在宁都县城逝世，享年 81 岁。

梅头明行医 50 余载，治病救人无数。生前曾亲自拟撰对联一副云："海阔东垣发仲景，水流河涧接丹溪"。嵌入自己的小名 "海水"，以及中国古代 4 位名医李杲、张仲景、刘完素、朱丹溪的名字，表明自己追求医术最高境界、一心为民解除疾患的志向。其医德医术深受宁都、石城、广昌县民众称赞，被民间誉为一代名医。他根据家传秘方，总结多年临床实践经验，先后整理出《伤寒精要》《痈疽疮毒症》《发无定处痈疽疮症》等

梅头明（右）夫妇

中医学著作。

梅头明一生简朴，崇尚诗书传家，重视子女培养，育有 3 男 7 女，均学有所成，长子梅宏现任江西省地方志办公室党组书记、主任。他为人和善，宽宏大度，中华人民共和国成立初，人民政府曾分给他家马头田背胡家祠堂 1 栋，但后来却无偿送还胡氏族人。

◉ 人物表

东龙村历代名人一览表

表 8

姓名	字号	朝代	功名与官职
李　瑚	四郎	北宋	皇祐年间（1049—1054）制科进士授徽州同知
李后潭	公宝	南宋	淳熙年间（1174—1189）举人
李世广	世宝	元	至正年间（1341—1368）人才选授福建闽县主簿
李存智	名闻	明	洪武年间（1368—1398）人才选授湖广衡州河泊，升巡检
李存旺	仲王	明	洪武初年人才授广东雷州府海康县黑石寨巡检
李季文	—	明	洪武初任广东曲江县县丞，后升五品巡检
李思明	讳殷	明	永乐年间（1403—1424）由人才授福建闽县巡检升州通判
李大瞻	石阳	明	廪生。太学授苏州常熟县主簿，升北直虎贲卫经历
李大雅	迎阳	明	礼部儒士
李大亨	衷白	明	由太学任苏州吴县县丞，升泗州同知
李春鼎	南畴	明	正七品
李震涫	官玉、储孕	明	恩贡授监纪推官
李震洪	开明	明	县贡授监纪推官
李汝珑	一跃、见田	明	隆庆元年（1567）补贡，江南华亭县主簿
李汝敬	一龙	明	隆庆五年（1571）岁贡，九江府德化县训导，迁江南寿州学正
李　宠	碧湖	明	万历二十五年（1597）岁贡，袁州府万载县训导，迁江南宿松县教谕
李时中	—	明	嘉靖三十二年（1553）岁贡，浙江开化县训导，迁河南获嘉县教谕
李传经	英仕	明	嘉靖三十八年（1559）岁贡，浙江金华县训导
李令德	丙熙	明	乡进士
李彦新	纯庵	明	成化年间（1465—1487）输粟赈灾，授正七品宣义郎
李彦诚	慎斋	明	成化年间（1465—1487）输粟赈灾，授正七品宣义郎
李彦谆	清馆	明	成化年间（1465—1487）输粟赈灾，授正七品宣义郎
李彦谟	淡轩	明	成化年间（1465—1487）输粟赈灾，授正七品宣义郎
李英越	介夫	明	嘉靖年间（1522—1566）输粟赈灾，授冠带
李可斋	—	明	敕封承德郎，进阶奉直大夫，云南河阳知县

续表 8

姓名	字号	朝代	功名与官职
李青阳	—	明	苏州吴江县丞，泗州同知
李茂藻	—	明	礼部儒士
李时宗	育正	明	万历二十九年（1601）岁贡
李之屏	—	明	附贡
李开蓂	士麟、胜瑞	清	刑部奉天司员外郎，诰赠奉政大夫
李开溱	来吉	清	礼部儒士
李泰根	师牟	清	正八品修职郎
李泰兆	筹盛	清	正八品修职郎
李家玉	植南	清	道光元年（1821）恩贡
李廷弼	俊才	清	诰授奉直大夫
李　桢	平如	清	嘉庆十八年（1813）优贡
李锦章	岳铭	清	五品衔，文林郎，布政司理问
李士遴	胜瑞	清	诰赠奉政大夫，刑部员外郎加一级南新仓监督
李自凝	翘萃	清	例贡生，赠封朝议大夫
李凌汉	泰鹗、若衡	清	国学贡生，敕赠儒林郎，候选州同知
李瀛州	列中	清	附贡，奖授兰翎五品衔
李嗣赡	云崖	清	诰授奉直大夫，候选布政司
李殿元	台恒	清	禀贡，赣州府龙南县训导
李一元	—	清	嘉庆二十四年（1819）岁贡，授广西遂溪教谕，升南京国子监学录
李兴帮	拔奇	清	南城兵马司指挥，浙江处州府知府
李自洁	雪伍	清	行人司司正，贵州桐仁府松涛同知
李荣昌	炳文、嗣锦	清	太学生，例授都司
李龙光	胜铭	清	以孙李荣昌都司职赠昭武都尉
李运撰	沂英	清	敕赠儒林郎，授布政使司经历
李　镇	—	清	嘉庆年间（1796—1820）任陕西同州府经历
李绳武	—	清	州庠生，钦加四品衔，候选知府
李泰倬	—	清	国学贡生，敕赠修职郎，授陕西同州府经历
李泰科	昭亭	清	赐进士
李泰伟	树培、平崖	清	恩贡，授儒学教谕
李运球	韶泳	清	州同知
李运兴	绍昆	清	卫千总
李运莲	爱堂	清	恩赐修职郎
李运州	—	清	浙江金华府教谕
李运盘	胜铭	清	国学生，正四品昭武都尉
李韦斋	—	清	吉州永丰县教谕
李嗣玉	岳轩	清	太学生，六品武略骑尉
李嗣铎	振德	清	国学生，江南庐州霍坝正堂
李嗣镔	锐英	清	明经进士，宁都州训导

续表 8

姓名	字号	朝代	功名与官职
李嗣杨	颂朝、云香	清	国学生，敕赠儒林郎，布政使司理问
李嗣捷	毓英、荣达	清	国学生，授五品守御所千总云骑尉
李儒明	—	清	署奉新县学正，授新昌县教谕加一级
李儒荣	春华	清	岁进士，候选儒学训导
李文举	位上	清	庠生，儒林郎，州同知
李元殿	—	清	钦命提督
李沂英	皙怀	清	赠儒林郎
李崇清	—	清	儒林郎，布政司经历
李宗寿	树勋	清	军功五品
李廷梅	鹤龄	清	赠儒林郎
李令德	继武	清	恩贡，部选九江县儒学教谕
李令煜	晓廷	清	举介宾授正八品冠带，驰封武略骑尉
李懋操	焕壁	清	礼部儒士
李世延	天垂	清	乡进士，拣选知县
李启健	健中、恒堂	清	增生，文林郎
李启传	述督	清	庠生，督学
李令律	和声、正五	清	国学生，授州同知
李令衔	琢亭	清	岁贡，部选儒学司训
李宗盛	达庸	清	国学生，赏军功六品，外季补用授营千总
李宗适	凤翔、大有	清	例授六品衔，即用福建分县
李光清	明德、南滨	清	文学生，明经进士
李宗位	列中	清	蓝翎五品衔
李令宰	佐廷、牧臣	清	俊秀授候选吏目
李宗寿	鹤年	清	奖授五品衔
李宗发	鸿恩、达中	清	诰封五品云骑尉
李珑光	胜铭、运盘	清	赠昭武都尉
李令椿	廷梅、甫斋	清	赐封儒林郎，布政使司经历
李梦星	—	清	恩贡，光绪五年（1879）授永丰县教谕
李梦梯	捷云	清	岁进士，候选儒学训导
李若筹	寿贞	清	嘉庆二十三年（1818）岁贡
李宣帮	—	清	庠生，候选县左堂
李云崖	—	清	封奉直大夫加四级
李绳武	—	清	候选都阃府钦加四品
李程万	嗣火安	清	封奉直大夫
李庶台	心梅	清	候选巡政厅
李英厚	带湖	清	宣义郎
李文庆	懋照	清	拔贡，知县
李儒史	德懋	清	五品守御

续表 8

姓名	字号	朝代	功名与官职
李儒煌	维节	清	正八品修职郎
李运用	—	清	州司马，诰封修职郎
李智先	启思、文安	清	诰封修职郎
李钦明	—	清	州司马
李体仁	—	清	明经进士，修职郎，选授儒学训导
李北堂	—	清	贡生，儒学训导
李福先	温和	清	州司马，赠儒林郎
李震涛	—	清	礼部儒士
李梦星	—	清	永丰县儒学正堂
李　凝	—	清	新疆尉犁知事
李一高	峻模、新崖	清	省祭官
李运扩	—	清	因军功敕封修职郎
李令镇	—	清	州文学生，授文林郎
李世绎	—	清	敕赠文林郎
李儒诗	—	清	贡生，奖授五品顶戴，民国乡议员
李学虞	—	清	奖授五品顶戴
李宏国	—	清	岁贡，部选儒学训导
李颂朝	—	清	诰赠儒林郎
李有谟	—	清	敕赠云骑尉
李令扬	崇清、学震	清	国学生，授布政使司经历
李运搷	和律、际勋	清	贡生
李运摈	襄臣、华堂	清	国学生，授州同知
李运琮	聘候、承哉	清	国学生，授布政使司经历
李运珪	会堂、缙园	清	贡生
李运隆	凭洲、纳敏	清	贡生
李运元	善夫、宰穆	清	贡生，授州吏目
李运会	际云、吉斋	清	府照磨
李令桃	文彩、焕春	清	国学生授布政使司理问
李泰鹤	鸣九、松侣	清	国学贡生
李泰鹮	宿南、晴野	清	国学贡生
李之芳	序伦、乐斋	清	州庠生，咸丰二年（1852）恩贡，钦授军功修职郎，候选直隶州分州
李嗣莅	国临、庄斋	清	敕赠儒林郎，布政使司经历
李宗珍	季文、吉斋	清	监生，奖授五品衔，广东巡检
李宗褕	鸿兴、呈祥	清	奖授五品衔
李宗祖	鸿功、传薪	清	敕封儒林郎
李宗颐	保元、百穿	清	守御所千总
李宗润	泽霖、雨苍	清	廪贡生
李儒日	恒升、东耀	清	奖授五品衔

续表 8

姓名	字号	朝代	功名与官职
李儒晃	景方、晓初	清	奖授五品衔
李儒椿	良弼、梦令	清	儒林郎，布政使司经历
李希柽	柼材	清	布政使司经历
李元旌	士蔼、方羽	清	国学例贡生
李元镕	仲陶	清	国学贡生
李宏德	元誉、升闻	清	贡生。诰赠朝议大夫，浙江处州府知府
李令模	儒臣、廷佐	清	州司马
李嗣华	树荣、慕桃	清	授光禄夺署正随加二级
李凌云	发龙、云从	清	敕封奉直大夫
李宗寿	宗华、树勋	清	奖授军功五品衔
李英士	传经、云州	清	嘉庆岁贡，任浙江金华府训导
李文焕	星纬	清	礼部儒士
李希琼	文英、辉壁	清	考授布政使司经历
李嗣铎	振文	清	军功六品
李开省	蓄万	清	例赠忠信校尉
李一元	瑞麟	清	曾任广西遂溪教谕，南京国子监学录。著有《云峰文集》《吴越游草》
李运崧	镇、岳环	清	国学生。历署陕西州府经历，郃阳县事，米脂知县，授文林郎
李泰俊	自洁	清	国学生。曾任铜仁府分驻松桃军民同知，贵州同知府事，诰授泰政大夫
李泰伟	自凛、兴邦	清	曾任浙江处州府署理分巡温州兵备道兼督海防水利事务，诰授朝议大夫
李步廷	瀛仙	清	举人。曾任袁州府学训导
李运震	缃、启潜	清	贡生。著有《得闲诗草》《两浙游草》
李运球	贡琳	清	国学生。授州同知，曾任《宁都州志》编纂首士
李　宽	令炜	清	举人
李元凯	吉兆、捷三	清	授宁石左部总司，例赠忠信校尉
李儒林	春荣、琼宴	清	国学生
李儒楫	承连、星海	清	优廪生，县教育会长
李宗寿	鹤年	清	五品职衔
李言乎	—	清	诰封奉直大夫
李绳武	宗继、绍周	清	捐赠都阃四品衔
李镇容	莲峰	清	诰授奉直大夫
李鸣五	—	清	诰授奉直大夫
李春华	在中、儒荣	清	岁进士
李有芳	慕周、兰生	清	增贡生，例授修职郎
李思明	—	清	和州通判
李云崖	嗣嵺、抡元	清	诰授奉直大夫加四级
李程万	—	清	诰授奉直大夫
李庶台	—	清	候选巡政厅
李　显	鸣五、振亭	清	诰封奉直大夫

续表 8

姓名	字号	朝代	功名与官职
李元发	徂定	清	封赠文林郎，赣州府教谕
李健中	刚旅	清	封赠文林郎，赣州府教谕
李春荣	庸五	清	封赠修职郎，教谕，借补袁州府训导
李宏国	位上	清	以子李凌汉州职封赠儒林郎
李自冯	着亭	清	封赠修职郎
李儒明	京三、少莲	清末	增生，曾任训导，奖授蓝翎五品衔
李学海	朝中、会洲	1987—1946 年	宁都县自治筹备处处长、石城县公安局局长、江西省国民政府改委会主任
李宗盛	志文	1938—1993 年	高级农艺师、中国土壤学会会员、省植物学会理事

◉ 名人与东龙

名人为东龙李氏族谱作序 明洪武二十五年至成化五年（1392—1469），东龙李氏上祠首修族谱，其间，应主修李玉珍邀请，左赞善升翰林院学士刘三吾和赐进士、翰林院修撰罗伦分别为之作序。刘三吾（1313—1400）系湖南茶陵人，博学善文，曾敕修《省躬录》《书传会选》《寰宇通志》《礼制集要》等，主修《春秋大成》。罗伦（1431—1478）系江西永丰人，明成化二年（1466）状元，理学家，著有《五经疏义》《一峰集》《周易说旨》，并收入《四库全书》。刘三吾、罗伦与东龙人李经达交往甚厚，远近书疏答笔如流，罗伦曾赞其“经达隐者也，心事茕茕，与俗不同”。因其“子方征同侄金铠，代虔之宁都东龙李玉诊出其家乘征文，以纪世德”，刘三吾、罗伦欣然提笔作序，阐述修谱意义，考证其族出处，盛赞其族家风。

明正统九年（1444）春三月，东龙李氏下祠首修族谱纂成，应主修李思常、李思恒邀请，都察院副都御史陈勉为其作序。陈勉（1381—1453）系宁都县东山坝双源村人，明永乐四年（1406）进士，政治家，抗倭英雄，历任广东道御史、按察副史，浙江道巡按，左副都御史，南京大理寺卿，南京右都御史，生平事略载《明史》《中国人名大辞典》《江西省通志》。陈勉是东龙李姓外甥，曾捐资为东龙兴建文峰塔。序中，他对东龙李氏源流进行了详细考证，对李思常、李思恒兄弟“纂修族谱以承先德”、将“世系昭明伦”的仁孝之心给予了褒扬。

明弘治三年（1490），翰林大学士、太子少傅尹直因“东龙李氏为虔南巨族，族之谱成，适予族子汤聘馆其家，偕李君彦谆、彦谟、彦滢兄弟及侄春洪、显荣出其一帙，来请弁言”，为东龙李氏下祠二修族谱作序。尹直（1431—1511）系江西泰和沙村人，景泰五年（1454）进士，历任翰林院编修、礼部右侍郎、大学士、兵部尚书、太子太保，曾编修《英宗实录》、《北征事迹》、《名相赞》（5 卷）、《皇明杂录（明杂录）》等。序中，他对“彦谆兄弟倦倦以祖宗子姓为念，重修族谱以厚本支”的行为给予了高度评价，并称赞“东龙李氏家世忠厚，风俗纯良，其子弟文雅好学，循循莫不有规矩”。

清康熙六年（1667），东龙人、“易堂九子”之一的李腾蛟（字咸斋）主修东龙李氏下祠三修族谱，著名思想家、哲学家、科学家方以智因“丁未咸斋寓书来青原，以所撰谱志属予为序”，故为之作序。方以智（1611—1671）系安徽桐城人，崇祯十三年（1640）进士，历任庶吉士、工部观政、翰林院检讨、皇子定王和永王侍讲官，著有《通雅》《物理小识》《药地炮庄》《东西均》《浮山文集》《博依集》《易余》《一贯问答》《切韵源流》《流寓草》《周易图象几表》《性故》《学易纲宗》《诸子燔痏》《四韵定本》《内经经络》《医学会通》等。他与宁都“易堂九子”相友甚深，常来宁都翠微峰与九子相聚，与“易堂九子”的长者李腾蛟相交犹厚。

清康熙三十七年（1698），东龙李氏上祠二修族谱纂成，应主修李日友、李友夒邀请，翰林院加一级孔毓英为之作序。孔毓英是当时的著名文人，著有《孔伯子文集》《酬知录》《晓窗诗集》等。序中，他盛赞东龙：“其形胜则四面皆山，高峰顶上中开大塅，豁然平旷，良田美池，阡陌交通，步履所至，湛然如大明镜。肖之曰：架上金盆，诚似也。两涧清流，一隘疆分，文峰东秀，御屏西峙，金星仙桥，玉堑天马。龙峡高耸，崔巍嵯峨，阁建凌霄，桥筑文昌，屋舍俨然参差者，万瓦康庄。衢辟曲径者，四路贞松挺翠，绵亘数里。桃、梅、梧、柳、绿竹间成一荫，如虬如龙，似画似图。鸡犬桑麻，都非恒境，宏信者屡矣。每当旋归，流连不忍去之。予听之，不禁击节曰：桃源洞欤，仁厚里也。人生诸务可已，惟山水朋友，不可当面错过。何日得至东龙而坐李君春风中也”。

梅宏对东龙古村开发的贡献　梅宏，东龙村人，江西省地方志编纂委员会副主任，江西省地方志编纂委员会办公室党组书记、主任，第二轮《江西省志》（102 部）总纂。中国井冈山干部学院兼职教授，江西省社会科学课题评审委员会评委，南昌大学、中共江西省委党校特约研究员，江西省书法家协会会员。主编出版《江西方志文化丛书》（一套 10 本）、《红都管家赵宝成》等著作，编著《江西——红色中国的摇篮》《江西红色景观》等十余部著作，发表党史、地方志等研究文章 100 多篇。他充满乡梓之情，不但为古村东龙的研究、开发、保护和利用提出许多好的意见，而且通过不同方式向领导、专家学者宣传东龙的历史文化价值和开发利用价值，争取古村保护和项目开发资金。2007 年以来，他先后在《今日宁都报》《江西日报》《江西地方志》等报刊发表研究文章《试论东龙古村落的文化价值》《中国历史文化名村——东龙》等文章，并被“人民网”等广泛转载，从建筑文化、环境文化、民俗文化 、堪舆文化、旅游文化等方面论述其价值，对东龙村历史文化底蕴和特色作了系统论述。参军、上大学之前，他是东龙村毛泽东思想文艺宣传队骨干，积极参与各种演出；2015 年，他倡导东龙村恢复每年举办春节联欢晚会，并积极参与策划、演出，为活跃东龙村村民文化生活做出了贡献。《东龙村志》编纂工作启动后，他从编目设置、资料收集、具体撰写等给予了指导，并为志稿的修改完善提供了很好的意见。

梅宏（居中）在乐平市镇桥镇浒崦调研（2014 年）

中国作协名家到东龙采风 2010 年起，在宁都县和田埠乡推动下，古村东龙的宣传力度得到加强，知名度不断提高，开始引起省内外文艺界人士的关注，许多作家走进东龙、感受东龙后，写下了赞美文章。其中，中国作协曾组织会员到东龙参观采风 3 次：2013 年 6 月下旬，中国作协副主席、中国报告文学学会会长何建明率“中国作家看宁都”采风创作团一行 20 余人到东龙；2013 年 11 月上旬，中国作协副主席叶辛率中国作家采风团一行 10 多人到东龙；2015 年 4 月中旬，中国作协书记处书记、主席团成员白庚胜率中国作协少数民族作家采风团 20 余人到东龙。

中国作协会员，海口市文联副主席、作协副主席张品成多次到东龙后，写下散文《东龙》，并选定东龙为其 2 部电影的外景拍摄点。

中国作协会员、中国社会科学院文学博士徐坤到东龙后，写下散文《东龙村：繁华落尽，唯美依旧》，赞美东龙的人文历史风光。

中国作协会员傅溪鹏到东龙后，写下散文《酣恋“文乡诗国”：魅力古村落》，盛赞东龙的人文历史和自然景观。

中国报告文学作家李青松到东龙后，写下散文《宁都笔记》，文中称赞多年来热心义务宣传古村东龙的李良锦为“东龙的文化符号”。

劳格文、何培宾对东龙的推介 劳格文系著名人类学家、世界客家学研究专家、美国哈佛大学博士、法国远东学院教授，何培宾系香港中文大学教授。2003 年前后，劳格文、何培宾将东龙作为中国客家传统村落的典型，分别 3 次到东龙深入开展考查研究。劳格文考查东龙后，认为：“东龙，一个有着清新空气、古隘、宗祠和美丽小山的村庄”“在我所走过的世界各地，像这么完整保留下来的古建筑十今罕见。在这里拍一部清代历史剧，可以不用布景”。并撰写了《村落的空间建构：江西宁都东龙村个案研究》等论文。何培宾曾带领香港中文大学 20 多名师生，在东龙居住 20 余天，对村落布局和所有古建筑进行全面测量、记录、拍摄，并制成东龙村落分布图、每座古建结构图，对部分有文字记载和有人能回忆清楚的塌废或半塌废古建进行结构还原绘图。后劳格文、何培宾在香港中文大学组织举办了“中国客家传村统落——东龙”专题展。2004 年，以劳格文、何培宾调查资料为基础，宁都县社会科学联合会完成江西省社会科学联合会课题“客家传统村落的保护和改造更新”。

刘劲峰的东龙情结 刘劲峰系赣州市博物馆研究馆员、赣南师范学院兼职研究员。他对东龙情有独钟，2000 年前后，先后 4 次深入东龙作田野考查，每次在东龙都要居住一周以上。2003 年，他撰写出近 10 万字的《一个充满和谐的客家村落——来自东龙的报告》，从东龙村的基本情况、以人为本的村落布局、李氏宗族的发展历史、以自娱自乐为主要形式的传统民俗文化、营建具有传统生态效益的新农村 5 个方面，全面论述东龙的历史文化、李氏的繁衍发展、独特的人文景观、东龙的开发利用价值等，成为人们了解东龙的窗口，并为深入研究东龙古村提供了宝贵的资料和借鉴。随后，他又撰写了《传统视野下的乡村聚落空间》等有关东龙的专文，并参加 2006 年台湾“中央大学”举办的族群、历史与文化亚洲联合论坛研讨会等活动，对扩大东龙在海内外的影响发挥了重要作用。

李良锦对东龙古村文化的痴迷传播 李良锦是东龙村人，东龙小学退休的一名小学高级教师。他从孩提时代起就爱听长辈们讲述村中的传奇故事，探寻古屋小巷里数不清的小秘密。在他眼里，家乡就像未经打磨的宝石，其深厚的历史文化底蕴、淳朴的风土民情、发掘不完的古迹遗址，都深深地吸引着他。1967 年他从南昌航空工业技术学校辍学回乡后，便开始利用业余时间收集研究东龙历史文化。近 50 年来，他共收集整理东龙历史文化资料 30 多万字，成为“东龙通”。1990 年起，开始陆续有人来到东龙访古

李良锦（2016 年）

探源。从那时起，他便主动当起了东龙古村的义务讲解员。26 年间，他为有关领导、专家学者、游客 2000 多批 10 多万人次进行过义务讲解，成为东龙讲解第一人，为东龙荣获赣州首届和谐魅力乡村、中国景观村落、中国历史文化名村等称号做出了重要贡献。近年来，他又致力传帮带，培养传播古村历史文化新人。

“塔映湖心”景观一角（2017 年）

大事纪略

东龙风雨沧桑的千年历史，是客家村落变迁的一个缩影。在漫漫岁月中，东龙发生过许许多多的大事、要事，促成东龙走到了今天。今择其要者简述，以补前事叙述之不足。

◉ 北宋乾德五年李翊俊迁居东龙

北宋乾德五年（967），曾任韶州司户参军的石城县半迳人李翊俊打猎来到东龙。因见这里山川秀美、风光绮丽，是块滋养人的风水宝地，于是举家迁徙到村东头的布头，成为东龙李氏的开基始祖。

◉ 明洪武年间李经禄、李经达建造李氏上祠

明洪武年间（1368—1398），念四郎后裔李经禄、李经达在村西北“兔形”山脚下、南桥岭余脉赤牯岭上方兴建李氏上祠，祭祀念四郎。该祠坐西北向东南，长 30 米，宽 25 米，占地面积 750 平方米。整座建筑气势轩昂，形似展翅高飞的雄鹰，故后人称其为“老鹰形”，寓意后人飞得高、行得远、有出息。

◉ 明代东龙李氏上、下祠首修族谱

明洪武二十五年（1392），东龙李氏上祠启动首修族谱，明成化五年（1469）修成，历时 77 年。主修先后由李文忠、李玉珍担任，翰林学士刘三吾、翰林院编修罗伦分别作序。

明正统九年（1444），东龙李氏下祠首修族谱修成，由李思常、李思恒担任主修，都察院副都御史陈勉作序。

◉ 李思常、李思恒三代建造李氏下祠

明正统九年（1444），大郎后裔李思常、李思恒兄弟动工兴建李氏下祠，后其兄弟子孙又出资接力修建。明弘治四年（1491）祠宇竣工，历时 47 年。该祠位于上祠下方 50 米处，与上祠处于同一中轴线上，同靠南桥岭余脉赤牯岭。为不阻挡上祠“朝向”，其造型略显宽敞低矮，因形似生蛋俯卧于地之母鸡，后人称其为“鸡婆形”。祠高约 12 米，宽约 35 米，长 30 米，占地面积 1000 余平方米。清乾隆三十一年（1766），东龙李

氏念其功德，特许李思常（字东山）后人在李氏下祠左侧共墙建造东山祠。

◉ 明正统九年陈勉捐建文峰塔

明正统九年（1444），东龙李氏外甥、都察院副都御史陈勉捐资，在村西水口外侧一小山上建造文峰塔（又名湖心塔），高 7 层。明末清初，因长年失修倒塌。清雍正五年（1727）重建，村中李氏筹银 759.35 两，易址“狮山”上重建。重建之塔为 7 层砖木筒式结构，外呈六棱形，高 22 米，底层周长 17.2 米，空心墙厚约 2 米，有楼梯通塔顶，每层开有一门可眺望四周风景。

◉ 清顺治六年张自盛纵兵掠夺东龙

清顺治六年（1649），明将张自盛率兵攻克东龙，并占据东龙长达 80 余天，纵兵烧杀抢掠，无所不为，“村中田舍坟庐几成旷地”“死亡者七百有余，绝烟者六十余家”。东龙历史上首次遭受巨劫。

◉ 清代李泰恕建造“百间大屋”

清雍正十二年（1734），贡生、赠儒林郎、布政司经历下祠人李泰恕（又名仁方）在村西南墩上、距村中心约 300 米处，动工建造“百间大屋”（又称“东里一望”）。清乾隆二年（1737）竣工，历时 3 年。整座建筑由祠堂、厢房、庭院、护墙等组成，内有房屋百间，故名“百间大屋”，总面积 4300 余平方米。整座建筑分前院、仁方祠、东圃、西园、后院 5 大部分。前院面积约 800 平方米，东圃面积约 2000 平方米，西园面积约 1000 平方米，仁方祠面积 200 余平方米，后院面积约 300 平方米。现为东龙最大的古建筑。

◉ 清嘉庆年间东龙组建团练对抗白莲教

清嘉庆八年（1803），白莲教起义烽烟四起，东龙李运扩倡捐钱谷，组建团练乡勇，对抗白莲教起义军，东龙李姓阵亡青壮年 18 名。族中为此修建忠义祠、义勇墓。

东龙乡苏维埃政府的建立

1930 年 7 月 7 日，中国工农红军第 12 军某连从石城小松到东龙，宣传红军政策，开展打土豪、分田地运动，处决土豪李学传，逼迫“万户”李鲁善交银圆 600 元赎其妻，并建立东龙乡苏维埃政权。红军撤回小松后，乡苏维埃政权被混入革命队伍的乡苏维埃政府主席、武秀才李敬堂解散。

1930 年 12 月 14 日，红军第 12 军一部 500 余人进驻东龙。1931 年 2 月中旬，又成立东龙乡苏维埃政权。1931 年 7 月 18 日，逃亡地主陈集庭带领国民党 26 路军进占东龙一带，东龙乡苏维埃政府再次遭到破坏。

1931 年 9 月，红军再次回到东龙，重建东龙乡苏维埃政权。1934 年 10 月中央红军主力长征后，东龙乡苏维埃政府被迫解散。

苏区革命时期东龙 288 名青壮年参加红军

苏区革命时期，1930 年 7 月至 1934 年 10 月，东龙人民响应党和苏维埃政府的号召，为保卫红色政权，踊跃参加中国工农红军，全村共有 288 名青壮年加入红军，其中 287 人献出了宝贵的生命，留下姓名的烈士仅 42 人。

新时代村民送子参军（2017 年）

◉ 1949 年东龙“反共”自卫队覆灭

1949 年 4 月 28 日，东龙反动头目李振东妄图对抗人民解放军，发起成立东龙“反共”自卫队，有队员 25 人。5 月 28 日，王沙陈节仪发起成立马头“反共”自卫队，有队员 13 人。6 月下旬，在李吉怀策划下，东龙、马头自卫队合并为东龙“反共”游击队。7 月中旬，东龙“反共”游击队被国民党拉至长胜，与长胜、固厚、田头、固村、马头等地“反共”游击队一起接受统编，组成东龙、马头“反共”游击中队，编入江西豫章山区绥靖司令部“反共”第三游击大队，李吉怀任大队长。不久，东龙、马头“反共”游击中队合编为 1 个中队，李金标任中队长。8 月 11 日，面对人民解放军强大政治、军事攻势，李吉怀在塘安赛宣布解散“反共”游击中队。

◉ 2003 年东龙被列为江南村落专题研究与规划试点

2003 年 6 月，清华大学建筑学院乡土工作室与法国远东学院组成联合专家组到东龙，在对村落环境、布局、古建筑群及村落文化等进行全面考察后，将东龙列为江南村落专题研究与规划试点。

◉ 2007 年中国国际广播电台向全球介绍东龙

2007 年 1 月 24 日，中国国际广播电台华语台《客家天地》节目向全球专门介绍东龙的人文历史。节目称，东龙古村处在 600 多米的高山之上，整个村落遍布抵御外贼的隘口，罕见的“百间大屋”建筑群揭示着先人居民的显赫身份，如同香火般代代相传的村落私塾使得这里走出了一群闻名一时的文人学士。古村落走过千年，一路至今，不经意间，经历了从鼎盛发达到平凡孤寂的历史演变。

◉ 2007 年《客家千年古村——东龙》出版发行

2007 年 12 月，由田埠乡人民政府、宁都县史志办组织编写的《客家千年古村——东龙》出版发行。该书为资料性书籍，共 20 万字，收录照片 142 幅，16 开版本，图文并茂，分概说东龙、建筑饰品、名胜古迹、东龙十景、民俗风情、民间文化、民间传说、土特产品、艺文辑录等9个部分，首次对东龙作了较为全面的介绍。由邱新民主编，何冬生副主编，邱新民、何冬生、李辉荣等人撰写。共印3000册。

◉ 2008年制作电视专题片《客家千年古村》

2008年，田埠乡党委、政府与宁都县电视台联合拍摄制作电视专题片《客家千年古村》，较详尽地介绍了东龙的历史、地理、人文、风光、风俗、民情、美食等。该片先后在县、市电视台和北京中国古镇投融资高层论坛暨项目推介会上播出。

◉ 2009年东龙被评为江西省历史文化名村

2009年7月，经江西省住房城乡建设厅、文物局评选，认为东龙文物古迹和传统文化比较集中，能较完整地反映明清时期的传统风貌、地方特色，具有较高历史、文化、艺术、科学价值；现存有清代以前建造的成片历史传统建筑群、遗址等，基本风貌保持完好，能对弘扬地域历史村镇的传统风貌和建筑艺术、促进地方发展建设发挥重要作用。被江西省人民政府批准为第三批江西省历史文化名村。

◉ 2010年东龙被列为中国民族优秀建筑——历史文化古村镇示范项目

2010年4月，因东龙建筑具有客家传统建筑特点及较高的保护利用价值，而且保护较完好，被中国优秀建筑专家评审委员会列为中国民族优秀建筑——历史文化古村镇示范项目。

◉ 东龙被列入中国景观村落和中国传统村落名录

2011年6月23日，因东龙建筑、民俗富有特点，景观众多、优美且具有较高的开发利用价值，被中国国土经济学会古村落保护与发展专业委员会评为中国景观村落。2013年8月，东龙被住房城乡建设部、文化部、财政部列入第二批中国传统村落名录。

◉ 2012 年东龙 4 处古迹被列为县级文物保护单位

2012 年 10 月，东龙湖心塔（文峰塔）、玉虹桥、玉皇宫、慎斋翁祠因历史悠久，建筑富有特色，具有较深厚的文化底蕴，经宁都县人民政府批准，被列为第六批宁都县文物保护单位。

◉ 2013 年东龙被列为全国“美丽乡村”创建试点乡村

2013 年 12 月，根据农业部办公厅《关于开展“美丽乡村”创建活动的意见》（农办科〔2013〕10 号）、《关于组织开展“美丽乡村”创建试点申报工作的通知》（农办科〔2013〕30 号）精神，按照规定程序，经江西省有关部门推荐，东龙村因环境优美、建筑风貌独特、民风淳朴、人文厚重，被评为首批全国“美丽乡村”创建试点乡村。

◉ 2014 年东龙被评为中国历史文化名村

2014 年 3 月 15 日，经住房城乡建设部、国家文物局评选，认为东龙具有千年文化历史，保存大量比较完整的明清建筑和民俗文化，能较完整地反映明清时期客家传统风貌和地方民族特色，具有重要历史价值，被评为第六批中国历史文化名村。

◉ 2015 年东龙被列为全国乡村旅游扶贫重点村

2015 年 6 月，国务院扶贫办、国家旅游局启动贫困村旅游扶贫试点工作，在全国 560 个建档立卡贫困村中选取试点，东龙被列为全国乡村旅游扶贫重点村。至 2016 年年底，各级各方主要从加强规划引导、加大资金投入、加大金融支持、组织开展培训、扩大社会参与、加强监督管理等 6 个方面，对东龙发展旅游给予大力支持。

◉ 2015 年东龙入选全国特色景观旅游名镇名村示范名单

2015 年 8 月，经住房城乡建设部、国家旅游局评选，认为东龙自然环境、田园景观、传统文化、民族特色、特色产业等资源各具特色，入选第三批全国特色景观旅游名镇名村示范名单。

◉ 2016 年中央电视台介绍东龙

2015 年 12 月 27 日，中央电视台军事农业频道（CCTV-7）《美丽中国乡村行》栏目“宁都行”电视专题摄制组走进东龙和小布，围绕东龙的古色、美食、美景、美人、特产等内容，以《美丽中国乡村行，一新一古游宁都》为题，用镜头记录村民的幸福生活。2016 年 3 月 30 日，节目在中央电视台军事农业频道播出。

◉ 2016 年凌霄阁重建

2016 年 5 月 14 日，凌霄阁失火被毁。同年冬，国家投资 26 万元、村民捐资 110 余万元重建。个人捐资逾 0.3 万元者有 53 人。

◉ 2016 年东龙 3 项民俗被列入县级非物质文化遗产保护名录

2016 年 6 月 7 日，经宁都县非物质文化遗产保护委员会审定，东龙凌霄阁庙会、玉皇宫醮会民俗和猪案制作传统技艺被列入第四批宁都县非物质文化遗产保护名录。

◉ 主要参考文献

1.《宁都直隶州志》，清道光四年（1824）版。

2. 宁都县志编纂委员会编 :《宁都县志》1986 年版，内部出版。

3. 宁都县志编纂委员会编 :《宁都县志（1983—2010）》，方志出版社，2017 年。

4. 宁都县人民政府地名办编 :《宁都县地名志》，内部出版。1984 年。

5. 中共宁都县委党史办编 :《宁都人民革命史》，中央文献出版社，1993 年。

6. 宁都县史志办编 :《宁都县人物志》，清华同方光盘电子出版社，2008 年。

7. 田埠乡人民政府、宁都县史志办编 :《客家千年古村——东龙》，内部出版，2007 年。

8. 田埠乡人民政府、宁都县史志办编 :《田埠乡志》，内部出版，2014 年。

◉ 编纂始末

2017 年 3 月，根据中国地方志指导小组办公室（以下简称中指办）《中国名村志文化工程实施方案》，经县、市、省地方志办推荐申报，中指办批准，《中国名村志丛书 · 东龙村志》（以下简称《东龙村志》）入选中国名村志文化工程，为江西省首部入选图书。同年 4 月，中指办审定编目，宁都县史志办启动村志编纂工作。6 月中旬，形成初稿。7 月下旬，修改形成初审稿，报送省、市地方志办初审。9 月下旬，吸纳省、市地方志办修改意见，形成二审稿，分别报送市、省地方志办和中指办评审。11 月上旬，省、市地方志办联合在宁都召开村志评审会，再次提出修改意见。2018 年 3 月上旬，吸纳省、市地方志办评审修改意见，形成三审稿。2018 年 4 月下旬，吸纳中指办专家意见，形成终审稿。2018 年 9 月，经中指办、方志出版社审定，《东龙村志》付梓印刷出版。

《东龙村志》的编纂由田埠乡党委、政府领导，宁都县史志办组织实施，邱新民任主编、总撰，并与李辉荣负责撰写初稿，何冬生、曾春生、刘红彦、卢慧芳、曾爱明、赖微琴、李良锦负责编务，李辉荣、李良锦、李文兴负责收集资料，宁都县史志办、田埠乡人民政府和廖玮、邱新民、戴新华、连新民负责提供照片。在时间紧、要求高的情况下，全体编纂人员加班加点，忘我工作，顺利完成了编纂任务，充分体现了修志人的奉献精神。

《东龙村志》编纂过程中，得到宁都县委、县政府，田埠乡党委、政府，东龙村党支部、村委会，以及省文化厅驻东龙村挂点扶贫工作队的高度重视；得到中指办和省、市地方志办的关心和支持；得到江苏省昆山市地方志办徐秋明等专家的悉心指导；得到田埠乡原党委书记廖玮、江西省文化厅驻东龙扶贫干部戴新华、东龙退休教师李良锦、退休干部李文兴等东龙籍各界人士的大力帮助。中共宁都县委副书记、县长刘定辉经常过问工作进展，亲自出面协调解决问题。省地方志办党组书记、主任梅宏，副主任周慧、杨志华多次到东龙实地调研，并组织召开省、市地方志办村志评审会，亲自审阅、点评志稿。市地方志办党组书记、主任陈昌保，副主任廖伟东、徐井生对村志编纂工作给予了许多具体指导。在此，谨致谢枕！

因宁都编纂村志尚属首次，加之时间短、要求高、人员少、资料缺、工作量大，编纂人员能力水平有限，疏误遗漏在所难免，恳请专家学者和广大读者谅解，并批评指正。

编　者

2018 年 6 月